权威·前沿·原创

皮书系列为
"十二五""十三五"国家重点图书出版规划项目

江西蓝皮书
BLUE BOOK OF JIANGXI

江西设区市发展报告（2017）

ANNUAL REPORT OF JIANGXI CITIES WITH SUBORDINATE DISTRICTS (2017)

主 编／姜 玮 梁 勇
副主编／龚建文

社会科学文献出版社
SOCIAL SCIENCES ACADEMIC PRESS (CHINA)

图书在版编目(CIP)数据

江西设区市发展报告.2017/姜玮,梁勇主编.--北京:社会科学文献出版社,2017.10
（江西蓝皮书）
ISBN 978-7-5201-1634-3

Ⅰ.①江… Ⅱ.①姜… ②梁… Ⅲ.①城市发展战略-研究报告-江西-2017 Ⅳ.①F299.275.6

中国版本图书馆 CIP 数据核字（2017）第 260886 号

江西蓝皮书
江西设区市发展报告（2017）

主　　编／姜　玮　梁　勇
副 主 编／龚建文

出 版 人／谢寿光
项目统筹／邓泳红　陈　颖
责任编辑／陈晴钰

出　　版 /	社会科学文献出版社·皮书出版分社（010）59367127
	地址：北京市北三环中路甲29号院华龙大厦　邮编：100029
	网址：www.ssap.com.cn
发　　行 /	市场营销中心（010）59367081　59367018
印　　装 /	北京季蜂印刷有限公司
规　　格 /	开　本：787mm×1092mm　1/16
	印　张：20　字　数：300千字
版　　次 /	2017年10月第1版　2017年10月第1次印刷
书　　号 /	ISBN 978-7-5201-1634-3
定　　价 /	79.00元

皮书序列号／PSN B-2016-517-2/2

本书如有印装质量问题，请与读者服务中心（010-59367028）联系

▲ 版权所有 翻印必究

江西设区市蓝皮书编辑委员会

主　任　赵力平　李　利
副主任　姜　玮　梁　勇　朱民安
委　员　毛智勇　龚建文　孔凡斌　夏汉宁　高　平
　　　　　麻智辉　李志萌　邓　虹　孙育平　李小玉

江西设区市蓝皮书编辑部

主　编　姜　玮　梁　勇

副主编　龚建文

编　辑　李志萌　高　平　麻智辉　孙育平　李小玉
　　　　　甘庆华　张宜红　盛方富　马　回　朱　羚

摘　要

《江西设区市发展报告（2017）》以江西11个设区市为研究对象，以习近平总书记在视察江西期间提出的"新的希望和'三个着力、四个坚持'"为总体要求，紧紧围绕省第十四次党代会提出的"创新引领、绿色崛起、担当实干、兴赣富民"工作方针，紧扣各设区市发展中热点、难点、焦点问题，确立系列选题，从不同视角、不同层面全面剖析各设区市发展现状、取得的成绩、存在的问题，全书分为总报告、专题报告、区域报告和典型调查四个部分。

总报告1回顾了2016年江西11个设区市经济发展基本情况，对2017年各设区市的发展格局与态势进行了科学分析，并就各设区市经济稳定快速发展提出四点对策建议。总报告2借鉴国内外综合竞争力评估通行做法，结合江西11个设区市基本情况，构建了一套相对科学的评价指标体系，通过对全省11个设区市综合竞争力的科学评估，找出差距，并提出有效对策。

专题报告主要围绕新型工业化、新型城镇化、农业现代化、现代服务业、开放型经济、创新能力六个方面，以数量模型分析为主，在客观分析比较11个设区市工业、城镇化、农业、服务业、开放发展和创新发展现状的基础上，结合各地发展重点和发展战略，有针对性、差异化地提出相关对策建议。

区域报告和典型调查紧紧围绕江西11个设区市发展相关的战略性、前瞻性问题进行研究。重点对南昌首位度、赣州省域副中心城市、九江长江经济带、鹰潭新型城镇化试点、宜春昌铜高速生态经济带、萍乡海绵城市试点、吉安吉泰走廊、新余水生态文明试点等进行了专题研究及围绕小蓝经济技术开发区体制机制，农村一二三产业融合，"景漂"现象，滨湖特色产业，井冈山脱贫，晶科能源，抚州生物制药等展开典型调查。

Abstract

Annual Report of Jiangxi Cities With Subordinate Districts (*2017*) lists 11 districts and cities in Jiangxi Province as the research objects, implementing the request of "one new hope and 'three priorities and four insistence'" putting forward by General Secretary Xi Jinping, focusing on the central issue of "Innovative leadership, green rise, responsibility, and prosperity". Meanwhile, this book also concentrates on the hot and key issues in each city with subordinate districts, and establishes the series topics, which comprehensively analyze their current situations, performances and problems from different viewpoints and levels. The book is composed by four parts—general reports, monographic reports, regional reports and typical investigations.

The first general report reviews the basic economic situations in 2016 of Jiangxi's 11 cities with subordinate districts, and scientifically analyzes their development patterns and trends in 2017, and also puts forward four suggestions about the rapid and stable development of these cities. The second general report references domestic and international established practice of comprehensive competitiveness evaluation, on the basis of these cities basic situations, constructing a scientific assessment indicator system. From the systematical evaluation of the comprehensive competitiveness of these 11 cities, the report finds out the existing gap and effective measures.

The monographic reports mainly focus on six aspects—new-type industrialization, new-type urbanization, agricultural modernization, modern service industry, open economy and innovation capability, putting forward suggestions on the basis of objective comparison of the current situations of these six aspects among these cities.

The regional reports and typical investigations firmly concentrate on the strategic and prospective issues that are relevant to these 11 cities' development,

Abstract

especially some major issues including Nanchang urban primacy ratio, Ganzhou provincial sub center city, Jiujiang in Yangtze River Economic Zone, Pilot project for the New Urbanization in Yingtan, Nanchang—Tonggu high-speed ecological economic belt in Yichun, Sponge city trial in Pingxiang, Jitai Corridor in Ji'an, Pilot project for Xinyu water ecological civilization, system and mechanism of Xiaolan Economic Development Zone, the integration of three industries, Jingdezhen drift, lakeside characteristic industry, migrant of poverty alleviation, Jinko Solar Co., bio-pharmaceuticals enterprises in Fuzhou.

目 录

Ⅰ 总报告

B.1 2016~2017年江西设区市经济发展形势分析与预测
  ………………………………………………… 姜 玮 龚 雪 / 001
  一 2016年江西设区市经济发展情况回顾……………………… / 002
  二 江西设区市经济发展基本格局……………………………… / 007
  三 加快江西设区市经济发展对策建议………………………… / 015

B.2 江西区域综合竞争力评估：全省11个设区市比较
  ………………………………………………… 麻智辉 何雄伟 / 020
  一 区域综合竞争力及其测度…………………………………… / 021
  二 江西设区市综合竞争力评价体系构建……………………… / 023
  三 江西设区市综合竞争力比较………………………………… / 025
  四 提升江西设区市综合竞争力对策建议……………………… / 033

Ⅱ 专题报告

B.3 2016~2017年江西设区市新型工业化发展报告
  ………………………………… 孙育平 盛方富 余永华 / 035

001

B.4　2016~2017年江西设区市新型城镇化发展报告
　　　　…………………………………………… 邓　虹　平欲晓等 / 051

B.5　2016~2017年江西设区市农业现代化发展报告
　　　　…………………………………………… 李志萌　张宜红 / 070

B.6　2016~2017年江西设区市现代服务业发展报告
　　　　…………………………………………… 李小玉　何雄伟 / 085

B.7　2016~2017年江西设区市开放型经济发展报告
　　　　………………………………………… 江西省商务厅课题组 / 098

B.8　2016~2017年江西设区市创新能力发展报告
　　　　……………………………………… 高　平　盛方富　马　回 / 108

Ⅲ　区域报告

B.9　提升南昌首位度的战略路径与政策建议
　　　　…………………………………………… 梁　勇　龚建文等 / 122

B.10　赣州打造省域副中心城市的战略研究 ………… 孙育平 / 135

B.11　九江在长江经济带保护与发展中的机遇与作用
　　　　……………………………………………………… 高　玫　马　回 / 147

B.12　鹰潭市新型城镇化试点评估 ………… 马雪松　张晓霞 / 159

B.13　宜春昌铜高速生态经济带建设的思考与建议
　　　　……………………………………… 龚建文　张宜红　马　回 / 172

B.14　萍乡打造海绵城市的思考与建议 ……… 张宜红　杨锦琦 / 185

B.15　吉安市实施吉泰走廊战略研究 …… 江西省社会科学院课题组 / 195

B.16　新余水生态文明试点建设的思考与建议 …… 孔凡斌　王　晶 / 210

Ⅳ　典型调查

B.17　小蓝经济技术开发区体制机制优化研究
　　　　………………………………………… 江西省社会科学院课题组 / 222

B.18 农村一二三产业融合的典型调查
——以赣南脐橙产业为例 ………………… 李志萌 盛方富 / 229

B.19 "景漂" 现象的深度分析与思考
……………………………………………… 邓 虹 易外庚 等 / 241

B.20 滨湖地区特色产业发展调研
——以都昌珍珠产业为例 ……………………………… 甘庆华 / 260

B.21 吉安市移民搬迁扶贫的经验与启示 ………… 姜 玮 方 芳 / 274

B.22 晶科能源外贸出口为什么能够一枝独秀
……………………………………… 江西省社会科学院课题组 / 283

B.23 抚州生物医药产业发展研究 ……………… 王 果 李华旭 / 292

皮书数据库阅读使用指南

CONTENTS

I General Reports

B.1 The Economic Situation Analysis and Forecast of Jiangxi Cities With Subordinate Districts in 2016-2017 　　　　　*Jiang Wei, Gong Xue* / 001

　　1. The Review of Economy Development of Jiangxi Cities With Subordinate Districts in 2016 　　　　　/ 002

　　2. The Development Pattern of Jiangxi Cities With Subordinate Districts 　　　　　/ 007

　　3. The Suggestions on the Economic Growth of Jiangxi Cities With Subordinate Districts 　　　　　/ 015

B.2 Comprehensive Competitiveness Evaluation of Jiangxi 11 Cities With Subordinate Districts 　　　　　*Ma Zhihui, He Xiongwei* / 020

　　1. The Comprehensive Competitiveness and Evaluation 　　　　　/ 021

　　2. The Assessment System Construction of the Comprehensive Competitiveness of Jiangxi 11 Cities With Subordinate Districts 　　　　　/ 023

　　3. The Comparison of the Comprehensive Competitiveness of Jiangxi 11 Cities With Subordinate Districts 　　　　　/ 025

　　4. The Suggestions to Improve the Comprehensive Competitiveness of Jiangxi Cities With Subordinate Districts 　　　　　/ 033

CONTENTS

II Monographic Reports

B.3 The development report of New-type industrialization
of Jiangxi Cities With Subordinate Districts in 2016-2017
Sun Yuping, Sheng Fangfu and Yu Yonghua / 035

B.4 The development report of New-type urbanization of Jiangxi Cities
With Subordinate Districts in 2016-2017   *Deng Hong, Ping Yuxiao, etal.* / 051

B.5 The development report of agricultural modernization
of Jiangxi Cities With Subordinate Districts in 2016-2017
Li Zhimeng, Zhang Yihong / 070

B.6 The development report of modern service industry
of Jiangxi Cities With Subordinate Districts in 2016-2017
Li Xiaoyu, He Xiongwei / 085

B.7 The development report of open economy of Jiangxi Cities
With Subordinate Districts in 2016-2017
Research Group of Jiangxi Commerce Department / 098

B.8 The development report of innovation capability of Jiangxi Cities
With Subordinate Districts in 2016-2017
Gao Ping, Sheng Fangfu and Ma Hui / 108

III Regional Reports

B.9 The Suggestions of policy and strategic path to promote
Nanchang Urban Primacy Ratio
Liang Yong, Gong Jianwen, etal. / 122

B.10 The Strategic Research for Ganzhou to construct provincial
sub center city   *Sun Yuping* / 135

B.11 The Opportunity and Impact of Jiujiang in Yangtze River
Economic Zone   *Gao Mei, Ma Hui* / 147

B.12 The Evaluation of the Pilot Project for the New Urbanization
in Yingtan　　　　　　　　　　　Ma Xuesong, Zhang Xiaoxia / 159

B.13 The Analysis and Suggestions of Nanchang
　　　—Tonggu High-speed Ecological Economic Belt in Yichun
　　　　　　　　　　　Gong Jianwen, Zhang Yihong and Ma Hui / 172

B.14 The Analysis and Suggestions of Sponge City Trial in Pingxiang
　　　　　　　　　　　　　　　　Zhang Yihong, Yang Jinqi / 185

B.15 The strategic Research of Jitai Corridor in Ji'an
　　　　　　　Research Group of Jiangxi Academy of Social Sciences / 195

B.16 The Analysis and Suggestions of Pilot Project for Xinyu
Water Ecological Civilization　　　　　Kong Fanbin, Wang Jing / 210

Ⅳ　Typical Investigations

B.17 The Research of System and Mechanism Optimization
of Xiaolan Economic Development Zone
　　　　　　　Research Group of Jiangxi Academy of Social Sciences / 222

B.18 The Typical Investigation of the Integration of Three Industries
　　　　— The example of Gannan Navel Orange　Li Zhimeng, Sheng Fangfu / 229

B.19 The Analysis of "Jingdezhen drift" Phenomenon
　　　　　　　　　　　　　　　Deng Hong, Yi Waigeng, etal. / 241

B.20 The Investigation of Lakeside Characteristic Industry Development
　　　　— The example of Duchang Pearl Industry　　Gan Qinghua / 260

B.21 The Experience Enlightenment of Migrant of poverty
alleviation in Ji'an　　　　　　　　　　Jiang Wei, Fang Fang / 274

B.22 How can Jinko Solar Co. outshine others on Foreign Trade Export?
　　　　　　　Research Group of Jiangxi Academy of Social Sciences / 283

B.23 The Research of Fuzhou Bio-pharmaceuticals Enterprises
Development　　　　　　　　　　　　Wang Guo, Li Huaxu / 292

总 报 告
General Reports

B.1
2016~2017年江西设区市经济发展形势分析与预测

姜玮 龚雪*

摘　要： 本文首先利用经济增长率，固定资产投资额，规模以上工业增加值，第一、第二、第三次产业结构，出口总额，城乡居民人均可支配收入等指标回顾2016年江西省设区市的经济发展情况。在此基础上，进一步分析昌九地区、赣东北地区、赣南等原中央苏区、赣西地区等四大板块设区市的经济发展格局。最后，提出了实施区域协调发展战略、创新驱动战略、产业转型升级战略、开放发展战略等加快各设区市经济发展的对策建议。

---

* 姜玮，江西省社会科学院党组书记，研究员，研究方向为区域经济与执政党建设；龚雪，江西省社会科学院经济研究所助理研究员，研究方向为区域经济。

关键词: 设区市 经济发展 产业转型

一 2016年江西设区市经济发展情况回顾

（一）经济保持稳步增长

2016年，江西省各设区市通过采取一系列有效措施，有力地促进了经济平稳较快发展。

（1）生产总值平稳增长。全年地区生产总值为18364.4亿元，比2015年增长9%。其中，各设区市地区生产总值增长的幅度为8.6%~9.5%。增长最快的是赣州，生产总值为2194.34亿元，增长幅度为9.5%；增长最慢的是景德镇和新余，生产总值分别为840.15亿元和1028.17亿元，增长幅度皆为8.6%。生产总值绝对值最多的是南昌，为4354.99亿元；最少的是鹰潭，为695.35亿元。

（2）财政总收入继续增加。全年全省财政总收入为3143亿元，增长4%。其中，各设区市财政收入增长的幅度为3.3%~8.9%。增长最快的是南昌，增长幅度为8.9%；增长最慢的是新余，增长幅度为3.3%。财政收入最多的是南昌，为684.68亿元；财政收入最少的是景德镇，为115.82亿元。

（3）一般公共预算收入呈下降趋势。全年全省一般公共预算收入2151.4亿元，下降0.7%。全省11个设区市中，除南昌、九江、宜春、上饶4市的一般公共预算收入为正增长以外，其余7市的一般公共预算收入均呈现不同程度的下降。各设区市一般公共预算收入变动的幅度为-3.2%~5.4%，其中，九江增幅最大，为5.4%，抚州增幅最小，为-3.2%。一般公共预算收入最多的是南昌，为402.18亿元，一般公共预算收入最少的是鹰潭，为81.62亿元。

（4）社会消费品零售总额呈快速增长态势。全省社会消费品零售总额达6634.6亿元,同比增长12%。其中,各设区市零售总额同比增长幅度为11%~13%,同比增长最快的是九江,零售总额为656.78亿元,增长幅度为13%;同比增长最慢的是萍乡,零售总额为338.08亿元,增长幅度为11%。社会消费品零售总额最多的是南昌,为1868亿元;零售总额最少的是鹰潭,为194.66亿元(见表1)。

表1 江西各设区市2016年主要经济指标

地区	生产总值 绝对值(亿元)	增长(%)	财政总收入 绝对值(亿元)	增长(%)	一般公共预算收入 绝对值(亿元)	增长(%)	社会消费品零售总额 绝对值(亿元)	增长(%)
全省	18364.4	9.0	3143.0	4.0	2151.4	-0.7	6634.6	12.0
南昌市	4354.99	9.0	684.68	8.9	402.18	3.3	1868.00	11.8
景德镇市	840.15	8.6	115.82	3.8	88.72	-2.1	300.61	11.5
萍乡市	998.28	9.1	135.64	4.0	105.49	-0.5	338.08	11.0
九江市	2096.13	9.4	415.23	7.7	260.52	5.4	656.78	13.0
新余市	1028.17	8.6	137.19	3.3	95.74	-3.1	239.95	11.7
鹰潭市	695.35	8.8	116.82	3.9	81.62	-1.7	194.66	12.8
赣州市	2194.34	9.5	366.32	3.7	243.18	-0.9	790.24	11.5
吉安市	1461.37	9.2	229.08	4.1	157.02	-2.9	448.66	12.6
宜春市	1770.38	9.0	320.92	3.9	220.05	2.3	596.25	11.8
抚州市	1210.91	8.8	171.62	3.9	122.80	-3.2	480.27	11.6
上饶市	1811.05	9.0	302.04	4.1	227.54	2.3	721.12	12.6

资料来源:江西省统计局网站。

(二)固定资产投资保持平稳增长势头

2016年,全省固定资产投资取得新成效,全年完成固定资产投资19378.7亿元,同比增长14%。各设区市固定资产投资年均增长幅度为12%~16.6%。增长最快的是赣州,2016年固定资产投资为2205.51亿元,同比增长16.6%;增幅最小的是新余,2016年固定资产投资为921.32亿元,同比增长12%。固定资产投资完成最多的是南昌,2016年完成4540.26亿元,同比增长13.5%;固定资产投资完成最少的是鹰潭,2016年完成604.16亿元,相比2015年增长13.7%(见图1)。

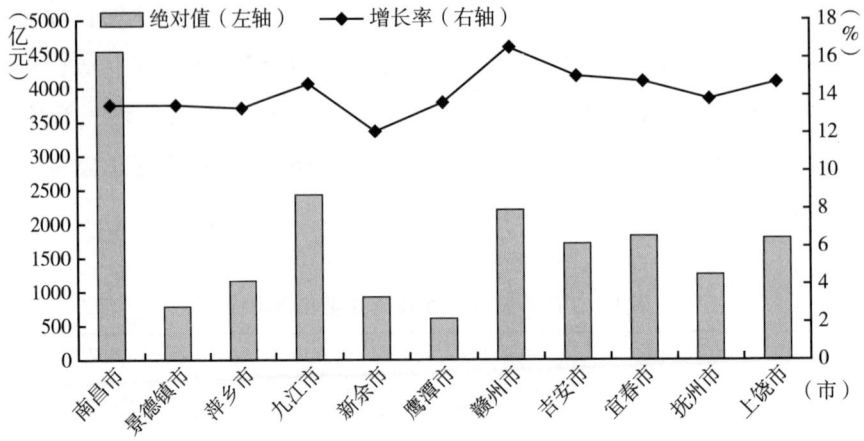

图1 江西省各设区市固定资产投资情况

（三）工业生产增长平稳

2016年，江西工业生产平稳增长。全省规模以上工业增加值7803.6亿元，增长9.0%。全省11个设区市中规模以上工业增加值增长的幅度为8.4%~9.5%。其中，增长最快的是抚州，增长幅度为9.5%；增长最慢的是鹰潭，增长幅度为8.4%；规模以上工业增加值最高的是南昌，为1611.5亿元；最低的是景德镇，为276.4亿元（见图2）。

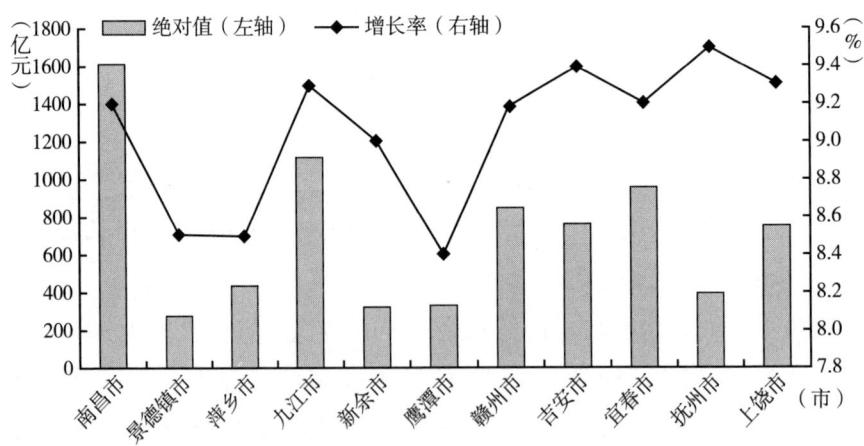

图2 江西省各设区市规模以上工业增加值情况

（四）产业结构优化提升

2016年，江西省各设区市在坚持"稳中求进"良好发展态势的基础上，增长的质量和效益明显提高，产业结构不断优化（见表2、表3）。

表2 2015年、2016年江西各设区市三次产业所占比重情况

单位：%

地区	第一产业		第二产业		第三产业	
	2016年	2015年	2016年	2015年	2016年	2015年
南昌市	4.20	4.30	53.00	54.50	42.80	41.20
景德镇市	7.30	7.40	55.50	56.70	37.20	35.90
萍乡市	6.90	6.90	55.00	56.70	38.10	36.40
九江市	7.30	7.40	52.90	53.30	40.80	39.30
新余市	5.70	5.90	54.90	55.80	39.40	38.30
鹰潭市	7.60	7.70	52.80	59.90	34.20	32.40
赣州市	14.60	15.00	42.70	44.10	42.70	40.90
吉安市	16.00	16.37	48.50	49.48	35.50	34.15
宜春市	14.00	14.60	50.90	52.30	35.10	33.10
抚州市	16.30	16.50	48.80	49.70	34.90	33.80
上饶市	13.00	13.50	47.70	48.70	39.30	37.80

资料来源：江西省统计局公开数据。

表3 2015年、2016年江西各设区市三次产业绝对值情况

单位：亿元

地区	第一产业		第二产业		第三产业	
	2016年	2015年	2016年	2015年	2016年	2015年
南昌市	182.91	157.20	2308.14	1850.50	1794.26	1328.30
景德镇市	60.00	57.22	455.00	437.58	355.00	277.25
萍乡市	68.70	62.83	549.07	517.29	380.60	332.27
九江市	152.69	140.75	1087.88	1014.59	855.21	747.34
新余市	58.95	55.95	564.70	527.93	404.52	362.92
鹰潭市	52.80	49.40	404.55	382.57	237.99	207.29
赣州市	350.89	295.56	1026.00	870.46	1026.00	807.85
吉安市	233.82	217.40	708.78	657.38	518.80	453.74
宜春市	247.86	236.04	901.13	848.60	621.41	536.38
抚州市	197.00	181.82	591.34	549.30	422.57	374.02
上饶市	235.40	222.80	864.00	803.40	711.70	624.60

资料来源：江西省统计局网站。

（五）开放型经济增长略有下降

2016年，江西省坚持全方位大开发战略，开拓创新，攻坚克难，全省共完成出口总额1966.91亿元，下降4.1%。其中，各设区市出口总额增长的幅度为-27.9%~18.0%。增长最快的是萍乡，增长幅度为18.0%；增长最慢的是南昌，下降27.9%，但出口总额最多，为379.75亿元，出口总额完成最少的是景德镇，为42.59亿元。全省全年实际利用外资104.41亿美元，增长10.2%。其中，各设区市使用金额增长的幅度为8.1%~10.6%。增长最快的是九江和赣州，增长幅度皆为10.6%；增长最慢的是宜春，增长幅度为8.1%。实际利用外资最多的是南昌，为28.90亿美元；最少的是景德镇，为1.89亿美元（见表4）。

表4　江西各设区市2016年开放型经济发展情况

地区	出口值		外商直接投资实际使用金额	
	绝对值（亿元）	增长（%）	绝对值（亿美元）	增长（%）
全　　省	1966.91	-4.1	104.41	10.2
南　昌　市	379.75	-27.9	28.90	10.4
景德镇市	42.59	-12.0	1.89	9.7
萍　乡　市	91.82	18.0	3.37	9.4
九　江　市	284.31	-6.7	18.03	10.6
新　余　市	84.34	7.7	3.99	9.0
鹰　潭　市	53.42	-9.4	2.65	10.2
赣　州　市	223.54	6.2	15.15	10.6
吉　安　市	280.34	8.2	9.75	10.4
宜　春　市	155.06	4.7	7.08	8.1
抚　州　市	118.85	16.2	3.24	10.4

资料来源：江西省统计局网站。

（六）人民生活进一步改善

2016年，全省城镇居民人均可支配收入达28673元，增长8.2%。其中，各设区市城镇居民人均可支配收入增长幅度为7.8%~8.6%。增长最快的是九江，增长幅度为8.6%；增长最慢的是新余，增长幅度为7.8%。城镇居民人均可支配收入最多的是南昌，为34619元；最少的是赣州，为27086元。

全年全省实现农村居民人均可支配收入为12138元，增长9.0%。其中，各设区市农村居民人均可支配收入增长幅度为8.7%~12.1%。增长最快的是赣州，增长幅度为12.1%；增长最慢的是萍乡和新余，增长幅度皆为8.7%。农村居民人均可支配收入最多的是萍乡，为15274元；最少的是赣州，为8729元（见表5）。

表5　2016年江西各设区市城乡居民收入情况

地区	城镇居民人均可支配收入		农村居民人均可支配收入	
	绝对值（元）	增长（%）	绝对值（元）	增长（%）
全　　省	28673	8.2	12138	9.0
南　昌　市	34619	8.4	14952	9.2
景德镇市	31418	8.0	13878	9.0
萍　乡　市	30630	8.1	15274	8.7
九　江　市	30011	8.6	12157	9.1
新　余　市	32163	7.8	15203	8.7
鹰　潭　市	29116	8.0	13534	9.3
赣　州　市	27086	8.3	8729	12.1
吉　安　市	29307	8.2	11380	9.9
宜　春　市	27452	8.2	12643	8.8
抚　州　市	27195	8.5	12447	8.8
上　饶　市	29153	8.3	11103	9.8

资料来源：江西省统计局网站。

二　江西设区市经济发展基本格局

2016年，全省区域经济发展布局不断优化，区域发展的协调性进一步增强。赣江新区被批准为中部地区第二个国家级新区，昌九抚一体化进一步推进，吉泰走廊发展势头良好，赣南等原中央苏区经济发展迅猛，主要经济

指标增速高于全省平均水平，赣东北、赣西两翼发展活力不断增强。

江西省11个设区市根据各地不同的地理位置、自然资源、财力人力，可以分成昌九抚地区、赣东北地区、赣南等原中央苏区、赣西地区四大板块。2016年，各大板块根据自己的特征，因地制宜，错位发展，发挥比较优势，突出特色产业，实现了区域升级、小康提速的良好局面。

表6 江西省各设区市主要产业

地 区	设区市	主要产业
昌九抚地区	南 昌	汽车、航空、光伏光电、冶金和新材料、电子信息、机电、金融、旅游、物流、文化创意
	九 江	石油化工、钢铁、有色冶金、纺织服装、汽车船舶、电子信息、新能源、非金属新材料、节能电器、绿色食品、生态旅游
	抚 州	生物医药、新能源汽车及零配件、光电新能源、绿色食品、纺织服装、香料、塑料制品
赣东北地区	上 饶	有色金属（黄金、铜加工）、新能源汽车、机电光学、新型建材、绿色旅游
	景德镇	高新技术陶瓷、航空、生物和新医药、光伏、清洁汽车及动力电池、LED半导体照明、现代农业和有机食品
	鹰 潭	高精铜材、绿色水工、节能照明、LED原料、生物和新医药、眼镜、道教文化旅游
赣南地区	赣 州	稀土钨新材料、新能源汽车及配套、稀有金属、物流、机械制造、电子信息、家具生产、生态农业、食品加工、生物医药
	吉 安	电子信息、医药化工、冶金建材、绿色食品、机械制造、新能源和微生物农药、物流、红色旅游
赣西地区	宜 春	锂电新能源、建筑陶瓷、生物医药、机械电子、纺织服装鞋革、食品、竹加工、烟花爆竹
	新 余	钢铁、新能源、新材料、电力、纺织服装、采掘业、建材、机械电子、化工、食品医药包装
	萍 乡	煤炭、陶瓷、建材、花炮、冶金、新能源、新材料、生物医药

（一）昌九抚地区

1. 南昌重点发展先进制造业，创新发展现代服务业

作为江西省的省会中心城市，南昌市的产业实力主要表现在先进制造业和现代服务业上。制造业方面，重点发展的产业是汽车、航空、光伏光电、内燃机、冶金和新材料、电子信息、机电等。以湖口高新技术产业园区（金砂湾工业区）为主，重点发展临港先进制造、矿产精深加工、新材料等产业，打造国内具有较大影响力的先进制造业和现代服务业产业走廊。向南对接抚州国家级高新区，承接南昌和海西经济区产业转移，重点发展生物医药、碳俘获和存储制造、电子信息、食品加工、绿色环保科技类等产业。同时，大力发展高新技术产业，积极申报省级科技企业孵化器、众创空间、大学科技园，南昌高新区获批国家级科技服务业区域试点单位和行业试点单位。

服务业快速增长，已逐渐成为南昌市经济转型升级的支柱性产业和支撑性产业。其中，现代商贸、金融、文化创意产业等发展迅速。VR产业开始起步，金融商务区升级步伐加快；胜利路步行街、新洪城大市场项目加速推进，万达茂及主题乐园项目开业，南昌绿地国际博览中心正式投入运营；"慧谷"建设稳步推进，中航长江设计师创意产业园发展强劲。未来将重点发展金融、物流、文化创意、商贸等产业，构造完善的服务业体系。

2. 九江做大做强主导产业，发展文化旅游业

九江市大力推进"新工业十年行动"，做大做强工业体系，重点围绕现代轻纺、装备制造、石油化工、钢铁有色冶金、电力能源等主导产业，通过技术改造、兼并重组、链条延伸、模式创新等手段，加快打造五大千亿元产业，加快形成特色鲜明、带动力强的工业主导产业集群。加大科技创新投入力度，促进工业生产转型升级，进一步提升科技创新对工业发展的带动作用和贡献度，重点围绕新材料、电子信息、智能电器、生物医药、绿色食品五大产业，加快构建"5+X"战略性新兴产业发展体系。充分发挥临江港口优势，打造水运口岸物流集聚区，以集装箱物流为中心，积极发展大宗物流，打造服务全省、辐射周边的港口物流集散中心，将九江市打造成为连接长三角，辐射鄂、皖、湘的现代物流枢纽城市和全国区域性物流节点城市。

发挥庐山龙头带动作用，加快推进庐山西海体育四大中心、长江风光带、环西海旅游公路等项目实施，不断提升庐山景区基础设施建设；推动

"环庐山、大庐山、泛庐山"旅游创意项目落地,不断优化旅游环境;大力支持庐山西海创建申报国家级5A级景区和旅游度假区①。做好旅游宣传,促进文化旅游产业加快发展。

3. 抚州立足特色优势,推动产业向中高端迈进

抚州市立足生物医药、建筑建材、电子信息、食品加工、有色金属深加工等特色主导产业,培育壮大龙头骨干企业,依托科技创新,增强创新引领能力,加强科技创新平台建设,促进产业向中高端迈进。同时,大力发展现代服务业。抚州市物流业和电子商务发展迅速。海西综合物流园正加快建设,抚州农产品综合物流园建设启动;唯康电商产业园、南城百望电商"双创"孵化基地、资溪电子商务孵化园、黎川物流大厦等一批电商平台加快发展。未来将进一步促进金融、商贸、商务、文化创意、健康养老、休闲旅游等现代服务业优质高效发展。加快发展文化创意产业,促进文化和旅游产业融合发展。大力发展现代物流产业,建设区域商贸物流中心,加快打造数字创意、文化创意产业集聚区。重点推进向莆经济带、抚河生态文明示范带、昌抚合作示范区、赣闽产业合作示范区、抚州海西综合物流示范区、现代信息产业示范区和各县(区)工业园区建设。②

(二)赣东北地区

1. 上饶加快发展特色工业,打造国际医疗旅游先行区

经过多年发展,上饶形成以光伏新能源、机电光学、有色金属、新型建材为主导的特色工业产业体系。未来将重点推进"五年决战七千亿元"战略,重点发展"两光一车"产业,以大项目和龙头企业为引领,加快推进汉腾、中汽瑞华等新能源汽车及零部件产业基地重大项目建设,着力打造众光照明光电产业基地。利用交通优势,加快上饶高铁经济试验区、赣浙省际生态产业合作示范区、上饶国家加工贸易梯度转移重点承接地建设,加快上饶出

---

① 《我市第三产业发展提速》,《九江日报》2017年5月6日。
② 《2017年抚州市政府工作报告》,《抚州日报》2017年1月26日。

口茶叶质量安全示范区及万年、余江供港生猪等农产品出口基地的建设。

依托丰富的文化、生态、旅游资源，提升旅游品质，发展旅游新业态，大力推进旅游与健康养生养老产业融合发展，打造全域化旅游发展格局，加快候鸟式异地养老养生度假基地建设，打造国际医疗旅游先行区。

2. 景德镇强力推进"3+1"特色优势产业发展，促进经济转型升级

大力推进以陶瓷、航空、汽车及旅游为主导的"3+1"特色优势产业发展。在传承传统工艺和制作方式基础上，充分吸收利用现代工艺和科技，不断提升陶瓷质量；通过规划引导，促进陶瓷产业"从无序到有序、从低端到高端、从分散到集中"，打造"陶瓷产业升级版"，做强陶瓷产业；景德镇国家日用及建筑陶瓷工程技术研究中心分别获批国家级科技服务业区域试点单位和行业试点单位。以直升机产业集聚发展试点为引领，紧抓多个国家战略获批实施的重大机遇，围绕"百亿元投资、千亿元产业"的目标，全力打造航空产业高地，做优汽车产业。

大力发展旅游产业，打造景德镇陶瓷旅游商品品牌，着力推出独具景德镇民俗特色的"瓷宴"和"窑工宴"饮食文化旅游项目，促进文化、生态与旅游的深度融合，打造"陶阳里、陶溪川、陶源谷"三大旅游功能区，全力创建国家全域旅游示范区，形成多业融合、全域联动的大旅游发展格局，把景德镇打造成为国际知名、国内一流的旅游目的地。

3. 鹰潭倾力打造"绿色世界铜都"，发展道教文化旅游

着力构建"1+3+2"产业发展体系，大力发展铜产业、智能制造业、光电新能源产业、大健康产业以及创意制造业和精细化工产业。推动铜初级加工向精深加工及铜基新材料发展，产业链向涉铜应用端延伸，提升产业附加值，推进由铜原料基地向铜材料基地、铜材料基地向铜精深加工基地、铜精深加工基地向涉铜终端产品生产基地的"三个转变"。重点导入高附加值铜基新材料产业化项目，积极导入下游应用类产品产业化项目，进一步发展再生铜项目，全力打造"绿色世界铜都"。加快推进以绿色水工、机械装备为主导的智能制造业，以节能照明和新能源为主的光电新能源产业，以绿色食品和饮料为主的大健康产业，统筹余江县和贵溪市发展创意制造业和精细化工产业。

发展道教文化旅游,构建"南有龙虎山、中有月湖城、北有白鹤湖"的全域旅游新格局。依托鹰潭厚重丰富的道教文化资源,深度挖掘道教文化内涵,积极发展健康养生,大力发展以"道"为核心的旅游业,形成集旅游观光、养生度假、运动休闲、心灵朝圣、特色乡村等于一体的旅游产业体系,着力打造"中华道都"。

(三)赣南等原中央苏区

1. 赣州全力主攻工业,大力发展特色农业

立足赣州现有的产业优势,重点发展稀有金属加工、新能源汽车、生物医药、电子信息、家具制造等产业,以赣州高新区、赣州经开区和相关工业园区为主平台,建设中国赣州"稀金谷"。推进稀土产业与新兴应用产业深度融合,逐步完善产业配套,加速推进产业结构调整升级,着力打造产业链条完整、技术水平一流、具备国际竞争力的全国重要稀土新材料及应用产业基地。以赣州经开区为主平台,支持钨行业龙头企业做大做强,推动钨产业向精深加工转型发展,建设具有较强国际竞争力的稀土、钨稀有金属产业基地。加快章贡区、龙南、信丰电子信息产业基地和南康家具产业基地等建设,提升电子信息产业。

大力发展特色农业。促进脐橙产业转型升级,打造以"赣南脐橙"等地理标志商标为引领的知名品牌。在信丰、瑞金建设脐橙产业科技示范园区,加快形成世界最大的优质脐橙产业基地。大力发展蔬菜产业,扩大对东南沿海和港澳等地的蔬菜出口。发展壮大油茶产业,建设油茶"三个中心、三个基地"。

2. 吉安推动战略性新兴产业跨越发展,发展"红、绿、古"旅游

培育壮大电子信息、生物医药、先进装备制造、新能源新材料、通用航空等战略性新兴产业,电子信息产业以LED智能照明和通信终端为重点,筹建产业创投基金,创建LED智能照明国检中心,依托职业技术院校,加强电子信息人才培养,推动电子信息产业提档升级,打造以吉泰走廊为核心、各县产业园融合配套的全国有影响力的电子信息产业基地。生物医药产

业抢抓大健康产业发展的重要机遇，主攻生物食品、中成药、生物原料药、微生物农药等产品。先进装备制造产业主攻新能源汽车、数控机床、机电设备、精密液压件等，打造全国知名的数控机床产业基地和先进装备制造产业集聚区。新能源产业重点发展锂离子动力电池、风能和生物质能源，打造过百亿元的新能源产业基地。通用航空产业重点发展轻型飞机、航空运动产业，打造吉安（桐坪）航空运动产业园。加快军民融合产业发展，打造全省重要军民融合产业基地。

凸显吉安市"红、绿、古"为主要特征的旅游资源。推动以井冈山为龙头的大井冈红色旅游，深入推进赣江百里风光带、青原山至东固都市田园休闲观光带和吉安城西都市田园休闲观光区"两带一区"绿色旅游，推进庐陵特色历史文化街区保护建设，促进古村古镇旅游发展。

（四）赣西地区

1. 宜春做大做强锂电新能源产业，发展养生、文化、观光旅游

重点发展电子机械、锂电新能源、生物医药、建筑陶瓷、纺织服装鞋革、食品、竹加工七大主导产业。做大做强宜春锂电新能源产业，全力打造"亚洲锂都"；加快发展高安、丰城和宜丰建筑陶瓷，打造国家级建筑陶瓷产业基地；依托袁州医药园和樟树福城医药园两个国家生物产业基地，大力发展生物医药产业，全面振兴"中国药都"；积极推动上高绿色食品产业发展，注重把绿色食品产业作为强攻工业的特色产业来培育；着重发展万载有机食品、上高绿色食品和丰城生物食品，加强樟树现代食品科技园建设，打造现代食品产业集群；加快奉新、铜鼓竹加工改造升级，发展竹加工产业；利用物联网、云计算、大数据等现代信息技术，改造提升建材、机电、化工、轻纺等传统优势产业，支持相关企业做大做强。

大力发展现代旅游业，构建"双核三线四游"旅游格局。深入挖掘禅宗文化内涵，加快推进明月山洪江禅意特色小镇建设，进一步做强"禅宗圣地"旅游品牌；推动靖安创建国家全域旅游示范区，支持靖安三爪仑争创5A级旅游景区，将明月山温泉风景名胜区、靖安三爪仑景区打造成支撑

宜春旅游发展的"双核";依托市内高速公路和国道,精心编排北线、东线、中线三条精品旅游线路,扎实推进景区改造提升,重点打造温泉养生游、古色禅宗游、文化创意游和生态观光游四种特色旅游产品,将宜春打造成以"硒温泉"为核心竞争力的国际知名健康养生休闲度假目的地。

2. 新余巩固发展传统优势产业,培育发展战略性新兴产业

新余市以钢铁、新能源、新材料、光电信息、装备制造等优势产业为重点,通过大力培育、壮大龙头企业,新增百乐米业、增鑫牧业两家企业挂牌"新三板",赣锋电池、沐阳科技等投资10亿元以上项目8个,初步形成了以新能源、新材料、光电信息、装备制造等产业为支柱的产业集群。但是,钢铁、煤炭、盐化、花炮等传统产业比重较大,而光电信息、锂电新能源、粉末冶金、生物制药等战略性新兴产业尚处于发展起步阶段,面临经济转型升级发展动力转换的巨大压力。因此,在未来的发展中,新余市要大力实施创新驱动转型升级战略,探索产业转型发展新路,以改造传统优势产业、培育战略性新兴产业为重点,全力实施锂电、手机触控、LED和装备制造产业集群三年倍增计划,打造一批战略性新兴产业集群;推动传统优势产业和战略性新兴产业互补发展,生产性服务业和新型制造业融合发展,农业和工业、服务业协同发展。

3. 萍乡依托赣湘开放合作试验区,加强产业对接

萍乡在现有工业陶瓷、电瓷、烟花鞭炮、粉末冶金及先进装备制造等传统优势产业基础上,加快发展节能环保、新材料、生物医药食品、新能源汽车等战略性新兴产业,每个县区持之以恒主攻1~2个主导产业,并形成产业集群。

深入对接长江经济带、长江中游城市群等国家战略。加快推进赣湘开放合作试验区建设,加强与"长株潭"经济圈的产业对接与合作;加强与周边地区合作互动,构建湘赣开放合作试验区;利用举办赣西经济转型加快发展区域合作会议契机,推动花炮、陶瓷、装备制造、物流、旅游等产业合作迈出新步伐。

三 加快江西设区市经济发展对策建议

(一)实施区域协调发展战略,形成统筹协同发展新格局

深入实施"龙头昂起、两翼齐飞、苏区振兴、绿色崛起"区域发展战略,加强区域统筹联动,推进多元支撑协调发展。聚焦赣江新区建设,充分利用赣江新区的区位优势、交通条件、特色鲜明的产业体系及较强的创新能力,推进儒乐湖核心区产业新城建设,着力承接沿江沿海高端产业,推进新型城镇化建设,推进改革创新试验,努力把新区建成现代化滨湖临江新城。推动昌九抚一体化发展。建设大南昌经济圈和九江区域发展经济圈(带),促使南昌、九江在错位发展中实现一体化互动发展;加紧编制《昌九抚核心城市群发展规划》,建设昌九抚核心城市群,坚持"一核两翼"发展战略格局,巩固南昌的核心引领作用,发挥九江、抚州的两翼齐飞支撑效能,九江、抚州要分别建成面向长江中游城市群、海西城市群的合作门户窗口。加快"苏区振兴"步伐。支持赣州打造省域副中心城市。推动赣县、南康、上犹与赣州中心城区同城化发展。科学规划建设章康新区,支持瑞金、龙南等次中心城市规划建设,支持瑞(金)兴(国)于(都)经济振兴试验区规划建设,支持赣州"三南"(全南、龙南、定南)建设加工贸易重点承接地。抓好赣州市国家现代物流创新发展城市试点。大力推进精准扶贫,积极探索脱贫攻坚"赣州样本",为全国精准扶贫、全力攻坚提供示范。大力支持吉泰走廊电子信息等优势产业发展,推进国家新型工业化吉安电子信息产业基地建设;优化农产品区域布局,推进农业结构调整,加快发展特色农业,建设全国稀有金属产业基地、先进制造业基地和特色农产品深加工基地,打造全省重要经济增长带。增强"两翼"发展活力。依托良好的区位优势和高铁枢纽的交通优势,积极推动赣东北地区扩大对外开放,加强基础设施、产业发展、贸易通关和市场体系对接,创新合作发展模式和利益共享机制,构建全要素、多领域、高效益的开放合作新格局;着力承接沿海发达

地区要素和产业转移，培育壮大一批具有国际竞争力的企业和产业基地，加快建设高铁经济带。依托赣西独特的区位优势，大力推进湘赣开放合作试验区建设；调整和优化赣西产业空间布局，促进产城融合，推动新宜萍新型城镇示范带建设，构建特色鲜明、布局合理、功能完善、生态宜居的新型城镇带，打造新型城镇化建设先行区。

（二）实施创新驱动发展战略，加快实现经济发展动能转换

以科技创新为重点，大力实施创新驱动"5511"工程，确保各设区市研发投入占地区生产总值比重、规模以上工业企业研发经费支出占主营业务收入比重显著提升。加大科技创新力度，结合各设区市产业基础和未来发展方向，集成各类创新要素，聚焦实施重大科技专项和工程，力争在航空和先进装备制造、电子信息和新型光电、生物医药、新材料、新能源、现代农业、生态环保等领域，实现关键核心技术研发和转化的重大突破。建立健全科技创新体制机制，支持和鼓励以企业为主体，联合高校和科研院所组建一批协同创新体、产业创新联盟，打造一批创新平台、团队和成果转化基地，培育一批创新型领军企业，创建若干创新型城市和区域创新中心[①]。重点推进南昌航空和先进装备制造、吉安电子信息和生物制药、上饶和萍乡新能源、赣州生态农业和生态环保等战略性新兴产业发展；推进南昌VR（虚拟现实）产业基地建设；支持新余、鹰潭申报"中国制造2025"试点示范城市。强化创新要素保障和平台支撑。

（三）实施产业转型升级战略，推动产业结构迈向中高端

结合江西省11个设区市各自的产业基础、比较优势以及未来发展方向，顺应全球产业变革和国内外产业分工变动趋势，以优势传统产业为基础，以战略性新兴产业为先导，集中力量和资源，大力推进产业结构战略性调整，

---

① 《2016年江西省"十三五"规划纲要全文》，http://www.yjbys.com/gongwuyuan/show-496797.html。

培育壮大新经济业态，促进产业结构向中高端迈进。

对传统产业进行改造升级。主要对南昌和九江的石化、纺织产业，上饶和鹰潭有色金属产业，抚州和赣州有色金属加工、建材产业，新余和萍乡的钢铁产业，景德镇的陶瓷产业，宜春和吉安的食品产业等实施技术装备改造升级和质量品牌提升行动，努力提升产品质量和附加值，推动其由中低端向中高端迈进。进一步培育壮大战略性新兴产业，重点发展南昌的航空、新型光电，九江的新材料、生物医药，上饶的节能环保、新能源，景德镇的航空、汽车等先进装备制造，鹰潭的新能源，赣州和吉安的电子信息、新能源、生物医药、新材料，宜春和新余的新能源、新材料等战略性新兴产业。

（四）实施全面开放战略，打造内陆双向开放高地

紧紧抓住"一带一路"和长江经济带战略的重大机遇，主动融入国家战略，以开放视野拓展昌九抚、赣东北、赣西、赣南四大板块的市场空间和资源要素，提高各版块的对内对外开放合作水平，促进开放型经济发展。推进南昌构建开放型经济新体制试点试验，打造内陆开放型经济高地；支持九江沿江产业园承接长江经济带产业，建设承接产业转移示范区；支持赣州等城市打造连接"海上丝绸之路"与"丝绸之路经济带"的重要节点城市。

加强区域开放合作，强化产业合作对接。实施深度融入"长珠闽"行动计划，推动经贸合作与市场一体化建设。支持赣州国家级加工贸易承接转移示范地建设，推进赣粤、赣浙、赣闽、赣湘、赣皖合作区建设，打造赣台合作发展示范区[①]。加强与国外及港澳台科技合作，引智引技，开创科技开放合作新局面。加强"一带一路"科技合作对接。利用好中国－东盟技术转移中心等合作平台，加强泛珠三角区域科技合作。承办好第十五届泛珠三角区域科技合作联席会议。

[①]《2017年江西省政府工作报告》，江西新闻网，http://jiangxi.jxnews.com.cn/system/2017/02/06/015725959。

参考文献

江西省统计局网站，http：//www.jxstj.gov.cn/News.shtml？p5＝9230884。

《江西省人民政府2017年政府工作报告》，http：//leaders.people.com.cn/n1/2017/0206/c58278－29059557.html，2017年2月6日。

《江西省国民经济和社会发展第十三个五年规划纲要》，http：//www.jiangxi.gov.cn/。

《关于南昌市2016年国民经济和社会发展计划执行情况及2017年国民经济和社会发展计划草案的报告》，http：//xxgk.nc.gov.cn/fzgh/gzjh/201702/t20170210_820440.htm，2017年2月10日。

《南昌市国民经济和社会发展第十三个五年规划纲要》，《南昌日报》2016年6月21日。

《产业集群引领跨越式发展》，《南昌日报》2011年4月9日。

《2016年抚州市政府工作报告》，http：//cn.chinagate.cn/reports/2017－02/21/content_40328218.htm，2017年2月21日。

《2017年九江市政府工作报告》，http：//www.jiujiang.gov.cn/xxgk/zfgzbg/jjszfgzbg/201702/t20170227_1677582.htm，2017年2月27日。

《我市第三产业发展提速》，《九江日报》2017年5月6日。

《"十六字方针"领航九江发展新坐标》，《九江日报》2016年2月24日。

《上饶市2017年政府工作报告》，http：//www.srxww.com/html/article/1024/2017_990095.html，2017年3月18日。

《2017年鹰潭市政府工作报告》，http：//www.libaiwu.com/23110.htm，2017年2月26日。

《关于景德镇市2016年国民经济和社会发展计划执行情况与2017年国民经济和社会发展计划草案的报告》，http：//www.jdz－news.com.cn/news/2017－01/17/content_13512.htm，2017年1月9日。

《以需求为导向的景德镇市应用型物流人才培养体系构建》，《科技经济市场》2016年6月15日。

《2017年新余市人民政府工作报告》，http：//www.ahmhxc.com/gongzuobaogao/6426.html，2017年2月17日。

《2017年萍乡市政府工作报告》，http：//xxgk.pingxiang.gov.cn/slx/xzzfxxgk/tmz_41186/fzgh/gzjh/201704/t20170423_1593335.htm，2017年4月23日。

《2017年宜春市人民政府工作报告》，http：//www.ahmhxc.com/gongzuobaogao/6433.

html，2017年2月18日。

《2017年吉安市政府工作报告》，http：//www.jgsdaily.com/2017/0323/42589.shtml，2017年3月23日。

《赣州政府工作报告：2016工作回顾2017工作安排》，http：//xxgk.ganzhou.gov.cn/gddt/zwdt/201703/t20170330_921438.htm，2017年3月2日。

B.2
江西区域综合竞争力评估：
全省11个设区市比较

麻智辉 何雄伟*

摘 要： 综合竞争力是一个地区发展水平的核心内容和综合反映，本报告主要在借鉴波特国家竞争力模型思路的基础上，结合相关学者提出的区域综合竞争力评价指标体系，设计出江西区域综合竞争力指标体系，涵盖经济、社会、生态三大方面，并根据评价指标体系对江西省11个设区市综合竞争力和分项竞争力进行比较分析。最后，根据研究结果提出提升江西设区市综合竞争力的对策建议，包括：做大做强中心城市，提升城市内在竞争力；培育产业集群，提升城市核心竞争力；加强生态建设，提升城市可持续竞争力；增强自主创新，提升城市创新竞争力；加快人才培养，提升城市潜在竞争力。

关键词： 江西 综合竞争力 评价指标体系

综合竞争力是一个地区发展水平的核心内容和综合反映，不断提高综合竞争力是发达地区实现快速发展的成功做法。对全省11个设区市综合竞争

---

* 麻智辉，江西省社会科学院经济研究所所长，研究员，研究方向为区域经济与工业经济；何雄伟，江西省社会科学院《企业经济》编辑部副主编，助理研究员，研究方向为区域经济与生态经济。

力进行全面分析，做出科学评估，找出各自存在的差距，并提出有效对策，对于缩小区域差距，促进区域经济协调发展，加快推进全省各地同步实现小康具有重要的意义。

一 区域综合竞争力及其测度

（一）城市综合竞争力内涵

设区市竞争力体现为一个地区的综合能力，它与城市综合实力有一定的关系，但又不完全等同于城市综合实力。城市综合实力是从经济、社会、生态、科技等方面描述其规模、数量的总体概况，而城市竞争力则是从其发展速度、发展潜力、发展质量上衡量城市可持续发展能力。两者有着显著的差异。

（二）城市综合竞争力评价测度方法

1. 测度方法

本报告首先设定综合竞争力的指标体系，指标设计主要涵盖经济、社会、生态三大方面数十项指标。由于指标原始数据繁杂且指标原始数据单位各不相同，为此，我们需对原始数据进行标准化处理，但是原始数据经标准化处理后有正有负，致使得分结果有正有负，虽不影响排名，但看起来还是不太直观，为便于观察比较，本报告采用标准化计算公式如下：

如果为正向指标：

$$U_{ij} = (X_{ij} - \min X_{ij}) \times 0.95/(\max X_{ij} - \min X_{ij}) + 0.05 (j=1,2,\cdots,n);$$

如果为逆向指标：

$$U_{ij} = (\max X_{ij} - X_{ij}) \times 0.95/(\max X_{ij} - \min X_{ij}) + 0.05 (j=1,2,\cdots,n)。$$

其中，X_i（$i=1,2,\cdots,n$）是经济或生态、社会的第 i 个指标，X_{ij} 是

第 i 个样本的第 j 个指标,其值为 X_{ij} $(j=1,2,\cdots,m)$。U_{ij} 为标准化后的数据,$\max X_{ij}$、$\min X_{ij}$ 是第 i 个指标的上限、下限。

经济综合竞争力水平、生态环境综合竞争力水平和社会发展综合竞争力水平可以采用线性加权法得到:

$$U_i = \sum_{j=1}^{m} w_{ij} u_{ij} \quad \sum_{j=1}^{j=m} w_{ij} = 1$$

式中:U_i 为经济综合竞争力水平、生态环境综合竞争力水平或社会发展综合竞争力水平,w_{ij} 为经济、生态环境或社会各个指标的权重。

2. 权重的确定

权重的确定主要借鉴了相关权威评价指标体系评估经验,采取定性与定量相结合的方法,即结合专家评价法和客观赋权法中的熵值法,对各设区市经济指标进行统计分析。江西设区市数据主要来自《江西省统计年鉴(2016)》,其中部分主要经济指标 2016 年数据来自江西统计局网站。

(三)城市综合竞争力评价指标体系比较

目前,国外城市竞争力体系,最权威的是波特的国家竞争力评价的"钻石体系"和"价值链"理论。

国内目前比较权威的城市竞争力评价指标体系主要有以下几个:一是北京国际城市发展研究院的城市竞争力评价系统,它由 5 个一级指标、23 个二级指标和 140 个要素指标构成;二是中国社会科学院的城市竞争力评价体系(《中国城市竞争力报告》),它包括制度、资本、基础设施、环境、科技、文化、开放竞争力等 12 大类 53 个指标;三是中国城市竞争力研究会的城市竞争力评价体系,它包括 10 个一级指标、50 个二级指标、217 个三级指标;四是全国经济综合竞争力研究中心提出的全国省域经济综合竞争力评价体系(《中国省域竞争力蓝皮书》),包括 9 个一级指标、25 个二级指标和 210 个三级指标。

二 江西设区市综合竞争力评价体系构建

（一）设区市综合竞争力评价体系选择

本报告主要在借鉴波特国家竞争力模型思路的基础上，结合了北京国际城市发展研究院、中国社会科学院、中国城市竞争力研究会、全国经济综合竞争力研究中心等提出城市综合竞争力评价指标体系。

（二）设区市综合竞争力评价体系构建方法

指标体系设计主要参考相关综合竞争力评价基础理论和方法，但为了使综合竞争力评价体系更加契合江西实际，我们也采用了德尔菲法，聘请了江西省统计局、南昌大学、江西财经大学、江西省社会科学院等单位经济、社会、生态方面的10位专家，对初选的评价指标进行评估，并根据专家意见进行了适度调整，最后确定三大类50个指标。

（三）设区市综合竞争力评价体系具体指标和权重的设定

根据党的十八届六中全会和省第十四次党代会精神，以及省域经济综合竞争力评价体系的指标设置，本报告对上年的评价指标体系做了微调，特别是对部分指标进行了更新、调整，力求使评价内容能更好地反映设区市经济社会发展的质量、效益和可持续增长。考虑江西省11个设区市发展程度以及数据可获取性，在具体指标选择方面有所区别和侧重。经调整后的综合竞争力指标体系包括二级指标3个，三级指标10个，四级指标50个（见表1）。其中经济竞争力具体采用指标30个、生态环境竞争力指标10个、社会竞争力指标10个。

本报告结合专家评价法和客观赋权法熵值法，共同确定指标权重（经济竞争力、生态环境竞争力和社会竞争力按照60∶20∶20的比例分配权重），将11个设区市的综合竞争力分解为具体分项指标，构造出区域综合竞争力指数，对区域竞争力进行实证分析。

表1 江西区域综合竞争力的评价指标体系

目标层	准则层	方案层	指标层	单位
区域综合竞争力	经济竞争力（30）	总量指标（8）	地区生产总值	亿元
			全社会固定资产投资	亿元
			公共财政预算收入	亿元
			社会消费品零售总额	亿元
			规模以上工业增加值	亿元
			非农产业占比	%
			外贸依存度	%
			实际利用外资	亿美元
		人均指标（6）	人均地区生产总值	元/人
			人均固定资产投资	元/人
			人均公共财政预算收入	元/人
			人均社会消费品零售额	元/人
			人均规模以上工业增加值	元/人
			人均实际利用外资	美元/人
		增速指标（7）	地区生产总值增长率	%
			公共财政预算收入增长率	%
			全社会固定资产投资增长率	%
			社会消费品零售总额增长率	%
			出口总额增长率	%
			实际利用外资增长率	%
			规模以上工业增加值增长率	%
		工业状况（5）	全员劳动生产率	元/人·年
			规模以上工业企业数	个
			规模以上工业主营利润总额	亿元
			工业经济综合效益指数	
			高技术产业增加值占地区生产总值比重	%
		基础设施（4）	人均高速公路里程	公里/人
			人均民用汽车拥有量	辆/人
			移动电话年末覆盖率	%
			互联网宽带覆盖率	%

续表

目标层	准则层	方案层	指标层	单位
区域综合竞争力	生态环境竞争力（10）	资源利用（6）	工业废水重复利用率	%
			生活垃圾无害化处理率	%
			固体废物综合利用率	%
			万元地区生产总值废污水排放量	吨
			万元工业增加值废气排放量	立方米
			万元地区生产总值能耗	万吨标准煤/万元
		生态环境（4）	城市人均绿地面积	平方米
			建成区绿化覆盖率	%
			空气质量指数	
			森林覆盖率	%
	社会竞争力（10）	社会人口（2）	城镇化率（常住人口）	%
			人口自然增长率	%
		科教文卫（4）	万人在校大学生数	人
			每千人医生数	人
			万人专利授予数	个
			R&D经费支出占地区生产总值的比重	%
		社会保障（4）	养老保险覆盖率	%
			农民人均纯收入	元/人
			城镇居民人均可支配收入	元/人
			城乡居民收入比（以农村为1）	

三 江西设区市综合竞争力比较

（一）江西设区市区域综合竞争力比较

根据指标分析计算，江西设区市综合竞争力，南昌市综合竞争力得分为3.74181，远高于全省平均水平，九江市和新余市分别排在全省设区市的第2位和第3位。其余鹰潭市、吉安市、萍乡市、宜春市、赣州市、景德镇市、上饶市、抚州市分别位于第4位到第11位（见表2）。

表2　江西设区市综合竞争实力得分排名

地区	得分	名次	地区	得分	名次
南昌市	3.74181	1	宜春市	2.14224	7
九江市	3.05687	2	赣州市	2.09810	8
新余市	2.59138	3	景德镇市	2.06321	9
鹰潭市	2.42357	4	上饶市	2.03050	10
吉安市	2.37178	5	抚州市	1.84475	11
萍乡市	2.16639	6			

（二）江西设区市分领域竞争力比较

1. 经济竞争力方面

在经济竞争力方面，相对指标更能体现区域的竞争力。根据计算结果分析发现，南昌市经济竞争力得分为2.71941，比排在第2位的九江市高出约0.5分。排在第3位到第11位的分别是鹰潭市、吉安市、赣州市、新余市、上饶市、宜春市、萍乡市、景德镇市和抚州市（见表3）。

表3　江西设区市经济竞争力得分排名

地区	得分	名次	地区	得分	名次
南昌市	2.71941	1	上饶市	1.42441	7
九江市	2.22031	2	宜春市	1.38359	8
鹰潭市	1.53253	3	萍乡市	1.36127	9
吉安市	1.50748	4	景德镇市	1.06231	10
赣州市	1.49184	5	抚州市	1.01351	11
新余市	1.47580	6			

在总量指标得分方面，南昌市排在第1位，而九江市和赣州市分别排在第2位和第3位，而第4~11位分别为上饶市、宜春市、吉安市、鹰潭市、萍乡市、新余市、景德镇市和抚州市（见图1）。

而人均指标得分方面，南昌市排在第1位，新余市和鹰潭市分别排在第

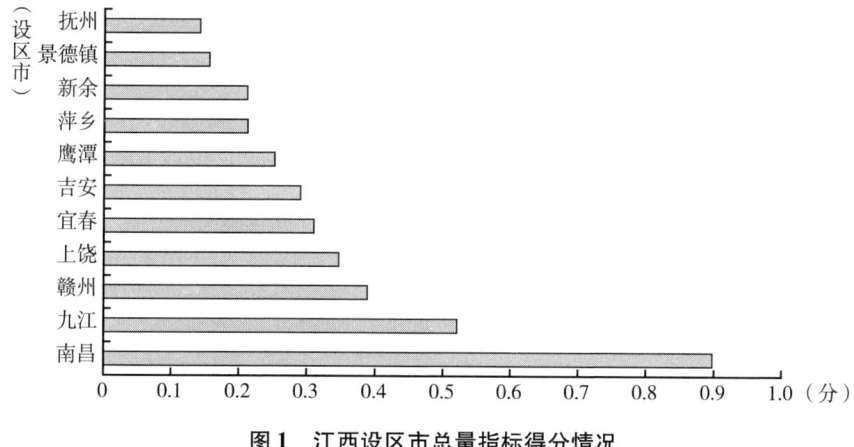

图 1 江西设区市总量指标得分情况

2位和第3位。而第4~11位分别为萍乡市、九江市、景德镇市、宜春市、吉安市、上饶市、抚州市、赣州市（见图2）。

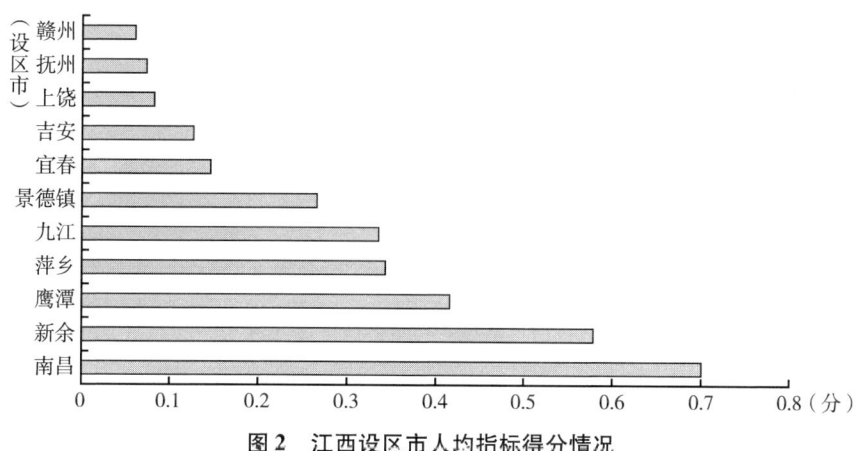

图 2 江西设区市人均指标得分情况

在增速指标得分方面，排在前3位的分别为九江市、赣州市和上饶市，而第4~11位分别为吉安市、抚州市、南昌市、宜春市、鹰潭市、萍乡市、新余市、景德镇市（见图3）。

在工业状况指标得分方面，排在前3位的分别为九江市、吉安市和宜春市，而第4~11位分别为上饶市、萍乡市、南昌市、鹰潭市、赣州市、抚州市、新余市、景德镇市（见图4）。

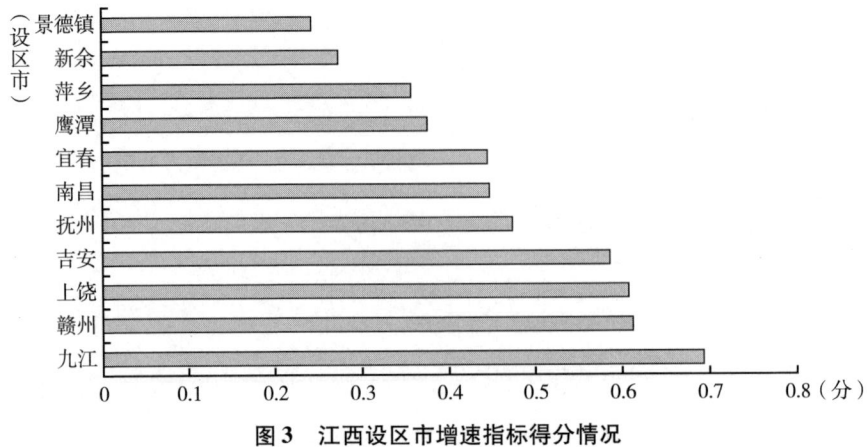

图3 江西设区市增速指标得分情况

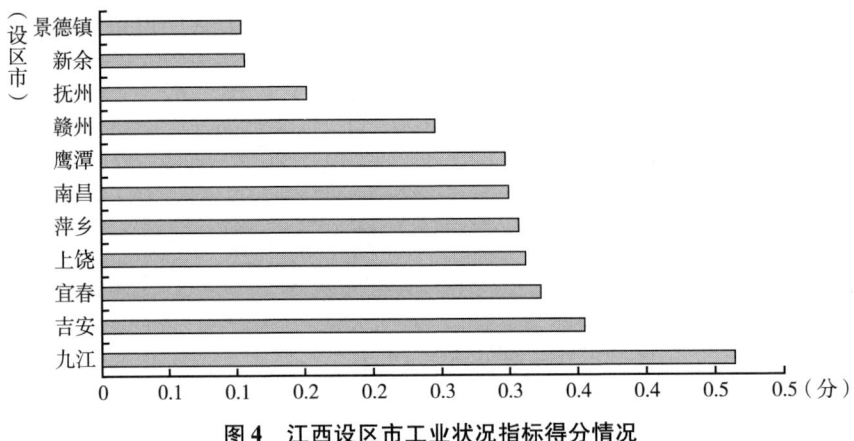

图4 江西设区市工业状况指标得分情况

在基础设施指标得分方面，排在前3位的分别为南昌市、新余市和景德镇市，而第4~11位分别为九江市、鹰潭市、赣州市、抚州市、宜春市、吉安市、萍乡市、上饶市（见图5）。

2. 生态环境竞争力方面

在生态环境竞争力方面，分析发现，新余市竞争力得分为0.73572，排名第1位，吉安市竞争力得分为0.71409，排名第2位。排在第3位到第11位的分别是抚州市、景德镇市、鹰潭市、九江市、宜春市、赣州市、南昌市、上饶市和萍乡市（见表4）。

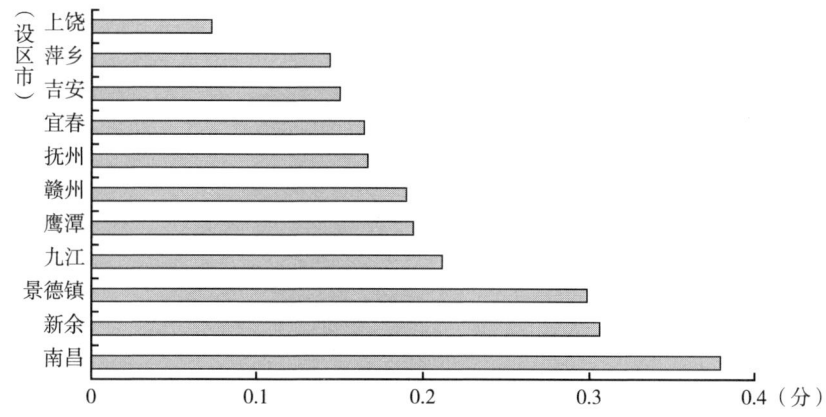

图5 江西设区市基础设施指标得分情况

表4 江西设区市生态环境竞争力得分排名

地区	得分	名次	地区	得分	名次
新余市	0.73572	1	宜春市	0.58538	7
吉安市	0.71409	2	赣州市	0.53096	8
抚州市	0.66238	3	南昌市	0.50755	9
景德镇市	0.64997	4	上饶市	0.47292	10
鹰潭市	0.64901	5	萍乡市	0.44689	11
九江市	0.61142	6			

在资源利用指标得分方面，南昌市排在第1位，鹰潭市和吉安市分别处于第2位和第3位。以下依次为新余市、抚州市、景德镇市、萍乡市、九江市、赣州市、宜春市和上饶市（见图6）。

生态环境指标得分方面，新余市排在第1位，景德镇市和吉安市分别处于第2位和第3位。以下依次为抚州市、九江市、上饶市、宜春市、鹰潭市、赣州市、萍乡市和南昌市（见图7）。

3. 社会竞争力方面

在社会竞争力方面，分析发现，南昌市竞争力得分为0.51484，排名第1位，新余市竞争力得分为0.37986，排名第2位。排在第3位到第11位的分别是萍乡市、景德镇市、鹰潭市、九江市、宜春市、抚州市、吉安市、上饶市和赣州市（见表5）。

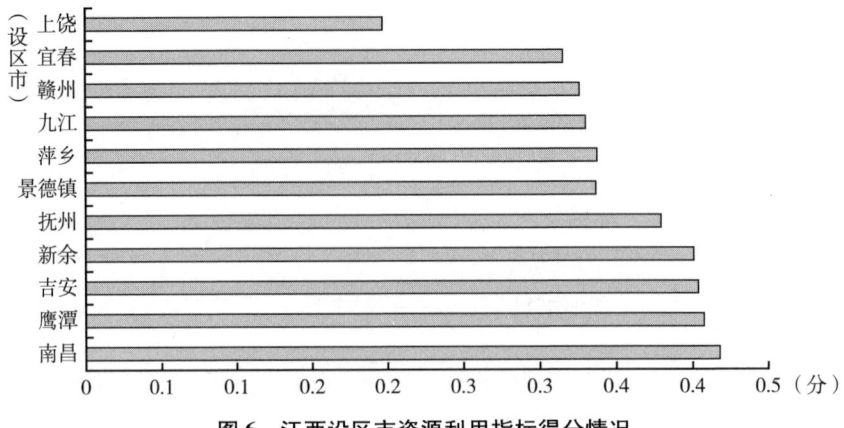

图6 江西设区市资源利用指标得分情况

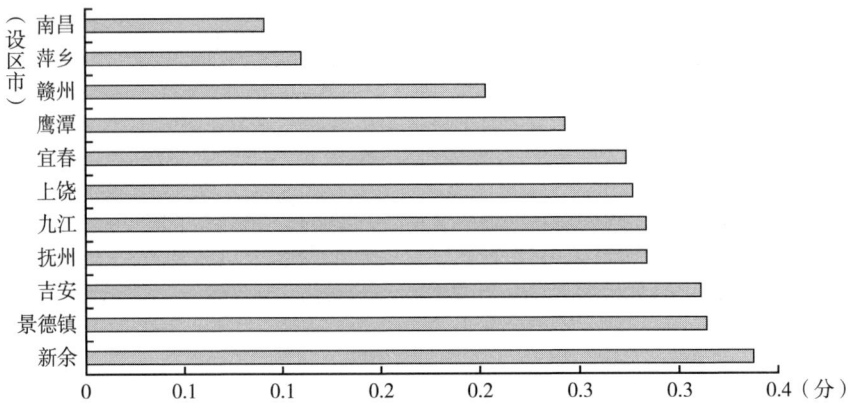

图7 江西设区市生态环境指标得分情况

表5 江西设区市社会竞争力得分排名

地区	得分	名次	地区	得分	名次
南昌市	0.51484	1	宜春市	0.17326	7
新余市	0.37986	2	抚州市	0.16887	8
萍乡市	0.35824	3	吉安市	0.15020	9
景德镇市	0.35092	4	上饶市	0.13317	10
鹰潭市	0.24203	5	赣州市	0.07530	11
九江市	0.22514	6			

在社会人口指标得分方面，萍乡市排在第1位，新余市和南昌市分别处于第2位和第3位。以下依次为景德镇市、抚州市、上饶市、吉安市、九江市、宜春市、鹰潭市和赣州市（见图8）。

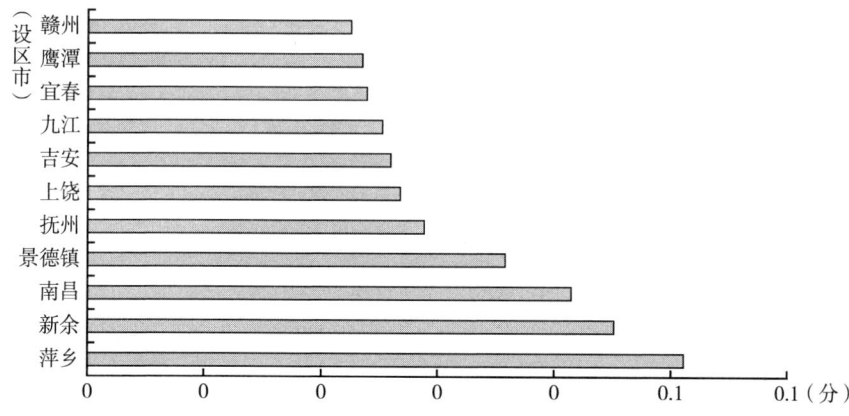

图8　江西设区市社会人口指标得分情况

在科技文卫指标得分方面，南昌市排在第1位，景德镇市和新余市分别处于第2位和第3位。以下依次为萍乡市、九江市、鹰潭市、赣州市、宜春市、吉安市、上饶市和抚州市（见图9）。

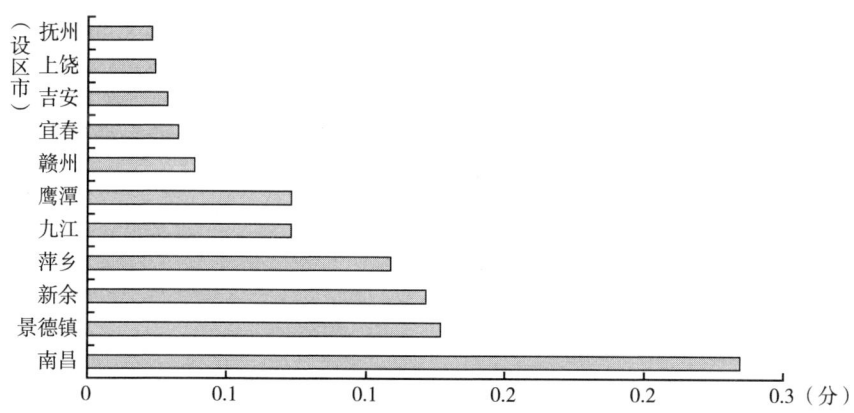

图9　江西设区市科技文卫指标得分情况

在社会保障指标得分方面，南昌市排在第1位，新余市和萍乡市分别处于第2位和第3位。以下依次为景德镇市、鹰潭市、九江市、抚州市、宜春市、吉安市、上饶市和赣州市（见图10）。

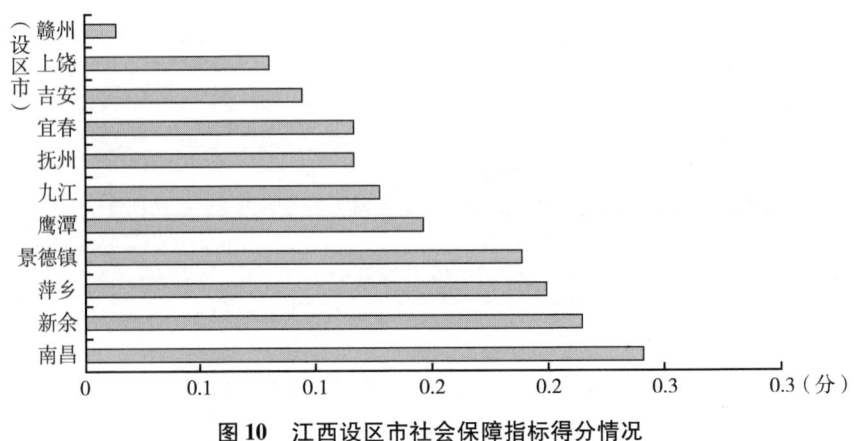

图10　江西设区市社会保障指标得分情况

（三）结论

1. 从江西11个设区市综合竞争力比较来看

2016年，在综合经济竞争力方面，南昌仍然位居榜首，在全省处于核心地位，第2位到第11位分别是九江市、鹰潭市、吉安市、赣州市、新余市、上饶市、宜春市、萍乡市、景德镇市和抚州市。与2015年相比，11个设区市的排名发生了不小的变化。赣州市由第9位上升到第5位，鹰潭市由第5位上升到第3位，新余市由第7位上升到第6位。宜春市由第4位下降到第8位，吉安市由第3位下降到第4位，萍乡市由第8位下降到第9位。九江市、上饶市、景德镇市和抚州市位次没有发生变化。萍乡市、景德镇市和抚州市综合经济竞争力连续多年在全省排名靠后的局面没有得到改变。

2. 从分项竞争力指标比较来看

从生态环境竞争力看，新余市、吉安市、抚州市名列前三名，南昌市、上饶市、萍乡市名列后三名。说明作为老工业城市，南昌、萍乡未来的经济社会发展环境压力较大，今后要注重发展的质量，在环境保护等方面加大力度；

吉安市、抚州市、赣州市生态环境有了较大改善，吉安市从2015年的第4位提升到第2位，抚州市从第9位提升到第3位，赣州市从第11位提升到第8位。

从社会竞争力看，南昌市、新余市、萍乡市名列前三名，吉安市、上饶市、赣州市名列后三名。萍乡市从2015年的第5名上升到第3名，景德镇市、鹰潭市从第3名、第4名下降到第4名、第5名。九江市、宜春市、抚州市、吉安市、上饶市和赣州市的位次没有发生变化。

四 提升江西设区市综合竞争力对策建议

（一）做大做强中心城市，提升城市内在竞争力

城市空间决定发展空间，城市的承载能力决定经济的发展潜力，中心城区太小，是江西设区市综合竞争力不强的一个重要原因。立足现实基础，着眼未来发展，统筹区域协调，拉开城市骨架，拓展发展空间，加速人口向城市集聚，是各设区市城市发展的必然选择。

（二）培育产业集群，提升城市核心竞争力

大力发展战略性新兴产业，推动传统产业由中低端向中高端迈进。遵循产业发展规律，以龙头企业为依托，以有色金属、新材料、新能源汽车、生物医药、电子信息等主导产业为重点，延伸上、下游产业链，提高产业配套能力，打造一批特色鲜明、链条完整、配套紧密的产业集群，使资源优势转化为产业优势，提升产业核心竞争力。

（三）加强生态建设，提升城市可持续竞争力

围绕江西生态文明试验区建设，以改善生态环境质量、推动绿色发展为目标，完善城市功能，提升城市建设管理水平，提高城市综合承载能力。充分结合城镇棚户区、城乡危旧房、老旧小区改造，加强城市道路拓展、园林绿化改建、水系治理等，切实解决城市"脏乱差"问题，推动绿色城市、智慧城市、人文城市、智慧城市建设，切实增强各设区市可持续发展能力。

（四）增强自主创新，提升城市创新竞争力

健全各设区市区域创新体系。引导和支持创新要素向企业集聚，加快构建以企业为主体、市场为导向、产学研结合的技术创新体系，努力建设创新型城市。加快建立吸纳整合国内外优质创新资源的新渠道、新机制，不断提高各设区市利用创新资源的能力。支持企业通过并购、专利购买等方式，引进急需的关键技术，提高引进消化吸收再创新能力。整合各类科技资源，依托驻市、市属院校和科研院所，推进创新平台建设，加快建设一批国家级、省级工程技术研究中心和实验室，创建检验公共技术服务平台。推动企业服务机构资源共享，开展联合研发和科技攻关。建立和完善科技成果转化基地，推进重大高新技术产业化项目建设，培育一批科技创新型企业。

（五）加快人才培养，提升城市潜在竞争力

以提升人才自主创新能力为主线，培养、引进、造就高层次创新型科技人才和企业经营管理人才、专业技术人才、社会服务专业人才等，加快构建区域性人才高地。创新人才培养模式，依托高等院校和培训机构，建立教育与实践相结合、国内培养与国际交流合作相衔接的开放式培养体系。加大对优秀青年科技人才的培养，注重复合型人才培养。围绕传统优势产业转型升级、现代服务业和战略性新兴产业发展，加快开发各类急需人才，注重培养造就优秀企业家。营造重才爱才的社会环境和公开平等、竞争择优的制度环境，促进各类优秀人才脱颖而出。

参考文献

李怀建、刘鸿钧：《城市竞争力的结构与内涵》，《城市问题》2003年第2期。
倪鹏飞：《中国城市竞争力报告（2016）》，社会科学文献出版社，2016。
沈海燕：《国内外城市竞争力研究综述》，《杭州研究》2010年第1期。
黄文华：《江西省城市竞争力评价及提升之对策建议》，《江西经济分析》总第148期。

专题报告

Monographic Reports

B.3

2016~2017年江西设区市新型工业化发展报告

孙育平　盛方富　余永华*

| 摘　要： | 新型工业化是供给侧结构性改革的重要着力点，是江西践行绿色发展理念、实现绿色崛起的重要抓手。文章通过构建指标体系，分析江西11个设区市新型工业化发展现状，从产业选择、创新能力、产业集聚、人力资本、资源配置等方面剖析存在的瓶颈制约因素，从创新发展、协调发展、绿色发展、开放发展、共享发展等方面提出推动各设区市新型工业化发展的路径，进而推动江西全省新型工业化发展。|

---

* 孙育平，江西省社会科学院产业经济研究所所长，研究员，研究方向为区域经济和产业经济；盛方富，江西省社会科学院应用对策研究室助理研究员，研究方向为区域经济；余永华，江西省社会科学院经济研究所助理研究员，研究方向为区域经济。

关键词： 新型工业化 指标体系 五大发展理念

在我国经济进入新常态大背景下,江西设区市新型工业化发展必须遵循五大发展新理念,深入推进供给侧结构性改革,积极探索工业文明与生态文明建设协调发展的新路径,实现建设富裕美丽幸福江西的宏伟目标。分析研究江西11个设区市新型工业化发展状况,对比剖析存在的问题与短板,对于明确各设区市新型工业化下一步发展思路,进而不断提升设区市新型工业化水平,具有十分重要的现实意义。

一 对江西11个设区市新型工业化的综合评估

量化评估需要构建一套客观公正的指标体系,这套指标体系的构建需要综合考虑新型工业化的基本要义、数据可获得性、统计软件的使用等方面因素,基于上述考虑,在评估江西11个设区市新型工业化水平时,结合已有理论研究和具体实践,笔者尝试构建了一套指标体系。

(一) 评价体系

这套指标体系共包含六个方面的21个指标。

一是工业发展水平,包括规模以上工业增加值、规模以上工业利税总额、大中型企业总产值占各地区规模以上工业企业总产值比重、人均规模以上工业增加值、工业增加值占地区生产总值比重指标。

二是经济效益,包括总资产贡献率、工业经济效益综合指数、成本费用利润率、人均实现工业增加值指标。

三是科技创新水平,包括研发经费支出总额、研发经费支出占各地区生产总值比重、研发人员数、每万人有效发明专利拥有量指标。需要说明的是,这里在指标的选取上将"每万人有效发明专利拥有量"替换掉上年指标体系中的"万人专利申请数",主要是因为"发明专利拥有量"是国际上通用的最能反映一个地区自主创新能力的指标。

四是资源环境，包括万元规模以上工业增加值能耗、工业用水重复利用率、一般工业固体废物综合利用率指标。

五是信息化水平，鉴于数据的可获得性，这里使用互联网宽带接入用户数、电信业务总量、人均电信业务量指标。虽不是工业领域的直接数据，但地区信息化水平的状况在很大程度上能够反映该地区工业领域的信息化状况。

六是人力资源利用，主要有工业全员劳动生产率和全部从业人员年平均人数指标。

构建的指标体系由六大部分共21个指标构成，详见下表。

表1 工业竞争力综合评价指标体系

一级指标	二级指标	三级指标	计量单位
工业竞争力评价指标体系	工业发展水平(5)	规模以上工业增加值	亿元
		规模以上工业利税总额	亿元
		大中型企业总产值占各地区规模以上工业企业总产值比重	%
		人均规模以上工业增加值	元
		工业增加值占地区生产总值比重	%
	经济效益(4)	总资产贡献率	%
		工业经济效益综合指数	%
		成本费用利润率	%
		人均实现工业增加值	元
	科技创新水平(4)	研发经费支出总额	亿元
		研发经费支出占各地区生产总值比重	%
		研发人员数	人
		每万人有效发明专利拥有量	件
	资源环境(3)	万元规模以上工业增加值能耗	吨标准煤
		工业用水重复利用率	%
		一般工业固体废物综合利用率	%
	信息化水平(3)	互联网宽带接入用户数	万户
		电信业务总量	亿元
		人均电信业务量	元
	人力资源利用(2)	工业全员劳动生产率	元/人·年
		全部从业人员年平均人数	人

（二）评价方法

评价方法的使用最核心的是权重的确定，这里为避免主观赋权法与客观赋权法的短处，取两者的长处并进行综合赋权。主观赋权法中通过使用层次分析法（使用 AHP 软件）来确定，客观赋权法则通过使用因子分析法（使用 SPSS 软件）来确定，然后对主客观分析方法分别计算得出的权重进行标准化处理，并采取算术平均的方法来计算综合权重。

鉴于数据标准处理过程中会出现正负值，为适应比较习惯，这里拟采用功效系数法对原始计算结果进行简单的转换与处理，具体处理方法如下所示：

$$y = 40 \times \frac{x - x_{\min}}{x_{\max} - x_{\min}} + 60$$

其中，$x_{\min}$ 与 $x_{\max}$ 分别指某一项指标中初始得分的最小值与最大值，通过功效系数法的转换和处理，最终各个设区市的得分将分布在 60 分至 100 分之间，这样会比较直观。

（三）数据采集与处理结果

1. 数据采集

为体现数据的公正客观性，本文所使用的数据主要来源于《江西统计年鉴（2016）》，而"每万人有效发明专利拥有量"数据来源于江西省知识产权局。

2. 处理结果

鉴于这次指标体系与评价方法与 2016 年的基本一致，这里拟对本次结果与上一年度结果加以简要的比较分析。

（1）11 个设区市新型工业化综合实力排名

2015 年各设区市的综合实力排名如表 2 所示，南昌市依然明显领先于其他设区市，各个设区市的得分呈现整体增加的态势；通过将 2015 年与 2014 年的结果进行比较会发现，11 个设区市的排位变化不大，景德镇市跃升两位可能与某个指标的替换有一定关系。

表2　江西11个设区市新型工业化综合实力指数排名

单位：分，位

年份	南昌市	鹰潭市	九江市	宜春市	新余市	赣州市
2015	100(1)	79.5721(2)	74.2735(3)	69.4079(4)	69.3230(5)	68.5967(6)
2014	100(1)	79.0110(2)	72.4416(3)	67.8250(5)	69.8808(4)	67.4920(6)
年份	上饶市	景德镇市	吉安市	萍乡市	抚州市	
2015	67.5394(7)	67.5185(8)	66.7707(9)	66.2517(10)	60(11)	
2014	67.2696(7)	66.1365(10)	66.9832(8)	66.5347(9)	60(11)	

（2）11个设区市工业化发展水平排名

从2015年的评估结果来看，与江西省工业布局及发展态势基本相符，昌九地区一直以来是江西省的工业发展重心，聚集了众多发展平台和要素资源，两市的工业化发展水平在全省处于领先地位；赣州、抚州地区长期以来工业基础条件薄弱，发展水平有待提升。并且，通过2015年与2014年的评估结果比较会发现，前五位的排序与前面综合实力的排序高度一致，表明工业化发展水平的强弱在很大程度上决定着该地区新型工业化发展水平的高低（见表3）。

表3　江西11个设区市工业化发展水平指数排名

单位：分，位

年份	南昌市	九江市	鹰潭市	宜春市	新余市	萍乡市
2015	100(1)	87.4843(2)	86.7835(3)	80.8963(4)	80.8913(5)	79.1238(6)
2014	100(1)	88.0456(2)	85.4351(3)	80.2559(5)	84.8576(4)	79.1327(6)
年份	吉安市	上饶市	景德镇市	赣州市	抚州市	
2015	77.1884(7)	74.4557(8)	70.3157(9)	70.1514(10)	60(11)	
2014	77.4970(7)	75.4862(8)	71.0181(10)	72.2075(9)	60(11)	

（3）11个设区市工业经济效益排名

在全省11个设区市的工业经济效益方面，鹰潭市排名第一位，这与其无论是工业经济效益综合指数还是人均实现工业增加值均明显优于其他设区市有关；在使用的总资产贡献率、工业经济效益综合指数、成本费用利润率这三个指标中，九江市均好于南昌市。通过两年评估结果比较会发现，变动最大的是景德镇市，追查原始数据发现，作为评估工业经济效益的一个重要指标，其人均实现工业增加值在11个设区市中的排位较2014年出现较大幅度的上升。得分及排名情况详见表4。

表4　江西11个设区市工业经济效益指数排名

单位：分，个

年份	鹰潭市	九江市	上饶市	南昌市	萍乡市	景德镇市
2015	100(1)	88.1422(2)	86.0394(3)	78.8564(4)	76.7997(5)	73.3777(6)
2014	100(1)	76.0564(5)	79.7284(3)	84.5513(2)	78.4953(4)	60(11)
年份	宜春市	吉安市	新余市	赣州市	抚州市	
2015	68.8861(7)	68.3456(8)	64.1553(9)	61.5945(10)	60(11)	
2014	61.9706(8)	69.2730(6)	67.8678(7)	60.8924(0)	60(11)	

（4）11个设区市工业科技创新水平排名

引入新的指标"每万人有效发明专利拥有量"之后，11个设区市之间的排序变化不大。数据显示，江西11个设区市中"每万人有效发明专利拥有量"超过1件的只有南昌市（5.15件）、新余市（1.83件）、景德镇市（1.72件），鹰潭市接近1件（0.98件），这与工业科技创新水平的排序较为一致，从而从侧面表明自主创新能力的强弱在很大程度上反映了一个地区的科技创新水平（见表5）。

表5　江西11个设区市工业科技创新水平指数排名

单位：分，个

年份	南昌市	鹰潭市	景德镇市	新余市	赣州市	宜春市
2015	100(1)	76.4001(2)	70.0377(3)	67.3664(4)	67.0815(5)	66.4819(6)
2014	100(1)	76.2081(2)	69.0632(3)	64.0864(5)	62.5688(6)	64.6132(4)
年份	九江市	吉安市	萍乡市	抚州市	上饶市	
2015	63.2822(7)	61.9634(8)	60.6531(9)	60.6144(10)	60(11)	
2014	62.3802(7)	61.3047(8)	60(11)	60.1029(9)	60.0255(10)	

（5）11个设区市工业资源环境排名

比较近两年的评估数据会发现，江西11个设区市之间的排序比较稳定，其中容易让人产生不理解的是宜春市，近两年均排名倒数第一位，然而通过数据倒查发现，宜春市万元规模以上工业增加值能耗排倒数第四位、工业用水重复利用率排倒数第三位，三项评估指标中有两项位居末位（见表6）。

表6 江西11个设区市工业资源环境指数排名

单位：分，位

年份	南昌市	抚州市	吉安市	鹰潭市	赣州市	上饶市
2015	100(1)	99.1475(2)	86.3551(3)	81.9436(4)	78.8330(5)	77.2655(6)
2014	100(1)	91.8712(2)	86.6502(3)	79.4043(5)	80.4338(4)	76.1052(6)

年份	萍乡市	九江市	新余市	景德镇市	宜春市	
2015	71.5871(7)	69.1824(8)	66.1376(9)	62.9086(10)	60(11)	
2014	70.2934(7)	64.8808(9)	64.9233(8)	61.5084(10)	60(11)	

（6）11个设区市信息化水平排名

鉴于数据的可获得性，将各个设区市的信息化水平来作为支撑和体现该地区工业信息化水平的一个考量。比较2014年与2015年的评估结果会发现，江西11个设区市的信息化水平格局稳定，并且通过深入分析会发现，排名在很大程度上与该地区的人口数量高度相关（见表7）。

表7 江西11个设区市信息化水平指数排名

单位：分，位

年份	南昌市	赣州市	九江市	宜春市	新余市	上饶市
2015	100(1)	74.9665(2)	70.2713(3)	66.0522(4)	66.0038(5)	65.6693(6)
2014	100(1)	75.2041(2)	71.1990(3)	67.3116(4)	66.6471(5)	66.2151(6)

年份	景德镇市	吉安市	萍乡市	抚州市	鹰潭市	
2015	63.8601(7)	63.3225(8)	62.3272(9)	61.0984(10)	60(11)	
2014	64.7640(7)	64.2875(8)	63.3475(9)	61.4622(10)	60(11)	

（7）11个设区市工业人力资源利用排名

根据测算，2015年工业人力资源利用排前三位的分别是鹰潭市、九江市、南昌市，后三位的分别是景德镇市、抚州市、萍乡市。并且，通过近两年的评估结果比较会发现，九江市超越南昌市排第二位，数据显示2014年、

2015年九江市与南昌市的工业全员劳动生产率分别为313903元/人·年与321897元/人·年、371390元/人·年与314342元/人·年，2015年九江市超越了南昌市；宜春市工业全员劳动生产率从2014年排倒数第一位变为2015年排第八位，且人力资源利用水平明显提升（见表8）。

表8　江西11个设区市工业人力资源利用指数排名

单位：分，位

年份	鹰潭市	九江市	南昌市	上饶市	宜春市	赣州市
2015	100(1)	87.2876(2)	85.6711(3)	75.0644(4)	73.3300(5)	71.4004(6)
2014	100(1)	802471(3)	87.2781(2)	72.9908(4)	67.7201(7)	70.5821(6)

年份	新余市	吉安市	景德镇市	抚州市	萍乡市
2015	69.7717(7)	69.1146(8)	67.0766(9)	62.2976(10)	60(11)
2014	72.3834(5)	67.2001(8)	65.4529(9)	61.8220(10)	60(11)

3. 结论

第一，工业实力的强弱在很大程度上反映了一个地方的经济发展水平，11个设区市的新型工业化排位与其经济实力的排位基本相符。昌九地区作为全省区域发展战略的龙头，新型工业化发展水平处于领先位置。

第二，其他设区市在各个分领域指标中各有优势，如在工业经济效益方面，南昌市不如鹰潭市等。这些结果表明，各个设区市在新型工业化进程中应根据各自禀赋科学确立产业定位，发展具有比较优势和特色的产业，以在绿色发展进程中争取更大的作为。

第三，评估过程中发现，创新能力偏弱是江西11个设区市工业化发展中普遍存在的短板，并且工业科技创新水平的区域不均衡现象较为突出，排名第二位的鹰潭市得分也不到80分，这表明经济新常态下实施创新驱动发展战略应该成为各地深入推进供给侧结构性改革的"牛鼻子"。

二　设区市推进新型工业化面临的主要问题

近年来，江西各设区市新型工业化取得了巨大成绩，综合实力和整体素质明显提高。然而,从总体来看,各设区市的工业化发展水平还不高,还存在诸多问题,突出表现在以下几个方面。

(一)在产业选择上,仍然表现为结构调整缓慢,产业协调程度不高

从产业层次来看,仍然偏重于资源型的重工业。不可再生性资源型工业大而不强,环境压力大,经济效益不高,江西确定的重点产业钢铁、能源、有色金属、建材建筑、医药、化工、农特产品加工,绝大部分是资源型的重工业,对资源和资本的依赖程度较高。从产业联系来看,产业的互补性、关联性不强。行业的专用设备和机械装备生产制造能力有限,相关的配套产业却没能被带动起来,产业的深化和提升能力较弱,在产业基础、协作配套条件、研发能力和区位条件等方面存在明显不足,普遍存在产品结构不合理、技术含量及附加值低的产品多,机电一体化产品少的问题。从生产力布局来看,结构不合理,发展不协调。工业发展在区域上的不均衡性,导致一定区域内的产业的协调性和衔接性降低,工业内部的辐射力度减弱,产业之间的互动性、共享性不高,后果必然是低水平重复建设,最终形成封闭的地区产业结构体系。

表9 各地区规模以上工业企业数量(2015年)

单位:个

地区	全省	南昌	景德镇	萍乡	九江	新余	鹰潭	赣州	吉安	宜春	抚州	上饶
轻工业	4038	638	105	171	637	70	79	511	517	499	460	351
重工业	5188	589	215	481	622	282	156	677	578	598	443	546

(二)在创新能力上,仍然表现为创新能力缺乏,创新主体动力不足

在经济发展新常态下,创新是企业和经济发展的最强动力。目前,江西省各设区市企业创新动力不足,很多企业资金投入主要还是用于维系企业的生存,利用科技创新、提升企业发展处于心有余而力不足的状态。2015年

全省规模以上工业企业开展了研发活动的单位有1282个,最多的是南昌市,其活动单位为186个,最少的是新余市,其活动单位为52个。另外,R&D人员、R&D内部经费支出和项目数最多的设区市是南昌市,最少的是萍乡市;研发机构数最多的是宜春市,最少的是鹰潭市(见表10)。

表10 各地区规模以上工业企业研发情况(2015年)

地 区	有R&D活动单位数(个)	R&D人员(人)	R&D内部经费支出(万元)	R&D项目数(项)	研发机构数(个)
全 省	1282	53000	1474968	4403	838
南昌市	186	17544	433487	1295	146
景德镇市	72	4217	122089	271	45
萍乡市	76	2133	40895	152	34
九江市	138	3560	99311	352	72
新余市	52	3793	90065	215	38
鹰潭市	56	2995	232287	274	24
赣州市	224	5210	151856	519	96
吉安市	124	3692	77040	263	108
宜春市	169	5186	118396	547	160
抚州市	113	2395	44526	359	69
上饶市	72	2275	65016	156	46

资料来源:《江西统计年鉴》。

(三)在产业集聚上,仍然表现为园区基础设施薄弱,产城融合发展不够

由于大多数工业园区在空间布局上都在离主城区有一定距离的地方,多数工业园区除具备水、电、路、通信等"七通一平"的基础工程服务设施外,必要的生活性服务设施配套及治污配套设施建设跟不上入园企业发展步伐,现有的一些基础设施也无法完全覆盖和正常使用,严重制约了企业与产业的发展壮大。如作为南昌市产城协调发展程度相对较好的高新区,在规划建设中也同样存在城市基础设施配套建设落后于产业发展的问题;医药园区、软件园区等一些园区虽然已有大量企业入驻,但商业、学校、医院、职工宿舍、租赁房、公厕、企业污水处理、垃圾中转站等必要的生活性服务设施还不是很完善,甚至一些配套基础设施都还停留在规划当中。

(四)在人力资本上,仍然表现为劳动力吸纳能力欠缺,高层次人才不足

由于江西主导产业主要是资源密集型和资本密集型产业,主要依赖于资源的大规模开发和资本的大量投入,而对劳动力的依赖程度相对较低,所以同样的资金投入难以吸纳大量的劳动力就业。另外,从产业组织看,工业内部优质的中小企业数量少,也是造成各设区市工业对就业人口吸纳能力低的一个原因。机制灵活、数量众多的中小企业是吸纳就业人员的重要渠道,而且中小企业多以劳动密集型的项目为主,固定资产投资少,见效快,能够充分利用劳动力资源。但是目前各设区市精、专、特、新、优的劳动密集型、精深加工型、出口创汇型的中小企业缺乏,围绕优势产业和大企业,形成具有专业化配套和服务功能的深加工的中小企业的产业链群有待培植,尚未形成依托中心城镇聚集而成的连带性强的区域性中小企业群落。另外,各设区市缺乏吸引高层次、高素质人才创新创业的环境,特别是对各方面专家型人才和熟练技术工人的吸引力不够。

(五)在资源配置上,表现为制度供给侧效率低下,市场化程度不高

政府在新型工业化进程中的定位不够明确。传统工业化是政府主导型的,而新型工业化的本质特征之一应该是市场化。各设区市长期以来,特别是在当前新型工业化的推进过程中,政府自身制定发展战略和规划,并通过强力推动财政和金融服务政府的战略目标,这种政府对市场的干预在工业化起步阶段发挥了积极的作用,但一旦干预过度,势必会造成严重的不良后果。政府的选择未必是市场的选择,政府选定的产业未必能够培养起来,政府圈点的企业未必能够发展起来。政府直接介入的模式还会导致微观主体严重依赖政府,企业丧失自发选择市场的能力。另外,技术创新制度难以适应正在加速的新型工业化发展要求。新型工业化必须以强大的技术研究发明和转化能力作为支持带动企业的技术进步和产业升级。然而,目前各设区市在技术创新制度方面仍然存在较大缺陷。

三 加快设区市新型工业化发展的思考

在执行"十三五"规划的关键阶段,江西各设区市要紧密结合省十四次党代会精神和省经济工作会议精神,以"创新引领、绿色崛起"为指针,紧扣五大发展理念,推动设区市工业实现创新发展、协调发展、绿色发展、开放发展以及共享发展。要以供给侧结构性改革为主线,加快科技创新、产业创新与业态创新,培育新型工业化发展新动能,不断增强区域工业综合竞争实力,为江西实现全面建成小康社会战略目标奠定坚实的基础。

(一)以协调发展加强对设区市工业合理布局与规划

要避免各设区市工业布局中的产业同构与雷同,以及产业布局不合理导致的区域工业发展水平差异较大的问题,必须在工业布局规划与产业结构调整优化两大方面着手进行调整。做好11个设区市工业布局,就必须要有全省一盘棋的产业发展观,进行资源与产业绩效评估,并且根据主体功能区的定位要求,对各设区市工业进行整体的战略布局,以规划形式予以确立和执行。在推动设区市工业和产业结构优化方面,要按照合理化、集聚化、高度化和生态的产业优化原则,有针对性、有步骤、有重点地推进。如在昌九一体化地区,要根据"龙头昂起"的战略要求,结合南昌、九江的工业基础和发展潜力,重点发展航空、汽车、石化、装备制造、电子信息、机器人制造、大数据等产业。赣东北的景德镇、上饶、鹰潭地区以航空与汽车制造、机械装备、有色冶金、光伏新能源、光机电等为主导产业发展方向,要以产业链整体构建发展思路,实现整机和零部件协调发展。赣中南吉安、抚州、赣州地区应该重点发展稀土与钨精深加工、电子信息、机械制造、生物医药、新能源等支柱产业。赣西的新余、宜春、萍乡地区要以新能源、新材料、生物医药、农副产品加工为主导产业,要充分利用战略性新兴产业快速增长的良好势头,重点在光伏、锂电及金属新材料、中医药、绿色食品等主导产业方面,发挥产业基础优势,加大研发力度,引领新型工业化发展新方向。

（二）以创新发展提升工业新动能

从各设区市评估得分来看，区域科技研发创新能力偏弱、工业产业及业态创新能力不强，这是江西 11 个设区市工业发展长期依靠资源与投资拉动增长的主要原因。因此，要全面贯彻全省经济工作会议精神，要逐梦"新经济"、激活"新动能"，以区域工业供给侧结构性改革为出发点，谋划设区市的工业转型升级战略布局。各设区市应立足现有工业格局和产业分工，发挥区位和产业基础、资源等优势，选择适合本土新型工业化体系建设的发展战略与道路。如南昌市应依托打造核心增长极的战略定位，充分发挥创新要素聚集的优势条件，在航空、电子信息、生物医药等主导产业领域进一步做大做强。要努力形成工业主导产业的"产学研用"的整体推进，要充分利用省政府千亿元产业引导基金，对新能源汽车开发、南昌航空城、南昌"光谷"、南昌"药谷"建设等未来具有巨大市场潜力的产业研发的前端领域进行积极扶持。要积极开展对风险投资、私募等国内外资本融资工具的研究利用，重视推动国企混改对科技资源的引入与促进机制。对于九江、鹰潭、景德镇、宜春、新余等工业基础相对较好的地区，要在科技体制创新上进行引导，在省级层面给予足够的扶持创新的政策，尤其是要加大对企业研发创新的支持力度，在财税、融资担保、政府产业基金投入等方面，大力支持企业的技术改造与产品研发。对于赣州、吉安、抚州、上饶、萍乡等工业基础相对薄弱的区域，应鼓励工业项目以结构调整与产业转型为主，按照"三去一降一补"的政策导向，加快淘汰落后产能，促进工业产业结构调整，尤其是在推动绿色发展方面，要积极探索产业融合、"互联网+"行动计划、绿色制造业、智能制造、环保设备制造等新型产业的发展路径。

（三）以绿色发展开启工业化新征程

依靠资源环境和投资拉动的传统工业增长模式已经难以为继，江西各设区市虽然仍处于工业化的中期阶段，难以摆摊传统工业增长模式的路径依赖,但在我国大力推动供给侧结构性改革的大背景下,绿色发展必然是新型工业化的重要战略方向,也是设区市工业化的合理路径。应该把工业化进程与生态文明建设紧密结合起来,打造具有区域特色的绿色产业结构与工业体系。一是加快工业绿色改造升级。南昌应大力发展以节能环保为主的生产性服务业,积极引领战略性新兴产业高起点绿色发展,实现绿色生产。九江、鹰潭、新余等设区市应加强绿色生产设计,在传统制造业等重点领域开展绿色设计示范,将绿色发展理念和方法贯穿工业企业生产全过程。上饶、萍乡、赣州等设区市应大力推广应用高效绿色生产工艺技术装备改造传统制造业。二是积极培育新型生态工业示范园区。各设区市应逐步建立健全园区绿色发展管理制度,开展生态发展"清单"制度。加大对不同类型工业园区绿色化改造力度,适度扩大生态工业园试点范围。合理规划园区企业结构,通过上、下游产业联合和优化整合,推进物质和能源流动转换,拓展园区循环经济发展空间。

(四)以开放发展推动区域产业合作与协同

各设区市只有坚定不移地走市场与产业开放的道路,才能实现工业化的量质双提升的战略目标。要借助国家对外开放战略平台,统筹国际国内两个市场、两种资源,提升设区市工业对外开放的层次与水平,拓展工业转型升级发展空间。从各设区市的实际情况看,昌九一体化发展地区应重点依托长江中游城市群发展战略,加强与长江沿线重要支点城市的合作,尤其是要在产业协同、互补发展方面,加强与武汉大都市区、"长株潭"城市群的产业分工与合作。要着力推进赣鄂湘产业合作区、赣湘经贸合作示范区和赣鄂合作特别示范区建设,共同拟定产业调整转移指导目录,建立产业转移跨区域合作机制。赣东北地区可凭借邻近长三角和海西经济区地理位置优势,加强产业对接,增强产业承接能力。赣西地区应着力推进赣湘经贸合作示范区建设,在经济方式转型、产业结构调整升级等方面,加强与"长株潭"城市群优势产业的分工合作与互补发展。赣南地区则应以打造省域副中心城市为战略制高点,借力国家的"一带一路"倡议,充分利用赣州为江西"南大门"的区位交通优势，加强与福建、广东等沿海地区的合作，一是构建吸引沿海产业向内陆产业转移的开放高地；二是利用本土的资源条件与产业基础，在稀土与钨产业的精深加工、电子信息产业、家具制造与国际贸易等领域，加强与沿海发达地区的产业合作、贸易联系，积极探索产业协同与境外合作机制；三是利用地理上与港、澳、台较近的便利条件，加强在贸易、投资、金融与加工制造业的广泛合作与交流。

（五）以共享发展促进人力资源利用水平提升

人才是设区市新型工业化发展的第一要素和宝贵资源，离开人力资源的保障作用，设区市的新型工业化将无从谈起。从分析数据观察，高端人才和技能型人才的紧缺，是11个设区市普遍面临的难题与瓶颈。如我们在新干县调查电商产业发展现状时发现，万元月薪竟然引不进一个电子商务方面的专门人才。针对这一现状，各设区市要做好以下工作：一是更新观念，以人才兴市、人才兴业，唯才是举。二是要建立完善的人才培养机制，在高等教育、职业培训和引进人才等方面，加大政府的投入和改进育才引才方式。三是鼓励企业引进急需的各类人才，在企业改制、兼并重组、资金与项目扶持方面，给予人才使用最大的政策空间。围绕各地主导产业发展需要，探索校企共建等方式，培育急需的技能型人才和专业化人才，加快形成一批技能型人才队伍；同时加大对企业家的培训力度，以增强企业家经营管理能力。四是各设区市的教育机构，在人才培养方面要有计划性、针对性，要针对本地产业发展的需求开设相关的学科与专业课程。五是要充分发挥好人才市场的调节与供给作用，加强与区域内外的人才市场的合作与信息交流，在信息充分对称的情况下实现人才的自由流动。六是要通过市场化的措施手段，保障企业用工的稳定。比如让农村转移劳动力便利进城，通过快捷的落户举措使得转移农民成为市民，实现转移农民的就地市民化，从而为设区市的产业发展提供源源不断的劳动力资源供给，也同时提升城市居民收入水平和城镇化率。

参考文献

牛西、张新芝、李小红:《绿色发展背景下江西新型工业化与园区可持续发展》,《企业经济》2016年第6期。

孙智君、周滢:《欠发达地区新型工业化评价指标体系及水平测度研究——以湖北省为例》,《武汉大学学报》2013年第2期。

谢春:《中国特色新型工业化水平测度及模式研究》,中南大学,2011。

张文彤:《SPSS统计分析高级教程》,高等教育出版社,2009。

徐新华:《基于科学发展观的江西新型工业化实现途径研究》,《江西社会科学》2006年第5期。

B.4
2016~2017年江西设区市新型城镇化发展报告

邓虹 平欲晓 等*

摘　要： 2016年，江西省常住人口城镇化率达53.1%，实现了到"十二五"期末全省城镇化率达到53%以上的发展目标，南昌市以72.29%的城镇化率在各设区市中占据头名。江西省推进新型城镇化主要在优化新型城镇化布局、强化城镇产业支撑、提升城市综合承载能力、全面提高城市建设管理水平、推进农业转移人口市民化、有序推进新型城镇化综合试点工作六个方面采取了有效的措施。强化省会城市南昌的地位、做大做强赣州区域性中心城市将是江西省继续推进新型城镇化的首要任务。

关键词： 江西省　新型城镇化　城镇化建设

2016年，江西继续积极推进新型城镇化建设，全省常住人口城镇化率达53.1%，实现了省政府于2012年7月提出的到"十二五"期末全省城镇化率达到53%以上的发展目标。在各设区市中，南昌、新余和萍乡分别以

---

* 邓虹，江西省社会科学院社会学研究所所长，研究员，研究方向为社会学；平欲晓，江西省社会科学院社会学研究所副所长，副研究员，研究方向为社会学；刘月平，江西省社会科学院社会学研究所研究实习员，研究方向为社会学；程秀敏，江西省社会科学院社会学研究所研究实习员，研究方向为社会学。

72.29%、68.5%和67.03%的城镇化率占据全省前三名。随着新型城镇化水平的不断提高，2016年江西地区生产总值完成18364.4亿元，2016年年末全省城镇人口达到2438.5万人，新型城镇化已经成为全省经济社会发展的重要动力。

一 江西省推动新型城镇化的主要措施

"十三五"开局之年，江西在推进设区市新型城镇化工作中主要有以下几点措施。

（一）优化新型城镇化布局

编制完成了《江西省城镇体系规划（2015~2030年）》，2015年11月30日经国务院批复实施，构建了全省"一群两带三区"的城镇空间总体格局。推动了《环鄱阳湖生态城市群规划》《南昌大都市区规划》《赣州都市区总体规划》等一系列重大区域规划编制，城镇空间布局进一步优化。制定并印发《江西省特色小镇建设工作方案的通知》，计划在全省分批打造60个左右富有活力的特色小镇，这些特色小镇有的从事现代制造业，有的从事商贸物流，有的发展休闲旅游，有的专注于传统文化，有的建设成美丽宜居之地。全省共有4个乡镇入选首批国家特色小镇，分别为上饶市婺源县江湾镇、南昌市进贤县文港镇、宜春市明月山温汤镇、鹰潭市龙虎山上清镇。加快推进环鄱阳湖生态城市群、南昌大都市区、吉泰城镇群、新宜萍城镇群、信江河谷城镇群等规划实施，进一步强化城镇群作为构建江西省城镇化空间布局主体形态的地位和作用，积极引导城镇群地区产业和人口集聚。同时，将县城作为吸引农业人口转移的主阵地，持续加大县城道路、给水、排水、污水、环卫、燃气等市政基础设施和中小学校、医院、养老等公共服务设施配套建设。

2016年6月14日，国务院发布批复同意设立江西赣江新区，这是全国第18个跨进"国家级"的新区，江西赣江新区所做规划图的面积有465平方千米,该新区的区域范围包括九江市的共青城市、永修县和南昌市的新建区、青山湖区等部分区域。2016年10月20日,赣江新区揭牌。刘奇省长要求全省上下紧紧围绕"两区两地"的战略定位,规划好、建设好、发展好赣江新区,在深化改革创新、产业转型升级、城乡融合发展、扩大开放合作、生态文明建设上奋勇争先,使新区成为中部地区崛起和长江经济带的重要支点,成为全省创新的引领区、开放的先行区、改革的试验区、合作的示范区和发展的重要增长极,增强中部第二个国家级新区的辐射带动能力。

(二)强化城镇产业支撑

江西省加强政策扶持,围绕推进产业转型升级,出台的政策有《关于加快发展生活性服务业促进消费结构升级的实施意见》《关于积极发挥新消费引领作用加快培育形成新供给新动力的实施意见》等;围绕优化创业创新环境,出台的政策有《关于深入实施创新驱动发展战略推进创新型省份建设的意见》《重点创新产业化升级工程实施办法》《创新驱动"5511"工程实施意见》及《鼓励科技人员创新创业的若干规定》等。为激活发展动力,支持创业创新,设立了江西省"双创"投资引导基金,截至2016年年底,全省新增国家级创新平台和载体19个,新增高新技术企业376家,共搭建起创业孵化基地等平台221个。此外,全面开展降低企业成本、优化发展环境专项行动,深化行政管理体制改革、"三单一网"改革及商事制度改革,不断强化企业服务。吉安市着力实施创新驱动发展战略,实现了国家级科技孵化器的"零突破",新增院士工作站1个,新增"海智计划"工作站1个,新增省级以上创新平台载体12个,全市有高新技术企业135家;启动实施"五证合一""一照一码"登记制度,个体工商户增长11.8%、私营企业增长17.4%;在加强金融创新上下功夫,政银企合作进一步深化,进军资本市场取得历史性突破,有7家企业在"新三板"实现挂牌,有42家企业实现在区域性股权交易市场挂牌,这些企业的直接融资额突破了200亿元。抚州市新增国家级企业技术中心1家、高新技术企业

31家、省级"众创空间"6家、省级工程技术研究中心3家；为大力推进"大众创业、万众创新"，在政策层面完善了担保贷款、创业补贴，发放了9.8亿元创业担保贷款；引进返乡投资实际进资31.69亿元，投资2000万元以上的项目达104个；柔性引进院士8人、长江学者1人，柔性引进的高端人才有306人。

（三）提升城市综合承载能力

全省各地加大市政公用基础设施建设投入，完善城市功能，城镇综合承载力进一步提升。"十二五"期间，全省城市基础设施建设完成投资4216.60亿元。2016年，全省开工各类棚户区17.1万套（户），保障性安居工程基本建成24.83万套（户），全面完成了国家下达江西的12.78万户农村危房改造开工任务；新建改建污水配套管网1535千米；大力开展植树造林和低产低效林改造。萍乡市国家海绵城市试点建设走在全国前列。景德镇市被列入国家城市地下综合管廊试点单位，建成地下综合管廊4.1千米，全面启动"五城同创"活动，突出"整齐、整洁、整治"，严厉打击违法用地和违章建筑，围绕交通拥堵、户外广告、"门前三包"等16个方面整治市容市貌，蝉联"全国文明城市提名城市"。九江市认真实施老城改造计划，共改造道路9.4万平方米，修复人行道3万平方米，改造公交候车亭96座，整治街边小巷55条，改造农贸市场11家，建立惠民蔬菜直销点10个，疏通排水管网26千米，县城功能不断完善，共实施城建项目487个，完成投资190亿元。上饶市完成上饶东、上饶西两个高速公路出口景观改造，启动城区市容网格化管理考核，改造提升公园绿地6万平方米，新增城市亮化楼宇110栋，消除城区道路积水点16处，重建（改造）公厕23座。

（四）全面提高城市建设管理水平

在推进城市硬件设施建设的同时，不断推进城市管理体制机制创新，大力提高城市管理水平。江西省出台了《关于进一步加强城市规划建设管理工作的实施意见》和《关于深入推进城市执法体制改革,改进城市管理工作的实施意见》,为全省城市管理的科学发展指明了方向,提供了遵循。各设区市城市管理重心下移,基本建成数字化城市管理平台,市政公用领域市场化进程取得新进展,城市管理水平进一步提高。11个市(县、区)列入国家智慧城市创建试点。同时,深入推进"多规合一",实现由规模扩张向限定城市边界、优化空间结构转变。9个市县"多规合一"试点取得初步成效,经验已在全省推开。南昌市着力推动城市管理重心下移,对城市道路、路灯养护和环卫保洁基本实现了市场化,对"五车""六乱""垃圾广告""渣土运输"等实施了专项常态化整治,"国家卫生城市"顺利通过了复检,成功夺取"全国文明城市"奖牌。鹰潭市开展智慧城市建设,推动"政、企、民"信息共享;建成市、县、乡三级的全市统一电子政务综合办公平台;完成网上审批系统升级改造,建成并联审批系统;统一的电话呼叫中心已经建立、网络受理中心和政务微博微信受理中心也已经建立,实现了"拨通12345,1个号码找政府";全市入驻市民服务中心的有261个服务事项,实行"网上预约、一窗受理、联审联批、一单缴费、限时办结""即来即办"项目占总业务量的80%。

(五)推进农业转移人口市民化

江西省在已出台《关于进一步推进户籍制度改革的实施意见》基础上,按照"四步走"战略有序推进户口一元化改登,2016年全年户籍人口城镇化率提高3.54个百分点,达到35.74%,新增落户城镇人口190.77万人。同时,按照"保障基本、循序渐进"的原则逐步完善配套政策,提高农业转移人口享有的城镇基本公共服务水平,使其进得来、落得下、留得住、有保障。宜春市加快户籍制度改革,通过对常住人口实行城镇基本公共服务全覆盖,建立农业转移人口市民化激励机制等举措推进农业转移人口市民化。樟树市奋力打通户籍"壁垒",以人为核心,实行"一个户籍两种身份",加快推进户籍制度改革,在一年多的时间内已吸引本市农民、外来经商务工等各类人员3000余人到城镇落户,持续加大民生投入,大力提升农业转移

人口社会服务水平，全面推进教育、医疗、保障性住房等建设，已全面实现农民工随迁子女同等接受义务教育，2017年预计投入民生领域资金40余亿元。南昌市高新区以全市户籍制度改革工作为契机，取消农业户口与非农业户口性质区分，出台了多项鼓励落户政策，已完成辖区内69533户口"一元化"改登工作，区内两镇一处均建立了劳动保障工作平台，负责辖区内劳动力资源的调查统计、求职登记、职业指导、职业介绍等工作，从2015年开始已累计发放培训补贴82.49亿元。鹰潭市推进国家新型城镇化综合试点工作，在落户范围上有所突破，全面放开了落户限制，全面保障进城农民原有权益，建立承包地、宅基地、承包林地、集体收益分配权的延续机制，同时，新增权益更加明晰，按照办理居住证、购置商品房、户籍转入三个类别划分进城农民社会保障权益，充分尊重进城农民选择，2015年完成农业人口转移7.5万人，2016年完成31.2万人。在民生方面，鹰潭市整合城乡居民养老、医疗保险制度，开展城乡居民医疗保险试点，将全市3万余名被征地农民纳入城镇职工养老保险，社会养老保险和"三张网"医疗保险体系均实现城乡居民全覆盖，在全省率先实行"多险合一"试点，实现各项社保信息"同人同城同库"管理。

（六）有序推进新型城镇化综合试点工作

鹰潭市、樟树市、永修县艾城镇、南昌高新区有序推进国家新型城镇化综合试点工作。鹰潭市在推进"多规合一"、宅基地制度改革、智慧城市建设等方面，樟树市在完善基本公共服务体系、构建多元可持续的投融资机制、推进农业现代化等方面，南昌高新区在深化户籍制度改革、打造生态科技新城等方面，永修县艾城镇在绿色生态城镇建设等方面，已形成阶段性试点经验。此外，还成功争取赣州市、萍乡市、抚州市及井冈山市纳入第三批国家新型城镇化综合试点范围。2016年全省获得国家发改委安排的专项建设基金11.07亿元，用于试点地区农业转移人口市民化能力和城市综合承载能力提升。吉安市、共青城市、高安市八景镇等12个省级新型城镇化综合试点工作已全面启动。

二　江西省推进设区市新型城镇化成绩显著

（一）经济总量平稳较快增长

2016年江西省地区生产总值是18364.4亿元，比2015年增长9.8%，在经济新常态的背景下，地区生产总值增长率排名位列全国第四位。全省和各设区市生产总值情况见图1、表1。

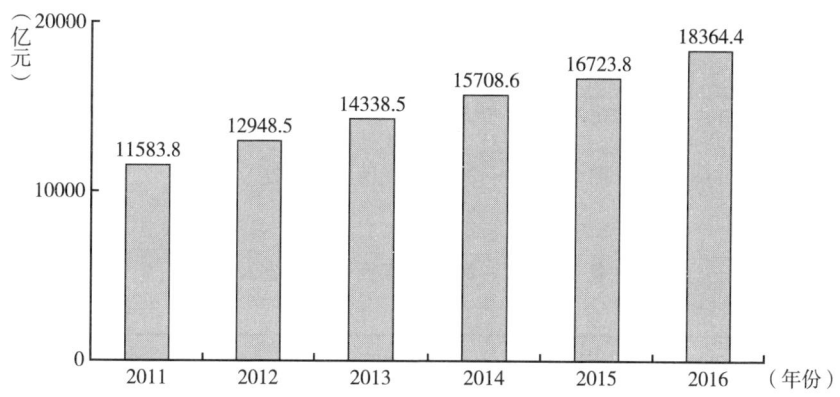

图1　2011~2016年江西省地区生产总值

表1　2016年江西省各设区市地区生产总值排位

单位：亿元

地区	地区生产总值	地区	地区生产总值
南昌市	4354.99	抚州市	1036.77
赣州市	2161.39	新余市	1000.00
九江市	2096.10	萍乡市	998.28
上饶市	1811.10	景德镇市	820.00
宜春市	1770.40	鹰潭市	695.35
吉安市	1461.40		

057

(二)财政收入继续递增

2016年江西省财政收入3143亿元(见图2),比2015年增长4%。

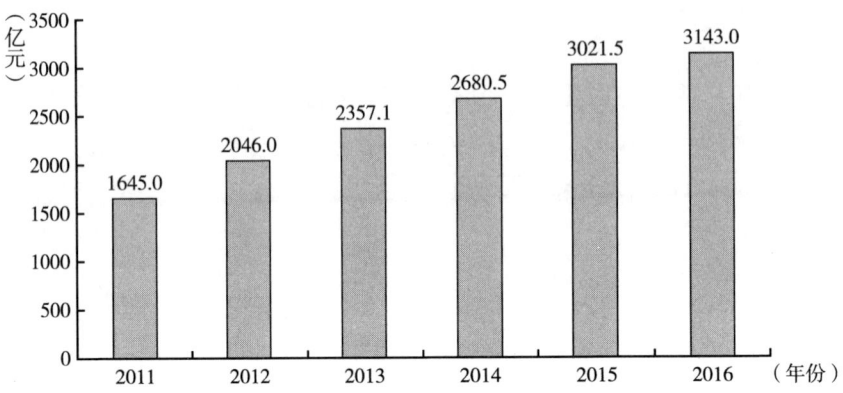

图2　2011~2016年江西省财政收入

表2　2011~2016年江西省财政收入

单位:亿元

年份	财政收入	年份	财政收入
2011	1645.0	2014	2680.5
2012	2046.0	2015	3021.5
2013	2357.1	2016	3143.0

(三)人民群众更加富裕

2016年江西省城镇居民人均可支配收入是28673元,农村居民人均可支配收入是12138元(见图3、表3)。考虑到统计口径的改变,这两个数字还是有一定可比性,2016年,城镇居民人均可支配收入比2015年增长8.2%;农村居民人均可支配收入增长9%,与全省2016年地区生产总值增长速度持平。

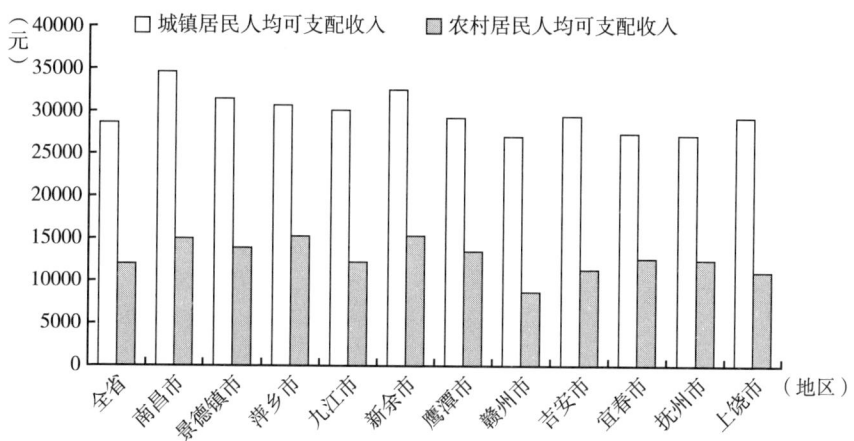

图3 2016年江西省各地区城乡居民人均可支配收入

表3 2016年江西省各地区城乡居民人均可支配收入

单位：元

地区	城镇居民人均可支配收入	农村居民人均可支配收入	地区	城镇居民人均可支配收入	农村居民人均可支配收入
全　　省	28673	12138	鹰　潭　市	29116	13534
南　昌　市	34619	14952	赣　州　市	27086	8729
景德镇市	31516	13933	吉　安　市	29307	11380
萍　乡　市	30630	15274	宜　春　市	27452	12643
九　江　市	30011	12157	抚　州　市	27195	12447
新　余　市	32375	15245	上　饶　市	29153	11103

2016年，江西省在精准脱贫攻坚战中取得较大进展，实现脱贫77万人，有500多个村退出贫困村的行列。经评估认定，2016年井冈山综合测算贫困发生率为1.6%，低于贫困发生率为2%的贫困县退出标准，江西省政府于2017年2月宣布井冈山在全国率先脱贫。

（四）消费拉动效果明显

2016年，江西省社会消费品零售总额6634.60亿元（见图4），比2015

年增长12.5%，增速位居全国"第一方阵"。2016年，江西省居民消费价格总水平上涨2%，控制在3%左右的调控目标内。

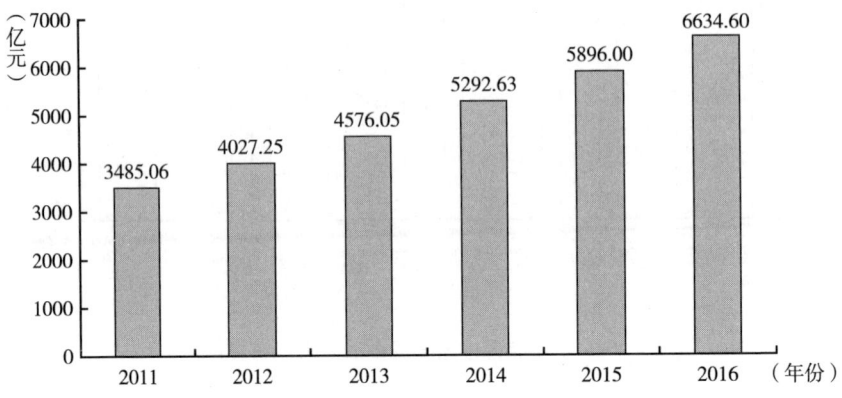

图4　2011~2016年江西省社会消费品零售总额

（五）社会就业平稳增长

2016年，江西省社会就业人员为2730.1万人（见图5），比2015年增长4.4%。2016年城镇新增就业达55.2万人，实现新增转移农村劳动力达59.9万人，超额完成了全年计划。

2016年，江西省登记失业率为3.35%，低于控制目标1.1个百分点，也低于全国平均水平，较好地完成了江西省十二届人大五次会议确定的主要目标任务。

（六）城镇化率稳步增长

2016年江西省常住人口城镇化率为53.1%（见表4），比2015年提高1.48个百分点。2016年户籍人口城镇化率为35.74%，比2015年提高了3.59个百分点，户籍人口城镇化率增长速度高于常住人口城镇化率增长速度，城镇化的质量水平得到进一步提高。

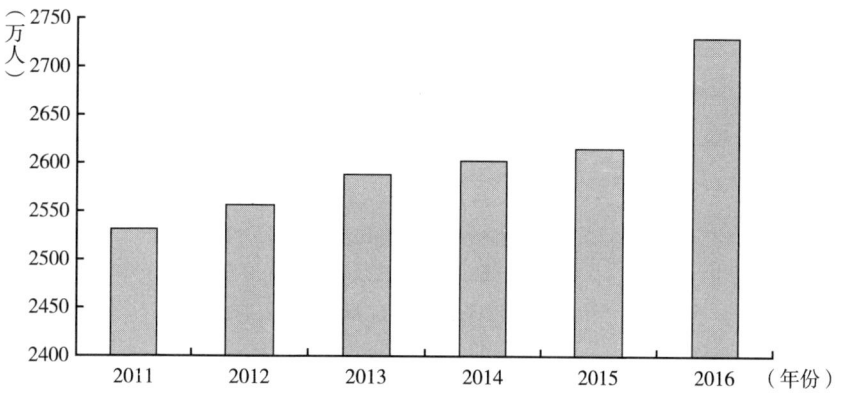

图 5　2011~2016 年江西省社会就业人员

表 4　2014~2016 年江西省城镇化率

单位：%

年份	常住人口城镇化率	户籍人口城镇化率
2014	50.22	27.75
2015	51.62	32.15
2016	53.1	35.74

表 5　2014~2015 年江西省城区人口

单位：万人

城市	2014 年	2015 年	城市	2014 年	2015 年
南昌市	227.46	241.84	瑞金市	33.7	34.90
景德镇市	48.68	48.96	吉安市	37.6	38.23
乐平市	16.95	16.96	井冈山市	2.76	2.81
萍乡市	42.12	42.33	宜春市	43.39	44.19
九江市	63.19	63.67	丰城市	35.27	36.46
瑞昌市	17.96	18.62	樟树市	25.01	26.24
共青城市	4.82	5.22	高安市	22.4	23.70
新余市	45.04	45.10	抚州市	51.73	53.91
鹰潭市	21.83	21.49	上饶市	39.16	65.83
贵溪市	12.02	12.03	德兴市	6.45	6.65
赣州市	93.04	95.86	合　计	890.58	945.00

表6 2014~2015年江西省建城区面积

单位：平方千米

城市	2014年	2015年	城市	2014年	2015年
南昌市	262	307.30	瑞金市	25.34	27.02
景德镇市	78.68	78.68	吉安市	53.05	55.05
乐平市	23.83	23.85	井冈山市	8.9	8.90
萍乡市	50.87	50.87	宜春市	68	68.00
九江市	102.82	105.63	丰城市	48.5	49.80
瑞昌市	18.8	19.42	樟树市	26.1	26.12
共青城市	14	14.00	高安市	27.71	30.94
新余市	74	76.00	抚州市	58.4	59.13
鹰潭市	33.5	33.80	上饶市	49.76	77.36
贵溪市	29.38	31.56	德兴市	10.82	10.82
赣州市	136.8	141.40	合计	1201.26	1295.65

（七）特色乡镇建设稳步推进

特色乡镇建设分为三个阶段，示范镇建设和百强中心镇建设周期均为3年，建设均已结束；现在正在进行的是于2016年12月启动的特色小镇建设。

1. 示范镇建设。2010年省委、省政府下发《关于加快示范镇建设的意见（试行）》，全省选择28个建制镇开展示范镇建设。各地按照"一年打基础、两年见成效、三年大变样"的示范镇建设要求，采取集中力量、集中资源的办法，着力将示范镇建设成为小城镇建设的示范区，为全省小城镇建设发挥示范和引领作用，形成促进小城镇新一轮加快发展的态势。28个示范镇经济实力大幅提升、产业特色逐步显现、城镇人口快速增加、城镇功能不断完善、管理水平明显提升、人居环境显著改善。

2. 百强中心镇建设。2013年8月30日，省委、省政府下发《关于加快百强中心镇建设推进镇村联动发展的意见》，在全省选择120个中心镇，由省、市、县三级重点培育。经过这几年的政策扶持，120个中心镇城镇功能不断完善，城镇化率稳步提高；总体规划基本完成，建设水平明显提升；产业体系逐步成形，经济社会发展良好，助推发展效应显现。

3. 特色小镇建设。2016年12月，为深入贯彻落实习近平总书记、李克强总理对特色小镇建设做出的重要批示指示精神，根据国家住建部、发改委、财政部《关于开展特色小镇培育工作的通知》（建村〔2016〕147号）、国家发展改革委《关于加快美丽特色小城镇建设的指导意见》（发改规划〔2016〕2125号）精神和省政府工作部署，江西决定开展省级特色小镇建设工作。省政府下发了《关于印发江西省特色小镇建设工作方案的通知》，决定由省、市、县三级在全省分两批共同扶持打造60个左右建设对象（含行政建制镇和不同于行政建制镇、产业园区的创新创业平台）。目标是争取到2020年，建成一批有特色、有活力的现代制造、商贸物流、休闲旅游、传统文化、美丽宜居等特色小镇。江西4个乡镇入选首批国家特色小镇。

三 江西省推进设区市新型城镇化中存在的问题

（一）存在的共性问题

1. 人口城镇化任务艰巨

按照国家促进中西部地区1亿人就近城镇化的要求，江西未来几年要实现就近城镇化人口约500万人，任务依然非常艰巨。在城市公共服务未完全覆盖全部常住人口的情况下，附着在农村户口上的各项权益，对农村转移人口仍具吸引力，农民进城落户意愿不强，加之目前经济下行压力较大，经济发展增速放缓，要解决这些新增城镇人口就业还有较大压力。

2. 城镇化发展质量不高

城镇空间布局不科学，盲目扩张现象突出，地下空间利用严重滞后，资源浪费等现象还比较突出。一些新区园区选址不够合理，城镇工业用地比重偏大，闲置过多，建成区人口密度偏低，城镇建设用地利用效率偏低，特别是工业用地使用粗放。此外，部分地方主导产业不突出，服务产业不配套，

对城镇化支撑能力较弱，产城融合度不高。教育、医疗、文化、养老等公共服务设施数量偏少、标准不高，难以满足城镇化发展需要。

3. 配套政策力度不够

同步推进教育、医疗、就业、社会保障、住房等相关配套制度改革，是确保新型城镇化取得实质性进展的关键。"三挂钩"机制，即财政转移支付同农业转移人口市民化挂钩机制、城镇建设用地增加规模同吸纳农业转移人口落户数量挂钩机制和财政性建设资金对城市基础设施补贴数额与城市吸纳农业转移人口落户数量挂钩机制还没有完全建立，影响了城镇政府"地""钱"保障能力。总体上来看，这些配套改革政策还需深化探索，加快推进。

4. 大中城市数量少

江西省只有22个城市，呈现城市数量少、规模小、城市地理空间布局不合理的特点，有着明显的城市北密南疏、省会城市一家独大的态势。在22个城市中，城区面积在200平方千米的只有南昌市、新余市和吉安市3个城市，50～200平方千米的有景德镇市、赣州市、瑞金市、九江市、贵溪市、宜春市、萍乡市、抚州市、鹰潭市、丰城市、上饶市、高安市和南康市13个城市，有6个城市城区面积不足50平方千米，有的设区市规模还不如广东、浙江等省县城规模。

从市区人口看，江西没有500万人口以上的特大城市，人口在100万以上、500万以下的大城市有南昌市、赣州市、上饶市、宜春市、九江市、吉安市、抚州市和萍乡市8个，占设市总数的36.4%；50万至100万人口的中等城市有3个，占设市总数的13.6%；50万人口以下的小城市有11个，占设市总数的50%。

5. 大中城市的经济实力不强

江西大中城市数量少，城市聚集和辐射功能较弱。大城市有完善的经济结构、成熟的市场和雄厚的技术力量，能够吸收和创造先进的科学技术文化，孕育新的观念，发展新的产业，形成巨大的生产和流通能力，提高规模经济效益，提供较多的就业机会，提高劳动生产率和投资效率。大城市与小城镇比较而言，更能发挥出集聚效益和辐射能力，大城市对周边地区有巨大的辐射力和吸引力，可以带动周边一大片区域的繁荣和发展。江西小城市和小城镇占大多数的特点，使得江西城镇经济聚集与辐射功能均不能有效地发挥。

南昌市作为省会城市，也是江西最大的城市，2016年实现地区生产总值4354.99亿元，与同为长江中游城市群的省会城市武汉市相比，经济实力有较大差距，产业集聚和辐射能力也有较大差距。武汉市2016年实现地区生产总值11886亿元，长沙市实现地区生产总值9323.70亿元，均成为全国26个省会城市中6个地区生产总值过9000亿元的城市成员。2016年中国城市地区生产总值百强榜中，武汉市排第9位，长沙市排第13位，南昌市排第42位。

2016年全省各地带有比较多县的设区市中，城镇居民人均可支配收入低于全省各地区城镇居民人均可支配收入水平（28673元）的设区市有：宜春市（27452元，无国家贫困县）、抚州市（27195元，2个国家贫困县）和赣州市（27086元，8个国家贫困县）；高于全省各地区城镇居民人均可支配收入水平（28673元）的有：吉安市（29307元，5个国家贫困县）和上饶市（29153元，4个国家贫困县）。

2016年全省各地带有比较多县的设区市中，农村居民人均可支配收入低于全省农村居民人均可支配收入水平（12138元）的设区市有：吉安市（11380元，5个国家贫困县）、上饶市（11103元，4个国家贫困县）和赣州市（8729元，8个国家贫困县）。扶贫开发工作是江西省实施新型城镇化过程中绕不开的难题。

（二）新型城镇化综合试点过程中存在的问题

1. 鹰潭市新型城镇化综合试点过程中存在的问题

（1）在推进试点过程中，部分领域存在政策障碍。在推进"多规合一"工作中，指标统计口径、技术标准难以统一，最终成果的应用在法律效力、技术标准上都存在不确定性；在推进户籍制度改革过程中，鹰潭市虽然制定了全开放的城镇落户政策，但由于农民"三权"问题没有明确，农民进城

落户积极性不高。

（2）资金、项目方面存在的问题。对于鹰潭市这样的中小城市来说，土地是最为紧缺的要素。据测算，每新增一名农民工落户城市需要新增投入9.45万元，加上社会管理、就业、民政保障等其他投入，总体投入预计约10万元/人。根据《鹰潭市国民经济和社会发展"十三五"规划》，到2020年，鹰潭市城镇化率要达到62%，5年内鹰潭市要新增城镇人口约10万人，以此测算，鹰潭市需要新增投入100亿元，平均每年须增加投入20亿元，这笔钱对于鹰潭市来说，压力非常大。

（3）筹资渠道有困难。债券的发行为鹰潭市推进新型城镇化试点，尤其是基础设施建设缓解了部分资金压力，也带动了当地经济的发展。然而，由于现有债券的规模限制，加之债务的长期性，拉动作用仍然不明显。

2. 樟树市新型城镇化综合试点过程中存在的问题

（1）农民进城落户有障碍。农民不愿舍弃附着在土地及农民身份上的相关利益，如宅基地使用权、粮食直补等。由于农村资产流转渠道不畅通，农民的资产也就难以变现，从而降低了农民带资进城的能力。农村人口对土地改革"红利"期望值较高，也影响了他们进入城市的积极性，近年来随着农村土地征收、集体建设用地入市、宅基地制度改革和农村承包土地经营权、农村住房财产权抵押贷款等工作的开展，提高了农村居民对未来土地收益的预期，使得农民不愿进城落户。

（2）财政保障有压力。政府完善公共基础设施、提高基本公共服务水平需要投入大量资金，民生等刚性支出比例越来越大，也需要投入大量资金。近年来，中央预算内资金大量投向农村，而城镇的基础设施、社会事业支出主要靠当地财政。实际上随着新型城镇化进程加快，农村人口向城镇集聚，农村出现了"空心化"趋势，一些文化、教育、体育设施日渐闲置。由于城镇人口增多，城镇公共服务设施却日益短缺，尤其是为了保障随迁子女平等入学，城镇学校"大班额"现象特别严重。地方政府建设城镇道路、公共绿地、地下管廊、文化教育、医疗卫生、体育健身等基础设施和基本公共服务的资金压力非常大。

(3）城镇化综合试点建设项目推进缓慢。由于没有尽到职责，也受资金、建设机制、环境等因素影响，城镇化综合试点建设项目实施过程中突出的问题是征地拆迁难度大、项目施工环境不优等，使得一些建设项目推进缓慢。基础投入不足，当地虽然投入城市建设的资金逐年增长，但远远满足不了城镇快速发展的需求，城市基础设施建设欠账较多。

四 进一步推进江西省设区市新型城镇化的对策建议

（一）认真贯彻执行《促进中部地区崛起"十三五"规划》

2016年12月26日，国家发改委印发了《促进中部地区崛起"十三五"规划》（以下简称《规划》），《规划》提出支持武汉、郑州两个城市建设国家中心城市，对长沙、合肥、南昌、太原等省会城市提出强化其地位。对于设区市一级的城市提出继续做大做强洛阳、宜昌、芜湖、赣州、岳阳等区域性中心城市。《规划》将中部地区定位为"一个中心四个区"，"一个中心"是全国重要先进制造业中心，"四个区"是全国新型城镇化重点区、全国现代农业发展核心区、全国生态文明建设示范区和全方位开放重要支撑区。对于江西来说，下一步要重点强化南昌市的省会城市地位，继续做大做强赣州市区域性中心城市。

（二）积极稳妥推进新型城镇化

推进新型城镇化的目的有两个，一个是消除户籍制度障碍，加快人口等要素集聚，使城镇化成为扩大内需、促进经济平稳健康发展的利器；另一个是让改革红利惠及农村居民，逐步把符合落户条件的进城农业人口逐步转为城镇居民，提高这部分群体的生活质量。因此，推进新型城镇化必须突出以人为本，充分尊重农民转户意愿，保护农民根本利益，统筹兼顾有序推进。要通过完善政策，引导农业转移人口自愿落户城镇。对暂时不愿和不能落户的农业转移人口，应稳步推进城镇基本公共服务全覆盖。推进新型城镇化建

设还必须融入生态文明理念,在提升城镇发展质量的过程中做好生态保护工作,减少对自然的干扰和损害,力求绿色发展、循环发展、低碳发展,利用好宝贵的土地、水、能源等资源,做好海绵城市建设工作,进一步贯彻落实"河长制"的责任,保护好水环境,为保障国家水环境安全做出应有的贡献,构建绿色低碳的生产生活方式。

(三)进一步完善配套政策措施

推进新型城镇化是一个长期的历史过程,关键不在于简单地实现农业转移人口身份转变,而在于改革现有制度和完善现有政策,使得与户籍相关的教育、就业、养老、医疗、公共卫生、计划生育、社会救助、优抚安置、住房保障等社会事业都能更好地适应新型城镇化的要求。要更加注重城镇化推进的系统性、整体性和协同性,强化制度设计,加强政策指导,并为地方推进城镇化提供必要支持,尤其是要在推动农村宅基地、集体经营性建设用地确权、流转、入市方面,总结试点经验,加快推开实施,通过盘活农地资产,使农村转移人口带着福利进城,增强转户意愿。

(四)加大对新型城镇化综合试点地区的支持力度

进一步优化资源配置,将重大项目、重大工程、重大政策更多地向试点地区倾斜,加大土地、资金等资源整合力度,使预算内投资计划、政策性银行及普通商业银行资金,应相对集中用于国家和省级试点地区,为试点地区取得突破提供有力支撑。同时,要协调解决试点地区遇到的法律法规等制度性障碍,减小改革实践中的阻力,争取尽早取得试点经验,在全国范围推广。要积极推进特色小镇建设,探索建设特色小镇的经验。

参考文献

吉安市人民政府办公室:《关于印发 2016 年吉安市新型城镇化建设工作意见的通

知》，2016。

江西省住建厅：《江西省推动新型城镇化的主要做法》，http：//www.jiangxi.gov.cn/ccy/zsyzzc/sjzcwj_ 13517/jas_ 13526/201608/t20160815_ 1282739.html，2016 年 4 月 11 日。

江西省住建厅：《江西省新型城镇化和特色乡镇情况的报告》，2017。

鹿心社：《政府工作报告——2017 年 1 月 16 日在江西省第十二届人民代表大会第七次会议上》，《江西日报》2017 年 2 月 6 日。

鹰潭市发改委：《鹰潭市新型城镇化综合试点情况汇报》，2017。

樟树市发改委：《樟树市新型城镇化综合试点工作情况汇报》，2017。

B.5
2016~2017年江西设区市农业现代化发展报告

李志萌 张宜红*

摘　要： 通过科学构建农业现代化发展评价指标体系，将江西省11个设区市农业现代化发展水平划归为四类地区，并根据不同地区农业发展水平和短板，提出注重培育发展农业新动能、加快推进农业产业化、注重增强农产品供给能力、注重农业绿色发展等不同路径。

关键词： 农业现代化　评价指标体系　分类路径

农业现代化是我国实现现代化的基础，没有农业现代化，国家现代化是不完整、不全面、不牢固的。2016年10月国务院出台的《全国农业现代化规划（2016~2020年）》明确提出，"十三五"时期是我国补齐农业现代化"短板"的窗口期，也是转变农业发展方式、升级农业发展动力、优化农业结构的大有作为的战略机遇期。2017年中央一号文件再次明确，要以农业供给侧结构性改革为主线，深化农业改革，培育发展农业新动能，用发展新理念破解"三农"新难题。在此背景下，江西作为传统农业大省，加快实现农业现代化对其建设全国现代农业核心区具有至关重要的

---

* 李志萌，江西省社会科学院应用对策研究室主任，研究员，研究方向为农业经济与生态经济；张宜红，江西省社会科学院应用对策研究室副主任，副研究员，研究方向为农业经济与生态经济。

作用。

农业现代化是一个动态的不断发展的历史过程，江西省设区市农业现代化发展水平具有明显的区域差异，建立一套科学的农业现代化发展评价指标体系，全面客观地分析江西省各设区市农业现代化发展水平，不仅可以反映出各设区市农业经济发展的状况，还可以找准各设区市农业经济发展质量好坏、速度快慢的根源，这对于促进江西实现农业现代化、同步全面建成小康具有重要意义。

一 江西设区市农业现代化发展评价指标体系构建

（一）指标选取

根据系统性、综合性、重点性、代表性、可比性等指标选取原则，借鉴世界银行、联合国粮农组织、欧盟、美国等一些国家和地区评价农业现代化的指标和衡量标准，参考中国农业科学院相关学者（辛岭、蒋和平等，2010、2014）构建的农业现代化评价指标体系，结合中部地区农业发展实际和数据的可获得性，构建了一套4项准则指标和20项目标指标的评价体系，用其评价江西各设区市农业现代化发展水平。

1. 农业发展水平。实现农业现代化，提高农业发展水平是基础。农业发展水平主要指标包括单位耕地面积机械总动力、土地生产率、劳动生产率、农林牧渔服务业产业比重、人均粮食占有量、人均肉类占有量、粮食单产。首先，提高农业产出规模，农产品产量是农业竞争力的基础，只有有了量变才能发生质变，因此粮食单产、人均粮食和肉类占有量的大幅度提高是做大做强农业的基础。其次，农业科技是推动农业现代化发展的基石。没有良好的物质装备，农业就不可能体现"现代"的水平，必须以现代化的装备去发展农业，提升农业，因此单位耕地面积机械总动力能反映农业物质装备水平。最后，农业现代化归根到底是要提高农业产出效益水平。因此，农业要有较高的劳动生产率和土地生产率。

2. 农村发展水平。农业现代化不光只有农业强大，还包括农民富裕、农村美丽。农村发展水平主要指标包括第一产业增加值比重、农村人均用电量、农村人口比重、农民人均纯收入。首先，农村人口比重和第一产业增加值比重持续降低，是实现农业现代化的客观规律。其次，农业现代化需要先进设备和技术、舒适的住房环境，这些都需要大量用电，因此农村人均用电量是衡量农村现代化的重要标志。最后，实现农业现代化最终目的是要使之成为农民持续增收的源泉，农民人均纯收入要大幅度提高，它能综合反映农村发展水平的高低。

3. 农业支持保护水平。世界各国实现农业现代化的经验表明，农业现代化的实现与政府支持保护是密不可分的。因此，选取农林水事务支出比重、农林水事务支出效益水平两个指标来衡量。

4. 农业可持续发展水平。提高农业可持续发展水平是农业现代化发展的必然要求。就是要在整个农业生产的过程，有效克服农业面源污染，保护地力的可持续性，保护人与自然的和谐性，保证较高的食品安全性，实现农业的可持续发展。农业可持续发展水平的具体指标包括农业人口人均耕地面积、有效灌溉面积比重、单位耕地化肥施用量、单位耕地农药施用量、单位种植面积化肥施用量、单位种植面积农药施用量。首先，农业资源拥有量是农业现代化发展的基础，因此选取农业人口人均耕地面积加以衡量。其次，有效灌溉面积比重的高低直接关系到农业资源利用率的高低，进而关系到农业竞争力。最后，实现农业现代化，就必须要加强农业面源污染治理，深入开展测土配方施肥，大力推广生物有机肥、低毒低残留农药，减少化肥农药施用量，提升农产品品质。

（二）权重设置

指标体系中各项指标权重的科学合理赋值，是评价江西设区市农业现代化发展水平的关键，本文主要采取了Delphi法。首先，立足农业经济研究领域，根据职称、属地等因素，选择了十位省内外专家；其次，根据农业现代化的内涵、标准等因素，设计了一套权重问卷；最后，采取网络发放问卷，采取背靠背问卷调查，并进行两轮，让十位专家分别给出权重。在十位专家给出第一轮权重时，分别告知第一轮权重平均值，以供其参考，并让其再次给出第二轮权重。根据第二轮赋值结果，去掉2个最高值，去掉2个最低值，并进行算数平均，其权重结果即为本指标体系的相应权重。

综上所述，农业现代化发展评价指标体系如下。

表1 农业现代化发展评价指标体系

指标名称	单位	权重	指标属性
农业现代化发展评价指标体系(20项)		1	
一、农业发展水平(7项)		0.3	
单位耕地面积机械总动力	千瓦时/公顷	0.05	+
土地生产率	元/公顷	0.15	+
劳动生产率	万元/人	0.25	+
农林牧渔服务业产业比重	%	0.10	+
人均粮食占有量	千克/人	0.15	+
人均肉类占有量	千克/人	0.15	+
粮食单产	公斤/公顷	0.15	+
二、农村发展水平(4项)		0.30	
第一产业增加值比重	%	0.30	-
农村人均用电量	千瓦/人	0.05	+
农村人口比重	%	0.25	-
农民人均纯收入	元/人	0.40	+
三、农业支持保护水平(2项)		0.15	
农林水事务支出比重	%	0.50	+
农林水事务支出效益水平*		0.50	+
四、农业可持续发展水平(6项)		0.25	
农业人口人均耕地面积	公顷/人	0.10	+
有效灌溉面积比重	%	0.30	+
单位耕地化肥施用量	千克/公顷	0.20	-
单位耕地农药施用量	千克/公顷	0.20	-
单位种植面积化肥施用量	千克/公顷	0.10	-
单位种植面积农药施用量	千克/公顷	0.10	-

*：该指标表示每元农林水事务支出产生农林牧渔业总产值水平。

二 江西设区市农业现代化发展水平评价方法

（一）数据来源

本文采用的数据来自《江西统计年鉴（2016）》以及江西省11个设区市2016年政府工作报告和2015年国民经济和社会发展统计公报。

（二）模型选择

江西设区市农业现代化发展水平评价选择多指标综合评价模型，其数学表达式如下：

$$AT_i = \sum_{i=1}^{n} W_i B_i \tag{1}$$

$$B_i = \sum_{j=1}^{m} W_{ij} C_{ij} \tag{2}$$

式中：AT_i 为设区市农业现代化发展水平综合指数，W_i 为准则层指标的权重，B_i 为准则层指数，T_i 为评价区域，n 为准则层指标个数。C_{ij} 为指标层指标，W_{ij} 为指标层指标的权重，m 为指标层指标个数。

（三）指标的标准化

由于各指标的含义不同，指标值的计量单位也不一样，为了使各种指标数据进行综合，必须对指标数据进行标准化处理。本研究采用无量纲处理法。具体计算公式为：

$$P_i = \frac{C_i - C_{\min}}{C_{\max} - C_{\min}} \tag{3}$$

$$P_i = \frac{C_{\max} - C_i}{C_{\max} - C_{\min}} \tag{4}$$

式中：P_i 为指标的标准化值，C_i 为指标数值，C_{max} 为指标的最大值，C_{min} 为指标的最小值。对于正指标，按照式（3）处理；对于负指标，按照式（4）处理。

三 江西省设区市农业现代化发展水平评价和分析

（一）江西设区市农业现代化综合发展程度评价

1. 江西设区市农业现代化整体水平不高，且设区市之间农业现代化综合发展水平差距较大

2015 年，江西农业现代化整体水平不高（见表2），平均综合指数只有43.61。一般情况下，在满分定为 100 的评价体系中，可以认为农业现代化发展水平综合指数在 60 及以上，即基本达到了农业现代化的较高水平，本研究根据辛岭、王济民（2014）的研究，将农业现代化划分为四类地区（见表3）。分析结果表明，农业现代化综合指数在 60 及以上的是南昌市和新余市，分别为 63.85 和 61.52，分别排第 1 位和第 2 位，属于第一类地区。农业现代化综合指数在 50~59 的是景德镇市、萍乡市、鹰潭市、抚州市，分别为 58.31、56.42、52.07 和 51.03，分别排第 3、第 4、第 5、第 6 位，属于第二类地区。农业现代化综合指数在 40~49 的是宜春市、吉安市、九江市，分别为 49.58、48.75、40.65，分别排在第 7、第 8、第 9 位，属于第三类地区。

表2 2015 年江西省设区市农业现代化综合指数及排名

区域	农业现代化综合指数	排名	区域	农业现代化综合指数	排名
全　　省	43.61	—	鹰潭市	52.07	5
南　昌　市	63.85	1	赣州市	28.07	11
景德镇市	58.31	3	吉安市	48.75	8
萍　乡　市	56.42	4	宜春市	49.58	7
九　江　市	40.65	9	抚州市	51.03	6
新　余　市	61.52	2	上饶市	35.66	10

表3 农业现代化综合指数分类

分类	农业现代化综合指数	设区市
第一类	≥60	南昌市、新余市
第二类	50～59	景德镇市、萍乡市、鹰潭市、抚州市
第三类	40～49	宜春市、吉安市、九江市
第四类	≤40	上饶市、赣州市

农业现代化综合指数在40及以下的是上饶市和赣州市,分别为35.66和28.07,分别排第10、第11位,属于第四类地区。

进一步分析来看,全省设区市之间农业现代化发展水平差距很大。南昌市农业现代化发展水平最高（其综合指数为63.85）,赣州市农业现代化发展水平最低（其综合指数为28.07）,前者是后者的2.27倍。

2. 农业现代化综合发展水平与经济发展水平基本一致

从图1可以看出,农业现代化水平较高的市一般也是经济发展较好的地区,如南昌市、新余市农业现代化综合发展水平排前两位,其人均地区生产总值也排前两位。农业现代化水平较低的市一般也是经济发展较落后的地区,如赣州市、上饶市农业现代化综合发展水平分别排第11位和第10位,其人均地区生产总值也分别排在第11位和第10位。其中,差异最大的是九江市,可能的原因是长江中游城市群和沿江开放开发对九江经济发展拉升作

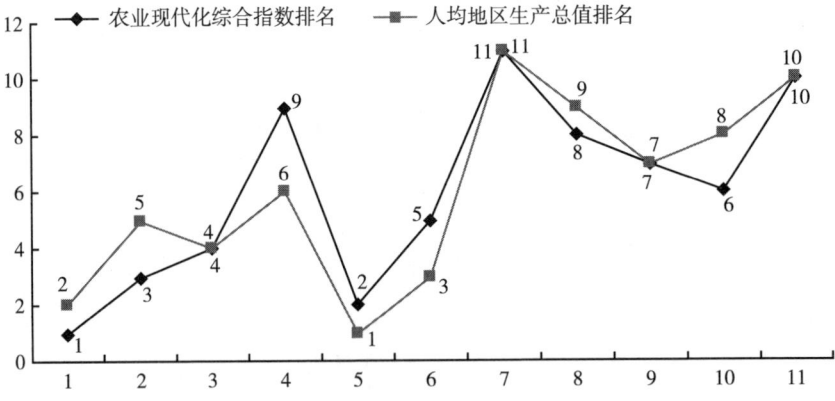

图1 江西省设区市农业现代化综合指数排名与人均地区生产总值排名对比

用明显，与农业现代化相关度较低；加之，其湖区县较多，农业现代化水平较落后。总体来看，农业现代化水平与经济发展水平基本一致。

3. 农业产值高低与农业现代化发展水平并不一定一致

农业大市的农业现代化水平不一定高，赣州市2015年农业产值480.59亿元，在全省11个设区市中最高，但该市农业现代化综合指数仅为28.07，排倒数第1位。宜春市、吉安市和上饶市2015年农业产值分别为418.61亿元、364.71亿元和363.51亿元，分别排第2位、第3位和第4位，但农业现代化综合指数分别为49.58、48.75和35.66，分别排第7位、第8位和第10位。

农业小市的农业现代化水平不一定低，如景德镇市，2015年农业产值87.96亿元，在全省11个设区市中排名倒数第2位，但是其农业现代化综合指数排第3位。还有新余市，2015年农业产值94.15亿元，在全省11个设区市中排名第9位，但是其农业现代化综合指数排第2位（见表4）。

综上所述，农业产值的高低，只能说明农业规模的大小，但并不能说明其农业现代化水平的高低。

表4　2015年江西省11个设区市农业现代化综合指数与农业产值对比

单位：亿元，位

区域	农业现代化综合指数	农业产值	区域	农业现代化综合指数	农业产值
南昌市	62.85(1)	296.92(6)	赣州市	28.07(11)	480.59(1)
景德镇市	58.31(3)	87.96(10)	吉安市	48.75(8)	364.71(3)
萍乡市	56.42(4)	97.96(8)	宜春市	49.58(7)	418.61(2)
九江市	40.65(9)	246.82(7)	抚州市	51.03(6)	328.32(5)
新余市	61.52(2)	94.15(9)	上饶市	35.66(10)	363.51(4)
鹰潭市	52.07(5)	79.56(11)	江西省	43.61(－)	2859.10(－)

（二）江西设区市农业发展水平评价

从表5可以看出，2015年江西省设区市农业发展指数为11.15，整体水平偏低。农业发展水平最高的是吉安市（农业发展指数为19.14），最低的是上饶市（农业发展指数为6.07），前者是后者的3.15倍。可见，各设区市农业发展水平不均衡。

表5　江西省设区市农业发展指数及排名

区域	农业发展指数	排名	区域	农业发展指数	排名
南昌市	18.26	2	赣州市	7.10	10
景德镇市	17.29	6	吉安市	19.14	1
萍乡市	17.69	3	宜春市	17.41	5
九江市	7.40	9	抚州市	17.66	4
新余市	15.12	7	上饶市	6.07	11
鹰潭市	14.16	8	江西省	11.15	—

进一步分析来看，农业发展水平较高的市一般粮食单产水平较高，如农业发展水平排名第1位的吉安市，粮食单产达到7867公斤/公顷，排第1名，而农业发展水平排名倒数第2的赣州市，粮食单产达到5570公斤/公顷，排倒数第1名；农业发展水平较高的市一般劳动生产率也较高，如农业发展水平排第2位的南昌市，劳动生产率为4.23万元/人，排名为第2名，而农业发展水平排名倒数第2的赣州市，劳动生产率仅有2.58万元/人，排倒数第1位。可见，劳动生产率和土地生产率基本决定了农业发展水平的高低。

（三）江西设区市农村发展水平评价

从表6可以看出，2015年江西省设区市农村发展指数为13.14。农村发展水平最高的南昌市（农村发展指数为30.28），最低的赣州市（农村发展指数为1.33），前者是后者的22.77倍。可见，各设区市农业发展水平极不均衡。

进一步分析来看，农村发展水平较高的市一般第一产业增加值比重和农村人口比重均较低，农村人均用电量和农民人均纯收入都较高，如排名第1位的南昌市，2015年第一产业增加值比重和农村人口比重分别为4.3%和

28.44%，均排倒数第 1 位，2015 年农村人均用电量和农民人均纯收入分别为890.54 千瓦/人和 13693 元，分别排第 2 位和第 3 位。而排名倒数第 1 位的赣州市，2015 年第一产业增加值比重和农村人口比重分别为 15.0% 和 54.49%，均排第 3 位，2015 年农村人均用电量和农民人均纯收入分别为 265.47 千瓦/人和 7786 元，分别排倒数第 2 位和倒数第 1 位。可见，工业化、城镇化的推进及农村生产生活基础设施的不断完善，在农村发展水平中起决定作用。

表6 江西省设区市农村发展指数及排名

区域	农村发展指数	排名	区域	农村发展指数	排名
南昌市	30.28	1	赣州市	1.33	11
景德镇市	22.09	4	吉安市	5.49	10
萍乡市	26.49	3	宜春市	9.16	7
九江市	15.40	6	抚州市	7.05	8
新余市	27.65	2	上饶市	8.13	9
鹰潭市	18.71	5	江西省	13.14	—

（四）江西设区市农业支持保护水平评价

从表 7 可以看出，2015 年江西省设区市农业支持保护指数为 5.87。农业支持保护水平最高的是抚州市（农业支持保护指数为 10.51），最低的是萍乡市（农业支持保护指数为 4.37），前者是后者的 2.41 倍。可见，各设区市农业支持保护水平不均衡。

表7 江西省设区市农业支持保护指数及排名

区域	农业支持保护水平指数	排名	区域	农业支持保护水平指数	排名
南昌市	5.90	8	赣州市	7.30	6
景德镇市	4.75	10	吉安市	10.09	2
萍乡市	4.37	11	宜春市	9.83	3
九江市	5.12	9	抚州市	10.51	1
新余市	7.50	5	上饶市	7.51	4
鹰潭市	6.14	7	江西省	5.87	—

进一步分析可以发现,大部分经济发展落后地区农业支持保护水平力度反而要大,如抚州市和吉安市,2015年其人均地区生产总值分别排8位和第9位,但其农业支持保护指数排名分别是第1位和第2位。而经济发达的设区市,农业支持保护水平力度反而要小,如南昌市和鹰潭市,2015年其人均地区生产总值分别排2位和第3位,但其农业支持保护指数排名分别是第8位和第7位。

(五)江西设区市农业可持续发展水平评价

从表8可以看出,2015年江西省设区市农业可持续发展指数为13.46。农业可持续发展水平最高的是抚州市(农业可持续发展指数为15.82),最低的是萍乡市(农业可持续发展指数为7.88),前者是后者的2.01倍。可见,各设区市农业可持续发展水平不均衡。

表8 江西省设区市农业可持续发展指数及排名

单位:亿元,位

区域	农业可持续发展指数	地区生产总值	区域	农业可持续发展指数	地区生产总值
南昌市	9.41(10)	4000.01(1)	赣州市	12.34(8)	1973.87(2)
景德镇市	14.19(2)	772.06(10)	吉安市	14.03(3)	1328.52(6)
萍乡市	7.88(11)	912.39(9)	宜春市	13.19(5)	1621.02(5)
九江市	12.74(7)	1902.68(3)	抚州市	15.82(1)	1105.14(7)
新余市	11.25(9)	946.80(8)	上饶市	13.96(4)	1650.81(4)
鹰潭市	13.06(6)	639.26(11)	江西省	13.46	—

进一步分析可以发现,农业可持续发展水平较高的地区,其经济总量不一定大,如抚州市和景德镇市,2015年其农业可持续发展指数分别排第1位和第2位,但其地区生产总值分别排第7位和第10位,表明这些地区资源环境条件相对较好。相反,经济总量大的地区,其农业可持续发展水平也不一定高,如南昌市和赣州市,2015年其地区生产总值分别排第1位和第2位,但其农业可持续发展指数分别排第10位和第8位,说明这些地区资源环境条件相对不足。

四 对策与建议

综合上述分析与评价结果,江西省11个设区市农业现代化发展水平不一,且各具优势与劣势。因此,全省要实现农业现代化,各设区市就必须因地制宜,扬长避短,用新发展理念,加快推进农业供给侧结构性改革,培育发展新动能,制定相应的农业现代化策略和实现路径。

(一)第一类地区:培育发展农业新动能

第一类地区共有2个设区市,即南昌市和新余市,第一类地区农业现代化基本达到成熟阶段,农业比重和农村人口比重持续降低,农业产出效益水平高,农村非农产业尤其是农业服务业发展较快,人口向城市集聚趋势明显,新型工业化与新型城镇化进程不断加速推进,由于受城市经济辐射,农业转型升级步伐不断加快。这些设区市农业机械化水平、农业集约化经营程度均较高,农民主要依靠家庭经营以外的非农产业收入;但是,该地区农业现代化要补齐农业支持保护和农业可持续发展等短板。

因此,此类区域应拓展农业发展空间,培育发展农业新动能。一是突破传统农业边界。充分发挥区位优势,不断拓展农业观光、休闲、文化等多功能,大力发展高效农业、休闲观光农业,建设一批集生活、生产和生态于一体的田园乡村综合体,大力发展乡村民宿经济,加快农产品精深加工业,提高农业企业竞争力,在全省农业现代化发展中起到带头示范作用。提高政府对农业财政支出的比重,不断促进农业支持保护水平的提高,推动测土配方施肥技术深入开展,推广低毒低残留农药、生物有机肥的使用,开展资源化利用和农田残膜回收区域性示范,控制农村面源污染,提高农业可持续发展水平。二是突破农产品销售边界。依托"赣农宝""邮乐网""供销e家"等农产品电子商务平台,推进"淘宝村""电商村"及县域电商产业园规范建设,加快推进"互联网+农业",消弭农产品信息不对称,加快建立农产品质量溯源系统。要提升现代科技装备在农业领域的应用水平,尝试采用农业机器人替代农业劳动力。三是突破农业区域边界。拓展与"一带一路"沿线国家和地区及周边国家和地区的农业产能交流与合作，积极参与农业部组织的"南南合作"农业计划，引进更多的农业企业，特别是跨国公司、行业龙头企业，支持有实力的企业、农民合作社"走出去"，到发展中国家建粮食、生猪、水果等生产基地。

（二）第二类地区：加快推进农业产业化

第二类地区共有4个设区市，分别是景德镇市、萍乡市、鹰潭市、抚州市，第二类地区处于农业现代化快速发展阶段。这些设区市有良好的自然条件、较为完善的农业基础设施，农民收入总体水平高，农村经济社会协调发展，非农收入是主要来源，所占比重较高，农业劳动回报率水平较高。

此类区域农业综合开发水平和农业经济效益有待于进一步提升，发展农业要用现代产业理念来引领，转变农业发展方式，加大对农业科技投入的力度，创新农业科技研发机制，继续推动农业产业结构调整，推动高科技农业、高附加值农业发展；优化农业区域布局，推进农业规模化经营，推动区域农业集聚发展，增强农业竞争力；大力发展农村教育，加快农业科技推广，提高农业和农民的市场竞争力；要着力提升农业产业化发展水平，培育壮大龙头企业，大力推动品牌农业，提升农业的发展质量。

（三）第三类地区：增强农产品供给能力

第三类地区共有3个设区市，分别是宜春市、吉安市、九江市，农业现代化处在发展阶段，在全省农业现代化发展水平中处在中等地位。这些设区市大多是传统商品粮生产基地，每年都有大量粮食调出，呈现农业人口比重较大、土地资源较为丰富、大多以生产初级农产品为主等特征，但农村经济发展水平和农民居民收入均有待提高。主要是要补齐农业产业链和城镇化短板，加快城镇化进程，提高农产品附加值。

此类区域要深入实施藏粮于地、藏粮于技战略，严守耕地红线，加快高标准农田建设，提升粮食综合生产能力，巩固粮食主产区地位。与此同时，在确保粮食生产稳定、生态环境不受破坏的前提下，进一步调整优化农业结构，实现农业产业化、规模化经营，加快培育新型农业经营主体，不断提高农产品商品化率和优势农产品市场占有率，利用农业资源优势促进农业现代化快速发展。

（四）第四类地区：注重农业绿色发展

第四类地区共有2个设区市，即上饶市和赣州市，第四类地区农业现代化还在起步阶段，农业现代化发展水平相对落后。部分地方山区、湖区道路不通，信息不对称，经济基础薄弱。农村经济欠发达，城镇化水平不高，农民收入水平低，还有大量贫困人口。非农产值占比较低，占重要地位的仍然是农业经济，以粗放型农业为主的地区还很多。以自给自足小农经济为主的地区占多数，农业商品率普遍偏低。但是大多数地区拥有较好的农业生态环境，农业特色资源优势明显。

因此，此类地区应充分发挥生态环境和特色农业资源优势，加强工业基础设施及其"最后一千米"建设，重点打造一批绿色有机农产品品牌，唱响绿色有机品牌，进而带动实现农业现代化。同时，鉴于该地区农业发展水平不高，地方财力有限，但相应的生态环保和公共服务支出仍较繁重，因此省级公共财政应加大对该地区生态环保和公共服务投入，促进生态补偿机制与辐射带动机制的建立与完善，建立完善精准扶贫制度，实现功能互补、联动发展。

需要指出的是，在工业支持农业、城市反哺农村的背景下，整个农业现代化综合水平较高的设区市如南昌市、新余市、鹰潭市等，农村人口比重均较低，农业农村受到的支持强度相对较高，对农业现代化水平的提高有明显的促进作用，存在"大马拉小车"现象；反之，农业现代化综合水平较低的设区市如赣州市、九江市等，农村人口比重较高，其农业农村受到的支持强度相对较低，存在"小马拉大车"现象。可见，要发展农业现代化薄弱地区，适当地调整行政区划和加大转移支付力度是可以考虑的选项。另外，同一个设区市内部也有近郊、远郊、偏远地区等差异，农业生产条件很不一致，进一步细分到县域进行农业现代化的研究或许会有更明确的指导意义。

参考文献

辛岭、王济民:《我国县域农业现代化发展水平评价——基于全国 1980 个县的实证分析》,《农业现代化研究》2014 年第 11 期。

蒋和平、黄德林:《中国农业现代化发展水平的定量综合评价》,《农业现代化研究》2006 年第 3 期。

张红宇等:《中国特色农业现代化:目标定位与改革创新》,《中国农村经济》2015 年第 2 期。

贺雪峰:《推进农业现代化的几个关键点——学习近平总书记关于农业现代化重要讲话的体会》,《中国老区建设》2017 年第 2 期。

沈琼:《用发展新理念引领农业现代化:挑战、引领、重点与对策》,《江西财经大学学报》2016 年第 3 期。

丁伟、张改素等:《中国工业化、城镇化、农业现代化、信息化、绿色化"五化"协调定量评价的进展与反思》,《地理科学进展》2016 年第 1 期。

B.6
2016~2017年江西设区市现代服务业发展报告

李小玉 何雄伟*

摘　要： 近年来，在传统产业低速增长的情况下，江西各设区市现代服务业得到快速发展，实现了发展动能的转变和经济结构的优化升级，已成为区域新一轮经济发展的主要增长点。本报告为合理评估江西设区市现代服务业发展水平，按照当前关于衡量现代服务业发展水平的通行标准，参照国家统计局、国内相关学者的研究成果，从发展规模、发展结构、发展效益、发展基础、发展潜力五个方面反映江西设区市现代服务业发展水平和发展阶段。针对评估结果，提出促进江西设区市现代服务业发展的建议：提高认识，进一步做大做强现代服务业；因地制宜，努力找准发展定位；多措并举，推进现代服务业集聚区建设；与时俱进，大力发展新兴产业；政策扶持，营造良好市场环境；创新机制，大力培育和引进现代服务业人才。

关键词： 江西　现代服务业　指标体系

近年来，在传统产业低速增长的情况下，江西各设区市现代服务业得到

---

* 李小玉，江西省社会科学院《企业经济》编辑部主编，研究员，研究方向为区域经济与生态经济；何雄伟，江西省社会科学院《企业经济》编辑部副主编，助理研究员，研究方向为区域经济与数量经济应用。

快速发展，实现了发展动能的转变和经济结构的优化升级，已成为区域新一轮经济发展的主要增长点。本报告对江西各设区市现代服务业发展进行科学评估，分析发展优势与不足，立足"十三五"期间江西各设区市现代服务业发展的客观条件和现实需求，认为要把推动服务业大发展作为产业结构优化升级的战略重点，营造有利于服务业发展的政策和体制环境，拓展新领域，发展新业态，培育新热点，不断提高服务业比重和水平，进一步推动江西现代服务业发展。

一 现代服务业内涵和趋势

现代服务业是指依托现代信息技术和其他新兴高新技术，运用现代经营管理理念、经营方式和组织形式发展起来的服务业。现代服务业既包括信息、金融、咨询、会计、法律咨询等新兴服务业，也包括对相关传统服务业的技术、管理的改造升级。现代服务业具有高附加值、高技术含量、高人力资本等特征，对提升产业发展水平具有重要作用。当前，随着互联网技术的快速发展，现代服务业与传统产业融合的趋势越来越明显，电子商务、大数据、云计算等在现代服务业中发挥越来越重要的作用，不断促进产业结构转型升级。现代服务业逐步成为现代产业结构中的核心和纽带。当然，由于"现代服务业"是一个在产业发展演进中提出的概念，其内涵随着经济社会的发展不断丰富，本身具有动态性。因此，对于其研究也应因时制宜，对其内涵也应动态调整。

二 江西设区市现代服务业综合实力评价指标体系构建

（一）设区市现代服务业综合实力评价指标选择

为合理评估江西设区市现代服务业发展水平，需构建一套科学合理的综合评价指标体系。

本报告在借鉴国内外学者关于现代服务业综合竞争力评价思路和方法的基础上，以现代服务业发展的内涵和特征为依据，按照现代服务业综合评价的科学性、可比性和数据可获得性等原则来构建本指标体系。

按照当前关于衡量现代服务业发展水平的通行标准，参照国家统计局、国内相关学者的研究成果，本报告主要从发展规模、发展结构、发展效益、发展基础、发展潜力五个方面反映江西设区市现代服务业发展水平和发展阶段。

一是发展规模指标层，反映的是一个地区现代服务业整体规模水平，主要包括现代服务业增加值、现代服务业从业人数和现代服务业固定资产投资额三项具体指标。其中，现代服务业增加值是现代服务业各行业增加值之和，它说明一个地区服务业的经济总量，集中反映服务业经济规模的大小。现代服务业从业人数反映的是现代服务业吸纳劳动力数量。现代服务业固定资产投资额是现代服务业各行业固定资产投资之和。

二是发展结构指标层，反映的是现代服务业整个国民经济中的结构比例情况，也体现其在国民经济中的作用。主要包括现代服务业产值占地区生产总值比重、现代服务业产值占第三产业比重、现代服务业就业比重这三项指标。现代服务业产值占地区生产总值比重、现代服务业产值占第三产业比重这两项指标数值越高，就越能说明区域服务业发展的程度和水平高，也就能够说明区域产业结构的合理程度。现代服务业就业比重＝现代服务业就业人数/总就业人数，反映现代服务业吸纳就业人口比例情况，现代服务业就业比重高也能从一定程度上说明区域的经济发展程度比较高。

三是发展效益指标层，反映的是不同地区现代服务业发展的质量和效益，体现区域产业核心竞争力。具体包括现代服务业综合生产率、人均现代服务业增加值、现代服务业增长率三项指标。现代服务业综合生产率＝现代服务业增加值/现代服务业就业人数，反映现代服务业总体劳动生产率水平的高低。人均现代服务业增加值＝现代服务业增加值/地区总人口，反映地区现代服务业人均占有量，也是反映现代服务业发展能力的重要指标。现代服务业增长率反映地区现代服务业年均增长速度，也是体现区域发展效益的

重要指标。

四是发展基础指标层，反映的是不同地区现代服务业发展的基础条件，这些因素是促进现代服务业发展的重要基础。具体包括人均地区生产总值、工业化率、城镇化率、社会消费品零售总额这四项指标。人均地区生产总值反映地区经济发展水平、地区的收入，与现代服务业的发展密切相关。工业化率用工业增加值占地区生产总值的比重来表示。根据产业发展规律，工业化程度提高，将促进服务业不断发展。城镇化率的提高必然会引起人口和其他经济要素从农业部门向非农业部门转移，也会创造对服务业的大量需求。社会消费品零售总额也与现代服务业发展密切相关，根据经济发展规律，城乡居民收入水平提高和消费结构升级，都将促进服务业的提档升级。

五是发展潜力指标层，反映的是不同地区现代服务业发展的潜力，体现地区未来现代服务业发展的比较优势，是现代服务业可持续发展指标。具体包括万人在校大学生数、每千人医生数、万人专利授予数、R&D 经费支出比重这四项指标。万人在校大学生数表示区域每万人中拥有的在校大学生数，每千人医生数表示区域每千人中拥有的医生数，万人专利授予数表示区域每万人中拥有的专利授权数，R&D 经费支出比重表示 R&D 经费支出占地区生产总值的比重，这四项指标总体反映区域科教文卫发展情况，也是体现区域现代服务业发展的潜力因素所在。

基于以上分析，本报告所构建的设区市现代服务业综合实力评价指标体系由五大部分共 17 个指标构成，详见表 1。

（二）设区市现代服务业综合实力评价方法

本报告首先设定现代服务业综合指标评价体系，指标设计主要涵盖现代服务业发展规模、结构、效益、基础、潜力五大方面 17 项指标。由于指标原始数据繁杂且指标原始数据单位各不相同，为此，我们需对原始数据进行标准化处理，本报告采用标准化计算公式如下：

如果为正向指标：

$$U_{ij} = (X_{ij} - \min X_{ij})/(\max X_{ij} - \min X_{ij})(j = 1,2,\cdots,n);$$

表 1　江西设区市现代服务业综合实力评价指标体系

一级指标	二级指标	三级指标	计量单位
现代服务业综合实力	发展规模	现代服务业增加值	亿元
		现代服务业从业人数	万人
		现代服务业固定资产投资额	亿元
	发展结构	现代服务业产值占地区生产总值比重	%
		现代服务业产值占第三产业比重	%
		现代服务业就业比重	%
	发展效益	现代服务业综合生产率	元/人
		人均现代服务业增加值	元/人
		现代服务业增长率	%
	发展基础	人均地区生产总值	元/人
		工业化率	%
		城镇化率	%
		社会消费品零售总额	亿元
	发展潜力	万人在校大学生数	人
		每千人医生数	人
		万人专利授予数	个
		R&D 经费支出比重	%

如果为逆向指标：

$$U_{ij} = (\max X_{ij} - X_{ij}) / (\max X_{ij} - \min X_{ij})(j = 1, 2, \cdots, n)。$$

其中，X_i（$i=1$，2，$\cdots$，n）是现代服务业发展规模、结构、效益、基础、潜力指标层的第 i 个指标，X_{ij} 是第 i 个样本的第 j 个指标，其值为 X_{ij}（$j=1$，2，$\cdots$，n）。U_{ij} 为标准化后的数据，$\max X_{ij}$、$\min X_{ij}$ 是第 i 个指标的上、下限。

经标准化处理后的数据的值都在 0~1，虽不影响排名，但看起来还是不太直观，为便于对各个设区市现代服务业进行比较，这里拟使用功效系数法对标准化数据进行再处理，处理的得分表达式为：

$$Y_{ij} = 4 \times (X_{ij} - \min X_{ij}) / (\max X_{ij} - \min X_{ij}) + 6(j = 1, 2, \cdots, n);$$

其中，$\min X_{ij}$ 与 $\max X_{ij}$ 分别指各指标层标准化得分中的最小值与最大值，处理之后各个指标层的最终得分将控制在 6 分至 10 分，即得分最高的可达 10 分，最低的也有 6 分。

最后，区域现代服务业综合实力水平可以采用线性加权法得到。

$$U_i = \sum_{j=1}^{m} W_{ij} U_{ij}$$

$$\sum_{j=1}^{j=m} W_{ij} = 1$$

式中：U_i表示区域现代服务业综合实力水平，w_{ij}为各个指标层的权重。

权重的确定主要借鉴了相关权威评价指标体系评估经验，采取定性与定量相结合的方法，即结合专家评价法和客观赋权法熵值法，确定本报告对各设区市经济指标进行统计分析。江西设区市数据主要来自《江西省统计年鉴（2016）》，部分主要经济指标数据来自江西统计局网站。

三 江西设区市现代服务业综合实力评估

（一）江西设区市现代服务业综合实力比较

根据指标分析计算，对江西设区市现代服务业综合实力进行比较，南昌市综合竞争力得分排在第1位，得分远高于全省各设区市平均水平，赣州市和新余市分别排在全省设区市的第2位和第3位。其余九江市、鹰潭市、宜春市、上饶市、萍乡市、吉安市、景德镇市、抚州市分别位于第4位到第11位（见表2）。

表2 江西设区市现代服务业综合实力得分排名

地区	得分	名次	地区	得分	名次
南昌市	10.00	1	上饶市	6.51	7
赣州市	7.49	2	萍乡市	6.48	8
新余市	6.89	3	吉安市	6.13	9
九江市	6.82	4	景德镇市	6.03	10
鹰潭市	6.65	5	抚州市	6.00	11
宜春市	6.62	6			

（二）江西设区市现代服务业分领域比较

在现代服务业发展规模方面，南昌市排在第1位，赣州市和上饶市分别排在第2位和第3位。其余九江市、宜春市、吉安市、抚州市、萍乡市、景德镇市、新余市和鹰潭市分别位于第4位到第11位（见表3）。

表3 江西设区市现代服务业发展规模得分排名

地区	得分	名次	地区	得分	名次
南昌市	10.00	1	抚州市	6.78	7
赣州市	8.81	2	萍乡市	6.25	8
上饶市	7.74	3	景德镇市	6.10	9
九江市	7.36	4	新余市	6.08	10
宜春市	7.29	5	鹰潭市	6.00	11
吉安市	6.95	6			

在现代服务业发展结构方面，南昌市排在第1位，赣州市和上饶市分别排在第2位和第3位。其余抚州市、宜春市、九江市、鹰潭市、吉安市、萍乡市、景德镇市和新余市分别位于第4位到第11位（见表4）。

表4 江西设区市现代服务业发展结构得分排名

地区	得分	名次	地区	得分	名次
南昌市	10.00	1	鹰潭市	7.19	7
赣州市	9.25	2	吉安市	7.18	8
上饶市	7.68	3	萍乡市	6.94	9
抚州市	7.56	4	景德镇市	6.91	10
宜春市	7.50	5	新余市	6.00	11
九江市	7.38	6			

在现代服务业发展效益方面，新余市排在第1位，南昌市和鹰潭市分别排在第2位和第3位。其余萍乡市、九江市、宜春市、吉安市、景德镇市、赣州市、上饶市和抚州市分别位于第4位到第11位（见表5）。

在现代服务业发展基础方面，南昌市排在第1位，新余市和萍乡市分别排在第2位和第3位。其余鹰潭市、景德镇市、九江市、宜春市、上饶市、吉安市、抚州市和赣州市分别位于第4位到第11位（见表6）。

表5　江西设区市现代服务业发展效益得分排名

地区	得分	名次	地区	得分	名次
新余市	10.00	1	吉安市	6.52	7
南昌市	9.25	2	景德镇市	6.50	8
鹰潭市	8.81	3	赣州市	6.43	9
萍乡市	7.75	4	上饶市	6.19	10
九江市	7.44	5	抚州市	6.00	11
宜春市	7.22	6			

表6　江西设区市现代服务业发展基础得分排名

地区	得分	名次	地区	得分	名次
南昌市	10.00	1	宜春市	6.69	7
新余市	9.22	2	上饶市	6.30	8
萍乡市	8.48	3	吉安市	6.21	9
鹰潭市	8.32	4	抚州市	6.11	10
景德镇市	8.23	5	赣州市	6.00	11
九江市	7.22	6			

在现代服务业发展潜力方面，南昌市排在第1位，新余市和景德镇市分别排在第2位和第3位。其余萍乡市、九江市、鹰潭市、赣州市、宜春市、吉安市、上饶市和抚州市分别位于第4位到第11位（见表7）。

表7　江西设区市现代服务业发展潜力得分排名

地区	得分	名次	地区	得分	名次
南昌市	10.00	1	赣州市	6.26	7
新余市	7.10	2	宜春市	6.11	8
景德镇市	6.92	3	吉安市	6.05	9
萍乡市	6.85	4	上饶市	6.05	10
九江市	6.69	5	抚州市	6.00	11
鹰潭市	6.27	6			

（三）结论

1. 从江西11个设区市综合实力比较来看

南昌市的现代服务业综合竞争实力在全省处于核心地位，无论是从综合排名来看,还是从分领域的发展规模、发展结构、发展基础、发展潜力方面来看,南昌市都位于11个设区市的最前列。其他设区市在现代服务业综合实力方面与南昌市差距都比较大。另外,赣州市和新余市在江西设区市中综合排名具有一定竞争优势。其他设区市相对比较落后,抚州市在现代服务业方面发展不足尤其明显。因此,"十三五"期间,江西必须加快这些设区市现代服务业发展,做大做强区域现代服务产业的竞争力,提升综合竞争实力,这也是未来这些设区市加快发展必须努力实现的目标。

2. 从分项竞争力指标比较来看

南昌市虽然在综合实力以及许多分项指标竞争力方面领先全省其他设区市,但是在发展效益指标方面,落后于新余市,排在全省的第2位,第3位鹰潭市与其差距也不大。这说明南昌市在现代服务业发展效益方面还具有提升的空间。另外,在发展规模指标方面,南昌市、赣州市、上饶市排在全省前三位,而萍乡市、景德镇市、新余市和鹰潭市排在后几位,这一排名也与各设区市经济总量在全省的排名相一致。在发展效益指标方面,新余市、南昌市、鹰潭市、萍乡市和九江市排在全省设区市前列,反映出这些设区市经济发展程度相对比较高,是工业化水平较高的地区,其现代服务业发展效益也会相对较高。在发展基础方面,也存在类似的结论。在发展潜力方面,南昌市、新余市和景德镇市排在全省前三位,说明这些设区市未来在现代服务业发展方面具有一定潜在优势。

四 促进江西设区市现代服务业发展的建议

(一)提高认识,进一步做大做强现代服务业

当前,我国经济发展进入新常态,主动适应新常态,就必须切实把转方向、调结构、促升级放在更加重要的位置,这也对江西各设区市发展现代服务业提出了更高的要求。而加快发展现代服务业,对于推动全省产业转型升级、构建现代产业体系,促进决胜全面建成小康社会、建设富裕美丽幸福江

西具有重要意义。因此,江西各设区市要按照《江西省服务业发展提速三年行动计划(2015～2017年)》和《江西省服务业发展"十三五"规划》的要求,充分认识发展现代服务业在缓解资源要素和环境瓶颈制约、缓解就业压力、提升工业化和城市化水平、增强地方财力等方面的重要作用,进一步加快发展生产性服务业、拓展提升生活性服务业、大力发展新兴服务业,努力构建各地区服务业发展体系,使之能与经济社会发展阶段相吻合、与先进制造业相融合、与现代农业相配套、与城镇化进程相协调、与城乡居民需求相适应,成为各地经济增长的重要支撑、就业增长的重要渠道、税收增长的重要来源。

(二)因地制宜,努力找准发展定位

各设区市要按照全省发展现代服务业的要求,认真分析本地区发展现代服务业所面临的机遇和挑战,明确符合本地区实际的发展路径,研究并制定相关扶持政策。在发展现代服务业的过程中,各设区市应该结合实际,因地制宜,充分发挥现有资源、政策、人才优势,找准发展定位,明确发展重点领域。南昌市建设以服务外包、总部经济和楼宇经济、商务会展、金融、物流、文化创意、职业教育、信息和科技服务、旅游休闲、生命健康等为重点的现代服务业体系。九江市构建区域商贸物流中心、总部楼宇、金融业、文化旅游等功能齐全、体制完善的现代服务业体系。鹰潭市大力发展现代物流业,培育江西省核心物流中心,同时积极发展生产性服务业,拓展提升生活性服务业,构建具有鹰潭市特色的现代服务业体系。景德镇要打造赣东北物流服务平台,推动金融服务业发展。大力发展陶瓷文化创意产业,建设创意经济城市,推进古陶瓷研究与发展。宜春市、萍乡市可以重点发展旅游休闲、健康养老、电子商务、文化创意、研发设计、节能环保服务等产业。

(三)多措并举,推进现代服务业集聚区建设

现代服务业集聚区建设对于加快全省服务业发展,培育和扶持一批服务业发展平台和载体,发挥典型示范引领作用,推动江西省服务业集约化、品

牌化发展都具有重要意义。江西省 2014 年出台了《江西省省级现代服务业集聚区认定管理办法》，2016 年又出台了《关于做好 2016 年省级现代服务业集聚区和服务业龙头企业申报工作的通知》，对全省现代服务业发展提供政策引导。因此，各设区市要按照要求，从规划、平台、招商、政策等多个方面来推进现代服务业集聚区建设。规划是先导，各设区市应坚持规划引领，完善基础设施，按照区域特点、产业定位和发展需要，对区域服务业集聚区进行整体规划，并将集聚区规划与地区总规划、土地利用规划等重大规划相衔接，加强产业规划与相关规划的有机结合，不断完善交通集散、信息网络等综合配套设施。平台是服务业集聚建设的支撑，应重点加大服务业公共服务平台建设，提升综合服务水平。制定服务业集聚区招商引资优惠政策，着力引进关联性大、带动性强的大企业和大项目。同时，强化组织指导和强化用地保障，加大资金扶持力度，设立服务业发展专项引导资金重点支持集聚区发展。

（四）与时俱进，大力发展新兴产业

各设区市要紧扣区域现有的优势产业，结合目前"互联网＋"和移动互联网的发展趋势，积极推进电子商务产业的发展。要大力引进国内知名电子商务企业，打造一批区域性电子商务平台，促进特色产业与电子商务融合发展。南昌要推进华南城、九江要推进共青城电子商务示范基地建设，搭建中小电商孵化器平台，加快孵化、催生一批中小电商。要大力开展"智慧城市"活动，努力打造智慧政务、智慧社区、智慧家庭。通过利用云计算、SDN 网络、物联网等技术，提高政府的业务办理和管理效率，使政府更加廉洁、勤政、务实，成为高效、敏捷、便民的新型政府；通过利用信息技术，为社区居民提供一个安全、舒适、便利的现代化、智慧化生活环境，形成基于信息化、智能化社会管理与服务的"智慧社区"；通过智能终端与各类智能家居、安防设施等形成网络，实现家庭智慧应用。大力发展中介服务业，积极发挥沟通桥梁作用。大力发展具有区域和行业特色的中介服务业，不断推动咨询业（包括科技、法律、会计、审计、资产评估

等）、信息服务业和各类技术服务业等与科技进步相关、高知识含量的新兴行业发展。

(五) 政策扶持，营造良好市场环境

强化政策支持，保障关键要素供给，从组织领导到政策扶持各设区市都要积极为现代服务业发展营造良好的市场环境。各设区市应成立服务业发展领导小组，加强组织领导，完善服务业工作统筹推进体制，建立定期联席会议制度，研究解决服务业发展中存在的困难和问题，促进区域的服务业快速健康发展。要加大促进现代服务业发展的政策支持力度。为了加快现代服务业发展，各设区市政府应有针对性地通过制定财政补贴、税收减免以及优惠的信贷、投资、土地等政策，鼓励现代服务产品的开发和推广。对现代服务业集聚区内服务业的建设项目，在用地指标上优先安排，在融资及财政资金扶持等方面加大倾斜力度；扩大现代服务业企业的授信额度，优先支持符合条件的现代服务业企业上市融资，实现低成本扩张；对知名的现代服务业企业予以税收减免；加大现代服务业招商引资力度，重点吸引国内外知名现代服务企业入驻集聚区，培育知名现代服务业龙头企业。在政务服务环境上，各区域要进一步落实服务承诺制、首问责任制和限时办结制，简化审批程序，规范审批行为，提高审批效率；加强对企业的指导帮扶，严格规范检查企业行为，严肃查处违规违纪行为，加强整顿和规范服务业市场秩序。同时，积极有效地把支持服务业发展各项政策落实到位，努力形成政策引导效应，营造良好的服务业发展环境。

(六) 创新机制，大力培育和引进现代服务业人才

创新企业和高校人才合作机制。深化省内教育教学改革，建立更好地适应企业需求的专业和人才培养机制，培养一批紧缺专业的高技术人才和复合型的现代服务业人才。加快建立高校与企业合作培养人才的共建机制和培养基地，进行产教融合，整合教育培训资源，加快现代服务业相关学科的建设，发展各个层次、优化服务业人才任用环境，进一步完善服务业人才、智

力和项目相结合的柔性引进机制，畅通服务业人才引进绿色通道。实施人才中介服务机构协作制度，筛选确定一批引才协作单位，采取猎头、政府购买公共服务等方式寻找和对接急需的高层次人才。在企业注册、纳税融资、子女教育、医疗保障等方面为引进人才提供服务。

参考文献

江西省人民政府：《江西省人民政府关于印发服务业发展提速三年行动计划（2015～2017年）的通知》，http：//xxgk.jiangxi.gov.cn/fgwj/gfxwj/201505/t20150530_1165519.html，2015年4月2日。

李小玉、何雄伟：《江西设区市现代服务业"十二五"评估与"十三五"展望》，《江西设区市发展报告（2016）》，社会科学文献出版社，2016。

江西省社会科学院：《奋力打造生态文明建设的江西样板——绿色崛起干部读本》，江西人民出版社，2015。

江西省统计局服务业统计处：《江西省服务业发展问题研究》，江西统计局，2014。

B.7 2016~2017年江西设区市开放型经济发展报告

江西省商务厅课题组*

摘　要： 2016年，面对复杂严峻的国内外经济形势，全省开放型经济战线认真贯彻落实习近平总书记对江西工作"新的希望、三个着力、四个坚持"重要要求，坚决落实党中央及省委、省政府各项决策部署，实现了全省11个设区市开放型经济稳中有进、稳中向好的良好态势。与此同时，同沿海省份和部分中西部地区省市相比还有较大差距，存在总量不大，质量不高，且各设区市之间发展不均衡等问题。今后，要在招商引资、对外经济合作、区域经济合作、营商环境等方面下功夫，全面提升扩大开放水平。

关键词： 开放型经济　对外开放　招商引资

2016年，全省开放型经济战线认真贯彻落实习近平总书记系列讲话精神，特别是对江西工作提出的"新的希望、三个着力、四个坚持"的重要要求，以新发展理念为引领，主动适应和把握经济发展新常态，深入推进扩大开放，强化招商引资，促进外贸回稳向好，11个设区市开放型经济保持了稳中有进、稳中向好的良好态势，主要指标增幅均好于全国平均水平，实现了"十三五"良好开局。

---

* 课题组组长：方向军，江西省商务厅党组成员、副厅长。成员：陈建荣，江西省商务厅综合处处长；龚朴，江西省商务厅综合处主任科员。

一 2016年江西设区市开放型经济发展主要特征

（一）发展态势总体良好

2016年，全省开放型经济主要指标增幅好于全国平均水平，各大总量指标在全国位次均有提升。11个设区市实际利用外资增长10.2%，总额达104.4亿美元，总量居全国第14位；引进省外项目资金总额5905.8亿元，增长12.9%；引进境外投资500万美元以上项目42个，居全国第12位；实现外贸进出口总额2643.9亿元，居全国第9位，外贸进出口实现回稳向好；对外直接投资额12.4亿美元，增长18.0%；对外承包工程营业额39.4亿美元，增长2.3%，居全国第10位。

表1 2016年江西各设区市开放型经济主要指标统计

地区 主要指标	实际利用外资 （万美元）	实际利用内资 （亿元）	实现进出口 （亿元）	出口 （亿元）	对外直接投资 （万美元）	对外承包工程 营业额（万美元）
全 省	1044056	5905.8	2643.9	1966.9	123961	394255.56
南 昌	288964	765.03	619.7	379.8	38712	39537.70
赣 州	151543	676.75	271.0	223.5	1688	—
九 江	180313	765.65	347.8	284.3	17170	23790.50
上 饶	103857	576.68	283.5	252.9	6950	2800.00
宜 春	70769	569.29	173.0	155.1	269	—
吉 安	97473	586.63	332.8	280.3	473	8896.00
抚 州	32373	426.29	121.5	118.9	268	2400.00
新 余	39868	425.01	123.6	84.3	3772	3230.47
萍 乡	33664	429.03	92.9	91.8158	420	—
景德镇	18772	369.13	44.0	42.6	89	—
鹰 潭	26460	316.27	233.5	53.4	520	—

（二）南昌、九江开放发展总体水平较高

近年来，随着江西省实施南昌核心增长极、昌九一体化、龙头昂起等区

域发展战略，南昌综保区成功获批，南昌加入中英地方联合工作组、中德工业城市联盟，列入国家构建开放型经济新体制综合试点试验地区名单之一，为南昌、九江两地开放型经济争得先机，成为全省开放发展的龙头，开放型经济发展占有领先地位。2016年，九江利用省外资金765.65亿元，南昌利用省外资金765.03亿元，总量分别位居全省第一、第二，两市共计1530.68亿元，占全省三分之一；实际利用外资，南昌为28.9亿美元，九江为18.03亿美元，位列全省二甲。

（三）把招商引资作为"一把手"工程的设区市项目建设成效显著

各设区市面对经济下行压力，坚持把招商引资作为开放工作头号工程，以招商促开放，以开放促发展，多措并举促招商引资提质增效。九江市坚持把招商引资上升为经济工作的"头号工程"，市委书记杨伟东就率领招商小分队辗转全国各地，促成了投资100亿元的心连心清洁生产综合利用项目、投资100亿元的泰盛生活纸和妇婴卫生用品项目落户九江，全年引进10亿元以上项目达40个。南昌市把招商引资作为经济工作生命线，强力推进招商引资，先后有与德通讯、绿地双创中心、科陆锂电池、诺思芯片、保利协鑫新能源汽车及零部件生产基地项目、华侨城、南昌象湖文化旅游综合项目等一批产业项目成功签约落户，目前已落户60家世界500强、80家国内500强。特别是积极邀请赣商回乡创业取得重大突破，深圳赣商企业科陆电子在南昌、新余投资了100亿元的锂离子电池项目。2016年以来，全省共组建31支产业招商小分队，对接洽谈项目1227个，签约项目212个，签约投资总额2089亿元，各设区市累计引进世界500强66家，国内500强148家。

（四）萍乡、抚州、吉安等市外贸出口回稳向好

面对国际外贸市场萎缩的严峻形势，各设区市着力抓好调度促进出口，不断开拓市场调整外贸结构，稳定存量扩增量，增强帮扶优化发展环境，有效地顶住了出口下行压力，实现了外贸回稳向好。萍乡市组织二十多家企业参加二十多个境内外展会，新增19家企业在阿里巴巴、中国制造网等电商

平台开展跨境网络推广，大力推动企业开展"海外仓"和营销网点建设，积极落实和完善稳定外贸增长各项政策，贸易融资余额5000万元，支持短期出口信用保险企业达七十余家，2016年萍乡实现出口14亿美元，增长11.67%，增幅列全省第1位。抚州市专门出台了《关于支持全市进出口稳定增长的实施意见》及资金扶持办法，大力支持生产型出口企业，全年实现外贸出口18亿美元，增长9.1%，增幅居全省第二。吉安市深入出口企业现场帮扶，及时协调解决出口企业的实际困难，新增生产型出口企业48家，全年出口42.53亿美元，增长8.24%，增幅居全省第三。全省24个设区市、县（市、区）设立出口退税周转金，加快退税进度。

（五）赣州、上饶、九江等市开放通道建设优势突出

根据全省区域发展布局，赣南、赣东北、赣西等区域性枢纽城市充分发挥区位优势，积极作为，为开放平台发展创造了有利条件。赣州市发挥江西省南大门的优势，推进口岸通道建设，在稳定开行了赣州—厦门快速班列后又开通了赣州至深圳集装箱快速班列，国家口岸"十三五"规划纳入赣州黄金机场航空口岸开放内容，赣州铁路集装箱场站获批临时开放口岸，形成了赣南联结广东通江达海的格局。上饶发挥毗邻浙江优势，稳定开行了上饶—宁波快速班列。九江市是拥有全省唯一一类水运口岸的设区市，积极推动了九江港扩大开放，成为服务全省开放的港口城市。南昌市开通了南昌至美国洛杉矶洲际直航航线，国际国内航线达79条。南昌成为首批经台湾桃园机场"陆客中转"业务三个试点城市之一。

（六）经济水平较高设区市开放平台发展好

开放平台是全省11个设区市项目建设的主战场、产业升级的发动机，发挥着要素集聚和辐射带动作用。世界绿发会落户江西南昌，南昌市被列入构建开放型经济新体制综合试点试验，获批设立综合保税区，并加入中英地方合作联合工作组中方成员单位，成为中英地方合作的全国首批四个城市之一。

二 江西设区市开放型经济发展存在的问题

2016年,11个设区市开放型经济发展的同时,与沿海省份和部分中西部地区省市相比还有较大差距,总量不大,质量不高,且各设区市之间发展很不均衡。2016年江西各设区市进出口总额为2643.9亿元,仅占全国的1.03%,是广东的3.5%,浙江的11%,河南的53%,重庆的69%。外贸依存度不仅低于东部沿海省份的水平,也远低于全国的平均水平。部分指标下行压力持续加大,外贸保增速困难。

一是开放政策有待完善。各设区市在激发民间投资、支持创新创业、促进产业集聚、降成本补短板的政策措施体系与周边城市相比存在较大差距。招商产业导向不明晰,存在产业交叉重叠、同城招商竞争激烈、产业同构但不互补的现象,少数地方仍保持着"捡到篮子里就是菜""胡子眉毛一把抓"的陈旧观念。

二是抓大育强有待提高。在经济新常态、供给侧结构性改革的宏观大环境下,"十三五"时期开放型经济工作压力增大,民营投资放缓,人力成本优势丧失导致外资加工贸易企业往东南亚等国家和地区转移,增加了引进境外资金和外贸出口的难度。招商引资龙头带动项目仍然偏少,现汇进资比例偏低。引进的世界500强、国内500强和知名民企还不多。外资现汇进资项目少,外资来源结构相对单一,外资结构不够合理。"融资难"依然是影响项目快速推进的重要因素,部分设区市还出现用工缺口较大的情况。招商专业化程度较低,走出国门招商不够,国际化、精细化、专业化招商水平低。

三是产业转型升级难度大。总体上各设区市产业还比较零散,重点产业还不够突出,优势产业链尚未形成,缺乏产业链相对完整、产业凝聚力强的产业。产业转型升级难度大,全市大多数招商引资企业还以生产初级产品为主,产业链条短,产品附加值低,市场竞争力较弱,对"名企""大企"的吸引力不强。

四是外贸结构不够合理。外需不足,沿海发达地区企业投资信心不足,放缓产业转移的脚步，江西外贸出口缺乏大型出口企业拉动，一些重点出口企业出现负增长，出口同比下降较多。规模以上生产型出口企业偏少，流通型企业占比较高。全省7个一类设区市中（设区市按年末总人口分为两类，年末总人口300万人以上的为一类、300万人以下的为二类），南昌市和九江市无法完成出口任务且缺口较大，其中南昌市全年完成出口384.7亿元，下降27.8%，目标缺口159亿元；九江市全年完成出口277.3亿元，下降9%，目标缺口33.8亿元。吉安、上饶和抚州三市对全省出口贡献突出，出口分别增长9.8%、9.1%和16.2%。四个二类设区市中，萍乡市和新余市出口增长19.8%和8.1%，景德镇市和鹰潭市出口下降12%和5.5%。

五是"走出去"实力尚弱。近年来，随着国家"一带一路"倡议深入实施，江西省参与国际经济合作，加强国际产能合作不断取得新成绩。但是总体水平不够，实力不强，领域不广。特别是全省11个设区市虽然实现了对外经济合作全覆盖，但是发展还不平衡现象严重，鹰潭、赣州、九江增长较快，增幅分别达100.8%、85.49%和81.87%。宜春、吉安、新余三地降幅也较大，分别下降96.88%、64.99%和55.69%。从行业领域看，全省11个设区市对外投资总额为12.4亿美元，其中工程建筑业达7.58亿美元，占比61.1%；商务服务业达2.29亿美元，占比18.5%；制造业投资相对较少。

三 加快设区市开放型经济发展策略

（一）全面提升扩大开放水平

一是打造内陆开放高地。坚持对内开放和对外开放并举，引进来与"走出去"并重，外资、外贸、外经"三外"互动，全面参与国际和区域经济合作。南昌、九江等市要发挥优势，主动对接"一带一路"和长江经济带，深度融入长珠闽经济版块，打造内陆双向开放高地。二是全面深化改革。加快推进内贸流通体制改革和法规、标准化建设，推进南昌构建开放型经济新体制试点试验，推进权力清单、责任清单、负面清单和电子政务网

"三单一网"工作。推进外资审批改备案管理,做好事中事后监管。依托江西省电子口岸,全面开展国际贸易"单一窗口"建设。全面推进法治商务建设,提升依法行政水平。

(二)推进招商引资取得新突破

围绕招商引资在规模、产业、项目、层次和国别上实现五个新突破要求,实施招大引强"三百工程"。各设区市可以依据区位优势,重点对接相关区域。推介百个重点产业项目,以发展新经济、引进新技术、改造提升传统产业为重点,围绕江西省确定的"443"高端制造业和现代服务业,全力包装对外重点招商的100个项目,提升产业项目包装运作水平。对接百家重点龙头企业,筛选100家境内外龙头企业,开展项目推介对接,努力促成洽谈合作,吸引知名跨国公司和行业龙头企业来赣投资考察。推进百个重点项目落地,重点围绕重大招商引资签约项目或合作意向,省市联动,由省领导挂点联系100个重大项目,抓好重大项目的落地。开展重点区域招商,力争在日韩、欧美招商上取得新突破。立足电子信息、精密仪器、生物制药和新能源新材料等重点产业,采取省市联动的办法,组建日韩招商小分队,在日韩举办重点产业招商推介。利用中欧产能合作、中英地方合作、中美省州合作不断加深的契机,加大引进欧美跨国公司项目力度。精心组织重大经贸活动。举办首届世界赣商大会,统领全年招商活动,邀请全球赣商和各地知名企业来赣投资考察。继续组织好赣港经贸合作活动、赣台会、瓷博会等重大招商活动,组织赴北京、上海、浙江、江苏、广东等地开展重点产业专题推介活动,赴日韩、法德、美加等国家开展"一对一"专业对接活动。

(三)巩固外贸回稳向好势头

把外贸稳增长作为当前和今后一段时期全省商务工作的重中之重。着力稳定出口存量。为现有出口企业做好服务,帮助企业解决实际困难。继续抓好"两转"工作,把潜在的存量转化为现实的增量。帮助企业应对贸易摩擦,稳定出口市场。继续扩大出口增量。开展千企百展拓市场行动,充分发挥境内外专业优势展会的平台作用,帮助企业开拓市场。推进"三外联动",重点引进大型出口企业,发挥大型出口企业的产业集聚和示范带动作用,引进提升本地产品附加值的深加工企业,形成新的增长点扩增量。强化国际创新合作,推动企业"走出去"设立研发中心、设计中心、商品展示中心,建立海外自有营销渠道。大力优化外贸结构。紧紧抓住国家"一带一路"建设的重要机遇,加强与"一带一路"沿线国家的联系,努力扩大与沿线国家的贸易规模,促进市场多元化。努力提高高新技术产品出口的比重。继续提升劳动密集型产品竞争力,提高农产品精深加工能力和特色发展水平。实现贸易发展质量和水平双提升。加强出口品牌建设。做好国家级和省级外贸产业升级基地培育工作,鼓励相关企业加大技术创新,创立自主品牌,提高产品的附加值,努力培育以技术、品牌、质量、服务为核心的外贸竞争新优势。加大对省级出口品牌的宣传、扶持力度,积极组织品牌企业参加境外专业展会,扩大品牌产品出口。加快发展外贸新业态。推进江西省跨境电子商务平台发展,推进赣州、南昌申报跨境电子商务试点城市,支持各地建成一批跨境电商进口体验店。大力培育外贸综合服务企业,继续评定一批省级外贸综合服务企业。积极扩大进口。完善省级进口贴息政策,重点支持工业企业引进先进设备技术,促进产业水平提高。

(四)稳步推进对外经济合作

紧紧围绕助推省内实体经济发展,做好三个结合,推进"三外"融合,把开展境外投资与建立境外营销网络结合起来,把开展承包工程与推动成套设备出口结合起来,把跨国并购与引进先进技术、促进反向招商结合起来。持续推进五大领域"走出去"。围绕农业、制造业、建筑业、矿业和服务业五大行业,加强部门协作和省市合作,确定一批"走出去"重点项目,实施重大项目专人跟踪协调服务,推动项目落地实施。建立五大行业重点企业交流协作机制,促进五大行业"走出去"融合发展,相互带动,相互支撑。着力打造四张国际合作新名片。扎实推进国际产能合作,打造"江西制造"新名片。发挥江西国际、江西中煤、中鼎国际3家龙头企业带动作用,带动

江西省装备、产品、技术、服务"走出去",打造"江西建设"新名片。进一步扩大援外培训规模,拓宽援外培训业务领域,以多哥农业示范中心和赤几示范农场项目为示范,带动省内农业企业和科研院所"走出去",打造"江西援外"新名片。不断壮大"走出去"联盟企业队伍,共享资源和信息,联大靠强,抱团发展,打造"走出去企业联盟"新名片。加强"走出去"平台建设。建立完善江西省"走出去"综合信息服务平台,助力企业走得更稳,走得更远,走得更好。

（五）进一步深化区域经济合作

实施深度融入"长珠闽"经济版块行动计划,致力于打造新的"三个基地、一个后花园",即把江西建设成为"长珠闽"中高端产业的转移承接基地、"长珠闽"研发创新成果的转化和生产制造基地、"长珠闽"现代农业和特色文化的体验基地、"长珠闽"健康养生和旅游休闲的"后花园"。积极参与长江经济带和长江中游城市群建设,加快推进赣湘开放合作、赣鄂沿江商务合作,打造长江经济带重要战略支撑。大力承接北京非首都功能疏解和产业转移,推进央企入赣和京津冀产业转移。

（六）优化法治化营商环境

打造更加开放、透明、便利的投资贸易环境,建设一批功能性开放平台,提升商务发展竞争优势。一是加强口岸大通关建设。提高口岸服务效能,加强"单一窗口"建设,完善关检合作"三个一",提升通关便利化水平,全面推广海关通关一体化和检验检疫一体化改革。实施电子口岸平台升级工程。推进与沿海沿边地区一体化通关改革,实现口岸信息互换,监管互认,执法互助。加快开放通道建设,稳定开行赣州（吉安）—厦门、上饶（鹰潭）—宁波铁海联运五定班列,推进宜春—福州、赣州—深圳开行五定班列,推进赣欧（亚）国际铁路货运班列常态化运行。加强口岸平台建设,推进赣州黄金机场对外开放设立口岸筹备工作,做好九江港进一步扩大开放工作。加快九江港进口肉类指定进境口岸建设,推进南昌航空口岸国际快件中心建设，推动江西省申报进境免税店和开展离境退税业务。稳定开通开行南昌直飞欧洲、美洲的洲际航班航线，同时积极开辟新航班新航线。二是培育扩大开放新优势。创新招商引资方式方法，推进产业招商、资本招商、科技招商、驻点招商、以商招商，提高招商引资的针对性、实效性。推动设立与争取设立省级重大项目投融资平台和招商引资产业引导基金。复制推广自贸试验区改革试点经验，推进南昌市构建开放型经济试点试验和赣江新区开放发展先行先试。优化法治化营商环境，打造招商引资"制度高地"，提升国家级开发区开放平台功能和项目承载能力，完善考核评价体系，促进开发区转型升级。三是大力发展新经济。抢抓新经济发展机遇，提升商务发展水平。坚持引资引智引技相结合，引进新技术、新产业。大力发展电子商务、跨境电商，推动智慧商务、智慧物流，培育商务新业态。发展分享经济、平台经济等新模式、新服务。四是完善重大项目调度促进机制。营造亲商安商氛围，建立完善全省重大招商活动签约项目跟踪督察机制，推进重大签约项目早日开工、投产，推动签约项目落地、开工、投产。

参考文献

王水平：《江西商务发展"十三五"规划汇编》，江西人民出版社。

王水平：《开放发展江西篇章》，中共中央党校出版社。

《江西省人民政府办公厅关于印发江西省开放型经济"十三五"发展规划的通知》，赣府厅发〔2016〕82号。

B.8
2016~2017年江西设区市创新能力发展报告

高平　盛方富　马回*

摘　要： 经济新常态下，创新是引领江西经济社会发展的"牛鼻子"。本文通过构建区域创新能力评价指标体系，分析全省11个设区市区域创新能力，从科技创新政策环境、科技创新平台、科技创新成果转化等方面深入剖析存在的短板因素，并从着力完善科技政策制度、着力深化科技体制机制改革等方面提出相关思考与建议，对推动各设区市乃至全省创新能力建设具有重要现实意义。

关键词： 创新引领　设区市　江西

科技是第一生产力，创新是第一驱动力。在经济新常态下，面对日趋激烈的竞争、科技发展的大势，江西要实现跨越式发展，必须充分发挥科技创新的支撑和引领作用。创新能力不足已成为制约江西经济社会发展的最大瓶颈。因此，分析江西省11个设区市创新能力，对比剖析存在的短板因素，对进一步增强各设区市创新能力提出思考和建议，进而提升全省创新水平具有重要理论价值和现实意义。

---

* 高平，江西省社会科学院《江西社会科学》杂志社社长、主编，研究员，研究方向为区域经济；盛方富，江西省社会科学院应用对策研究室助理研究员，研究方向为区域经济；马回，江西省社会科学院应用对策研究室助理研究员，研究方向为区域经济。

一 江西11个设区市创新能力发展水平综合评估

定性与定量相结合、主观与客观相对接,是开展综合评估的普遍做法,归根结底都需要反映到指标体系的构建上。为此,为评价江西11个设区市的创新能力,结合已有理论研究和具体实践,本文尝试构建了一套指标体系。

(一)评价体系

借鉴参考《中国区域创新能力报告》《国家创新能力评价指标体系》以及国内外关于创新能力评价的文献资料,鉴于数据的可获得性,构建了如表1所示的指标体系,这套指标体系共包含5个方面的27个指标。

1. 创新资源投入。反映一个地区对创新活动的投入力度、创新人才状况及创新资源配置结构等,主要包括5个二级指标,即R&D内部研发经费支出、每万人拥有的研发机构数等。

2. 知识创造水平。反映一个地区科研产出能力和科技综合实力,主要包括5个二级指标,即每万人拥有的专利申请受理量、每亿元R&D内部研发经费支出产生的专利申请量等。

3. 企业创新能力。企业是区域创新的主体,主要用来反映企业创新活动的投入强度、企业创新人才构成、企业创新能效等,主要由企业R&D研究人员占全社会R&D研究人员比重、企业R&D经费投入强度、新产品销售收入占全部产品销售收入比重等指标来体现。

4. 创新综合环境。环境也是生产力,创新环境的优劣间接影响区域创新的潜力,主要包括6个指标,即存贷比、百人平均电话用户数、百人平均互联网宽带接入用户数等。

5. 创新活动绩效。这是结果性指标,用于反映一个地区通过开展创新活动所产生的效果和社会经济影响,主要包括7个指标,即人均地区生产总值、地区生产总值增长率、高新技术产业增加值占地区生产总值比重、单位能源消耗的经济产出等。

构建的指标体系详见表1。

表1 江西省11个设区市创新能力评价指标体系

一级指标	二级指标	单位
创新资源投入(5)	R&D 内部研发经费支出	亿元
	R&D 内部研发经费支出占地区生产总值比重	%
	R&D 内部研发经费支出增长率	%
	每万人拥有的 R&D 研究人员数	人/万人
	每万人拥有的研发机构数	个/万人
知识创造水平(5)	每万人拥有的专利申请受理量	件/万人
	每万人拥有的专利申请授权量	件/万人
	每万人有效发明专利拥有量	件/万人
	每亿元 R&D 内部研发经费支出产生的专利申请量	件/亿元
	每亿元 R&D 内部研发经费支出产生的专利授权量	件/亿元
企业创新能力(4)	企业 R&D 研究人员占全社会 R&D 研究人员比重	%
	企业 R&D 研究人员占企业 R&D 人员比重	%
	企业 R&D 经费投入强度	%
	新产品销售收入占全部产品销售收入比重	%
创新综合环境(6)	存贷比	%
	百人平均电话用户数	户/百人
	电话用户数增长率	%
	百人平均互联网宽带接入用户数	户/百人
	教育经费支出占公共财政预算支出比重	%
	教育经费支出增长率	%
创新活动绩效(7)	人均地区生产总值	元
	地区生产总值增长率	%
	高新技术产业增加值占地区生产总值比重	%
	出口额	亿元
	出口额占进出口额比重	%
	出口额增长率	%
	单位能源消耗的经济产出	万元/吨标准煤

（二）评价方法

评价方法的使用最核心的是权重的确定，这里为避免主观赋权法与客观赋权法的短处，取两者的长处并进行综合赋权。主观赋权中通过使用层次分析法（使用AHP软件）来确定，客观赋权则通过使用因子分析法（使用SPSS软件）来确定，然后对主客观分析方法分别计算得出的权重进行标准化处理，并采取算术平均的方法来计算综合权重。

鉴于数据标准处理过程中会出现正负值，为适应比较习惯，这里拟采用功效系数法对原始计算结果进行简单的转换与处理，具体处理方法如下式所示：

$$y = 40 \times \frac{x - x_{\min}}{x_{\max} - x_{\min}} + 60$$

其中，$x_{\min}$与$x_{\max}$分别指某一项指标中初始得分的最小值与最大值，通过功效系数法的转换和处理，最终各个设区市的得分将分布在60分至100分，这样会比较直观。

（三）数据处理与主要结论

文中所使用的数据均来源于《江西统计年鉴（2016）》，以及江西省科技厅与江西省统计局联合发布的《关于发布全省科技进步统计监测评价结果的通知》中有关企业创新能力方面的数据。

1. 创新能力综合评估排名

经计算整理，2015年江西11个设区市创新能力综合得分排前三位的分别是南昌市、鹰潭市和新余市，排在倒数第一位的为抚州市（见表2）。2015年抚州市研发经费支出、研发投入强度、企业创新能力等指标均排在11个设区市的末位，这与抚州市经济发展水平较低的现状是相吻合的。

表2 江西11个设区市创新能力综合评估排名

地区	南昌市	鹰潭市	新余市	景德镇市	宜春市	九江市
得分	100	86.44	80.29	77.73	67.51	65.92
名次	1	2	3	4	5	6
地区	赣州市	萍乡市	吉安市	上饶市	抚州市	
得分	65.58	65.06	61.28	60.55	60.00	
名次	7	8	9	10	11	

如果将11个设区市的创新能力进行梯队归类，则根据表3可知，除南昌市外，其他设区市评估综合得分均不高，区域间的差距较大，11个设区市中处于第三梯队的达到8个（见表3）。

表3　江西11个设区市创新能力梯队分类

分　类	创新能力综合得分	设区市
第一梯队	≥90	南昌市
第二梯队	79~89	鹰潭市、新余市
第三梯队	≤79	景德镇市、宜春市、九江市、赣州市、萍乡市、吉安市、上饶市、抚州市

2. 创新能力分项指标评估排名

（1）创新资源投入评估排名

根据评估，2015年创新资源投入得分排前三位的依次是南昌市、鹰潭市、新余市，这与综合排名顺序一致；萍乡市、抚州市和上饶市分别排倒数第三位、第二位、第一位（见表4）。在选取的指标中，2015年上饶市研发投入强度、每万人拥有的R&D研究人员数及研发机构数等指标均列11个设区市末位。

表4　江西11个设区市创新资源投入评估排名

地区	南昌市	鹰潭市	新余市	景德镇市	宜春市	吉安市
得分	100	88.58	75.48	74.96	71.35	66.19
名次	1	2	3	4	5	6
地区	赣州市	九江市	萍乡市	抚州市	上饶市	
得分	65.54	65.05	63.86	63.02	60.00	
名次	7	8	9	10	11	

（2）知识创造水平评估排名

根据评估，除南昌市、新余市、鹰潭市、景德镇市得分领先于其他设区市之外，其他7个设区市之间的差别不大，比较均衡并且水平均亟待提高，这与江西创新能力聚集的基本现状相符（见表5）。

表 5　江西 11 个设区市知识创造水平评估排名

地区	南昌市	新余市	鹰潭市	景德镇市	宜春市	萍乡市
得分	100	88.01	86.44	77.22	68.53	68.26
名次	1	2	3	4	5	6
地区	九江市	赣州市	吉安市	抚州市	上饶市	
得分	67.26	65.97	63.96	60.53	60.00	
名次	7	8	9	10	11	

（3）企业创新能力评估排名

评估显示，企业创新能力评估得分排名前三位的分别是景德镇市、南昌市和鹰潭市，吉安市、萍乡市、抚州市分别排倒数第三位、第二位、第一位（见表6）。数据显示，2015年南昌市企业R&D研究人员占全社会R&D研究人员比重（41.04%）、企业R&D经费投入强度（0.78%）、新产品销售收入占全部产品销售收入比重（12.26%），均低于景德镇市的49.03%、1.11%和12.97%；吉安市、萍乡市、抚州市的企业R&D经费投入强度、新产品销售收入占全部产品销售收入比重分别为0.25%和0.24%、0.28%和1.9%、0.89%和0.33%，分列后三位。

表 6　江西 11 个设区市企业创新能力评估排名

地区	景德镇市	南昌市	鹰潭市	宜春市	新余市	上饶市
得分	100	93.73	87.31	80.27	76.59	73.63
名次	1	2	3	4	5	6
地区	赣州市	九江市	吉安市	萍乡市	抚州市	
得分	73.37	64.76	61.34	61.04	60.00	
名次	7	8	9	10	11	

（4）创新综合环境评估排名

创新综合环境主要使用一些金融、信息等基础设施方面指标，根据评估结果显示，南昌市创新综合环境得分排名第一位；鹰潭市、新余市、景德镇市、萍乡市分列第2位至第5位；抚州市、上饶市、吉安市分别排倒数第三位、第二位、第一位（见表7）。

表7　江西11个设区市创新综合环境评估排名

地区	南昌市	鹰潭市	新余市	景德镇市	萍乡市	九江市
得分	100	85.76	84.02	78.37	76.11	72.35
名次	1	2	3	4	5	6
地区	赣州市	宜春市	抚州市	上饶市	吉安市	
得分	68.47	64.93	64.17	62.29	60.00	
名次	7	8	9	10	11	

（5）创新活动绩效评估排名

评估得分排前三位的分别是南昌市、鹰潭市和新余市，抚州市、宜春市和萍乡市分别排倒数第三位、第二位、第一位（见表8）。根据选取的基础指标显示，2015年新余市、南昌市、鹰潭市人均地区生产总值在全省11个设区市排名前三位，并且明显高于其他设区市，宜春市、抚州市、吉安市、上饶市、赣州市人均地区生产总值为2万~3万元，最高的新余市（81354元）是最低的赣州市（23148元）的3倍多；萍乡市是全省唯一出口负增长的设区市，单位能源消耗的经济产出排倒数第二位。

表8　江西11个设区市创新活动绩效评估排名

地区	南昌市	鹰潭市	新余市	九江市	吉安市	赣州市
得分	100	83.29	80.99	70.90	67.36	67.11
名次	1	2	3	4	5	6
地区	上饶市	景德镇市	抚州市	宜春市	萍乡市	
得分	65.65	65.39	64.11	61.39	60.00	
名次	7	8	9	10	11	

通过评估可得出如下几点结论：

第一，从近两年的评估结果来看，江西11个设区市创新能力梯队情况比较鲜明，南昌市、鹰潭市、新余市、景德镇市稳居前几位，其他设区市之间的差距不大,这与11个设区市在江西的基本现状相符。11个设区市创新能力普遍偏弱的基本现实,也折射出江西创新能力与水平均较弱。

第二,由于选取的指标中既有存量指标,也有增量指标。因此,得出的有关创新能力排名是动态变化的,每年都会变动,甚至个别设区市因某些指标的较大幅度变化而影响位次的变动。

第三,受数据可获取性影响,在指标设置上存在次优选择,这难免会对最终评估排名结果带来一定程度的影响,但整体而言与江西现实状况比较吻合,具有一定的参考价值。

二 江西省各设区市创新能力影响因素分析

从全省总体情况来看,江西省11个设区市创新能力依然存在很多方面的不足,具体影响因素如下。

(一)科技创新政策环境不完善

近年来,江西省先后出台了《中共江西省委、江西省人民政府关于深入实施创新驱动发展战略推进创新型省份建设的意见》《江西省人民政府关于创新驱动"5511"工程实施意见》《江西省人民政府关于印发重点创新产业化升级工程实施办法的通知》《江西省人民政府关于鼓励科技人员创新创业的若干规定》《江西省国税局江西省地税局江西省科技厅关于企业研发费用税前加计扣除异议项目鉴定有关问题的通知》《江西省加大全社会研发投入攻坚行动方案》等一批政策文件,省"十三五"各类发展规划均把加大创新驱动作为重要指向,但是,鼓励技术创新的优惠政策还是难以真正落实。各设区市的高校和研究机构真正开展创新创业,进行产学研合作的科技人员并没有出现大幅度增长。2016年,在全省各设区市11576家企业中,享受研究开发费用加计扣除的企业仅为260家,仅占2.2%,享受企业研究开发费用加计扣除减免税9.91亿元,虽然较2015年有所增长,但是,享受金额和范围并不大。

（二）科技创新投入不够

江西省规模以上工业企业研发投入强度一直在较低水平徘徊，处于全国第29位。截至2016年底，江西省规模以上工业企业研发投入强度为0.49%，远低于全国0.90%（2015年）的平均水平。11个设区市中仅有景德镇市为0.9%，达到国家平均水平，5个设区市达到全省平均水平，最低的九江市仅为0.21%。而国际上一般认为R&D经费占销售收入1%的企业难以生存，达到2%可以勉强维持，占5%以上的企业才有竞争能力。

（三）高层次人才缺乏

全省9.51万研发人员中，从事高科技、高层次的研究人员为4.22万人，博士和硕士1.56万人，其中1.09万人集中在高校和科研院所。在企业科研机构中，具有硕士及以上学历的人员3480人，全省平均每家企业拥有高层次人才仅为0.3人。反映出企业科技人才不足，水平亟待提高。

（四）科技创新平台不足

目前，全省各类研发平台和创新服务平台均比2012年有所增加，并覆盖全省主要产业。但从企业来看，全省各设区市11576家企业中，经国家认定的企业技术中心仅15家，且基本集中在南昌市。8个国家级工程技术研究中心只有3个依托企业建立；国家级重点实验室4个，有2个依托企业建立。高层次的研发平台数量缺乏，在部分设区市甚至空缺，制约了地区创新能力提升。

（五）科技创新成果转化不畅

一是支撑科技创新的高端科技资源相对匮乏，科技原创成果少，关键技术自给率较低。二是以技术市场、科技企业孵化器、创业风险投资基金、生产力促进中心为代表的科技服务机构总量不足、质量不高，科技创新公共服务平台建设严重滞后。三是运用市场配置技术创新资源的机制不全，创新资源整合式工作力度有待加强。四是科技成果流向生产第一线多元化的渠道尚未健全，激励成果转化的政策尚未完全落实到位。

三 提升江西省各设区市创新能力的对策建议

2017年是供给侧结构性改革的深化之年，也是江西加快推进创新型省份建设的关键之年。针对上述问题，提升江西省各设区市创新能力不仅与基础设施条件和经济实力、科研机构数目、技术条件等因素密切相关，而且与创新资源的综合集成和有效整合密切相关。与此同时，各设区市在区域创新能力的各项得分和排名上较2015年均有一定的变化，可见创新能力较差的地区可以通过创新主体的主观投入和努力，以及政府相关的鼓励措施和制度建设的完善，赶超创新能力较好的地区。这就要求每个设区市的创新主体把握好本身在创新发展过程中的相对位置，有针对性地从各分项能力的提升着手，提高本区域的创新能力，最终全面提升江西全省的创新能力。

（一）从全省来看

1. 着力完善和落实新经济态势下的科技政策制度

一是抓紧制定并推动省政府出台《江西省创新驱动发展纲要》，形成科技促进"新经济"发展的顶层设计和整体规划。加紧拟定《关于进一步完善省级财政科研项目资金管理等政策的实施意见》，完善科研资金管理的具体政策，把有限的钱用到关键的地方。加快发展完善众创空间的政策措施，制定《关于加快高新技术产业发展培育壮大新经济的若干意见》，为发展新经济提供科技支撑。二是研究并制定促进新型研发机构建设发展意见，建立和完善市场化运作的科技协同创新机制和资金扶持方式，鼓励企业、高等学校、科研院所、行业协会、商会和投资机构以产学研合作形式创办科技协同创新体、产业研究院等新型研发机构。三是在加大研发经费投入、规范科技项目和科研经费管理、严格知识产权保护、加快高新技术产业发展、培育壮大新经济等方面，制定并出台相关实施细则。四是狠抓已出台政策文件的落

实,重点是做好研发经费税前加计扣除、高企所得税优惠、科研人员创新创业若干规定等激励政策的宣讲和解读,让各类创新主体熟悉和应用好这些政策措施,协调相关政策执行部门确保落实到位。

2. 着力深化科技体制机制改革

一是举全省科技系统之全力积极组织好"江西鄱阳湖国家自主创新示范区"的申报工作,加强与有关部门沟通争取国家层面的大力支持。二是深入推进财政科技计划管理改革,进一步巩固和完善新五类科技计划体系,彻底解决各类计划分散、重复、碎片化问题,大幅度提高资源配置和创新效率。三是加快落实中办《关于实行以增加知识价值为导向分配政策的若干意见》,尽快制定江西省实施细则,激励科技人员创新创业。四是立足新经济发展,加快新兴研发机构引进和培育,加快推动该类机构在财政金融支持、税收优惠减免、土地使用转让、人才团队支撑、创新载体建设等方面,享有与现行科研院所同等政策待遇。五是大力发展科技金融,加快促进科技与金融的融合是科技体制改革一项重中之重的任务,要进一步与"一行三局"等金融机构加强合作,联合金融部门研究推出新的科技金融产品,创新科技金融体制,做好科技成果转化基金、科技担保、"科贷通"业务。力争设立省创新创业引导基金,重点投资于高端成长型产业、新兴先导型服务业等领域,支持初创期、种子期及成长期科技型中小微企业做大做强。

(二)从设区市来看

1. 着力加强科技成果转化应用

主要针对科技创新能力相对较强的设区市如南昌、鹰潭、新余、景德镇和宜春市。这些设区市具有较好的科技创新基础,应在充分发挥其优势的基础上,加大技术转移转化工作力度,加快科技成果转化为现实生产力,不断提升科技创新对经济社会增长的支撑引领作用。一是充分利用已经开通运行的"江西省网上常设技术市场"这一平台,创新平台的运行管理方式,发挥平台在各设区市科技创新成果转化中的窗口作用,在本市范围内全年组织好1~2场科技成果在线对接会。二是加快建设集研发、设计、咨询、专利、检验检测、技术产权交易、科技金融等服务于一体的开放式科技创新公共服务平台，以平台为纽带，建立健全各设区市科技成果转移转化支撑服务体系；充分发挥技术转移示范机构以及科技企业孵化器（大学科技园）、生产力促进中心、产业技术创新战略联盟等创新载体功能，打造网络化、专业化的技术转移服务体系。三是持续丰富科技入园的内涵，继续深入开展科技精准帮扶行动，创新服务模式，促进更多的新技术、新成果在园区企业开花结果；定期选派科技人员组成科技特派团，对接县（市）农业产业开展产业技术攻关、技术服务、科技成果转化和技术培训等工作。四是加快推动"大众创业、万众创新"，支持领军企业和投资机构开设创客工场、创客学院、创客基金与众筹平台，促进更多专业化的"双创"平台发展壮大，不断提升平台创新创业服务功能。各设区市可以农业科技园区和农业科技型企业为载体，深入推进"星创天地"建设，为科技人员、农村中小微企业、返乡农民工、大学生等提供创新创业空间、创业实训基地。

2. 着力扩大科技开放合作

主要针对科技创新能力相对中等的设区市如九江、赣州、萍乡。这些设区市近年来高度重视科技创新对区域经济发展的促进作用，创新环境、创新能力和知识流动能力都有了大幅提升，应在保持其发展势头的基础上，重点营造优良的科技创新环境和成果转化氛围。一是各设区市要加强与"一带一路"科技合作对接。利用好"中国-东盟技术转移中心""中国-南亚技术转移中心""中国-阿拉伯技术转移中心"等合作平台，探索在"一带一路"国家建立江西国际技术转移中心，帮助区域内具有产业和技术优势的企业、科研院所和高校，与"一带一路"沿线国家开展科技合作交流，推进各设区市科技创新"走出去"。二是加强与发达国家（地区），港、澳、台地区的科技合作。积极引进航空、电子信息、生物医药、新材料等领域的国际先进技术，重点解决产业发展面临的技术瓶颈，提高产业共性技术和关键技术的开发与创新能力。三是加强"泛珠三角"区域科技合作。各设区市应积极参与共建"泛珠三角区域科技交流与合作信息平台"，推动区域科技创新基础平台资源共享。四是推进与大院大所、国家重点高校的科技合作。加强与大院大所、国家重点高校的科技交流对接，促进更多大院大所、国家重点高校的先进科技成果在区域内的转移转化。

3.着力加大全社会研发经费投入

主要针对科技创新能力相对较弱的设区市如上饶市和抚州市。上饶市和抚州市科技进步水平一直处于较低水平，亟待尽快提升其区域科技创新能力，这就需要大量的资金投入。尽管两市近年来增加了一定的政府投入，并出台了很多配套政策，但相对于巨大的资金缺口而言依然远远不足。2017年是江西省实施《加大全社会研发投入攻坚行动方案》的第一年，两市的科技系统和相关部门必须迅速行动起来，精心组织、周密安排，采取切实有效的措施，确保全省研发投入占地区生产总值比重达到1.4%，规模以上工业企业研发经费支出占主营业务收入比重达到0.7%以上的平均水平。具体来说，一是建立和完善工作机制。两市科技部门要主动会同统计、税务等部门建立企业研发投入动态信息监测机制，建立层级管理的研发经费投入动态监测、评估、督察工作机制，及时监测跟踪重点企业及高新技术企业创新活动情况，并反馈相关部门。二是完善考核评比。把研发经费投入占国内生产总值的比重等指标纳入年度市县科学发展综合考核评价指标体系；建立健全企业、省属科研院所、高等院校研发经费投入绩效考核制度，纳入相关主管部门考核范围。三是疏通各种融资渠道。建立健全信用担保体系，加大对担保机构的政策扶持力度，根据企业信用担保业务发展的客观需求，不断通过入股、租借、奖励等方式，引入指导社会资金参与组建商业性及互助性的担保机构，及时向信用担保机构不断地补充资金。建立健全风险投资体系，积极培育适应科技创新市场的风投主体，健全风险投资的中介服务机构。积极推动金融创新，推广以信托为主体的融资创新模式，大力开展金融租赁，成立引导基金等。

参考文献

江西省科技厅、江西省统计局：《2015年江西省科技进步监测报告》。

冷雄辉:《基于集对分析法的江西省设区市区域自主创新能力评价》,《企业经济》2014年第7期。

周文泳、项洋:《中国各省市区域创新能力关键要素的实证研究》,《科研管理》2015年第1期。

曹勇、秦以旭:《中国区域创新能力差异变动实证分析》,《中国人口·资源与环境》2012年第3期。

区域报告

Regional Reports

B.9 提升南昌首位度的战略路径与政策建议

梁勇 龚建文 等*

摘 要: 进一步提高南昌城市首位度是提升江西竞争力的关键。从多个角度分析发现,南昌首位度偏低。在新一轮通过"强省会"以提升区域竞争力的格局中,巩固和增强南昌首位度,显得必要且迫切。为提升南昌首位度,全省上下应凝聚共识,举全省之力打造南昌核心增长极,重点突出做大做强产业、加快创新发展、出台特别优惠的人才吸引政策、发挥赣江新

---

* 梁勇,江西省社会科学院院长、研究员,研究方向为区域经济;龚建文,江西省社会科学院副院长、研究员,研究方向为生态经济与农业经济;麻智辉,江西省社会科学院经济研究所所长、研究员,研究方向为区域经济;张宜红,江西省社会科学院应用对策研究室副主任、副研究员,研究方向为生态经济与农业经济;盛方富,江西省社会科学院应用对策研究室助理研究员,研究方向为区域经济与生态经济;李华旭,江西省社会科学院城市经济研究所助理研究员,研究方向为城市经济与生态经济;朱顺东,江西省社会科学院城市经济研究所助理研究员,研究方向为城市经济;龚雪,江西省社会科学院经济研究所助理研究员,研究方向为区域经济。

区引擎作用等路径与政策。

关键词： 南昌首位度　战略路径　核心增长极

经济新常态下，区域发展更多体现在城市群的竞争，城市群的竞争力更多取决于核心城市、首位城市的竞争力。江西当前比较突出的矛盾，就是南昌城市规模不足、城市首位度较低，以至于环鄱阳湖城市群在全国城市群的竞争力不足。对于江西而言，进一步提高南昌城市首位度是提升江西竞争力的关键。本文在深入分析南昌城市首位度变化趋势的基础上，全面剖析提升南昌城市首位度的主要制约因素与难点，并提出有针对性的政策建议。

一　提升南昌城市首位度势在必行

城市首位度，是用于测量城市的区域主导性的指标，一般用一个地区最大城市与第二大城市经济规模之比来表示这个最大城市的首位度，它通常用来反映一个地区的城市规模结构和人口集中程度。从区域经济发展规律以及国内外区域发展实践来看，城市首位度的高低，对于区域经济发展具有至关重要的作用，举全省之力，打造核心增长极，提升南昌城市首位度势在必行。

（一）打造核心增长极是区域经济发展的一般规律

法国经济学家佩鲁在1950年首次提出的增长极理论认为：一个国家和地区要实现平衡发展只是一种理想，在现实中是不可能的，经济增长通常是从一个或数个"增长中心"逐渐向其他部门或地区传导。因此，应选择特定的地理空间作为增长极，以辐射和带动周边地区的发展，这个增长极通常

就是大城市和特大城市，城市的首位度越高，其引领带动的能力就越强、辐射范围就越广，对区域经济社会发展的促进作用就越大。

（二）贵州、安徽等中西部欠发达省份快速发展的经验表明首位城市的发展至关重要

近年来，安徽、四川、贵州等省经济持续快速发展，各项经济指标增速在全国和中西部地区独领风骚，一个重要的因素就是省会城市首位度不断提升，各种生产要素加速集聚，城市综合竞争力不断增强，引领和带动了省域经济的快速发展。

（三）新一轮"强省会"发展态势迫使加快提升南昌城市首位度

2016年以来，全国各地"强省会"的声势变得愈加强烈，一些沿海发达省份（如江苏、山东），以及省会城市首位度本就较高的中西部省份（如四川、陕西），均纷纷提出要提升省会城市首位度。如，浙江省杭州市撤销县级富阳市、设立杭州市富阳区，之后为做大做强杭州都市区、增强杭州辐射功能，2017年8月11日杭州市又一次大幅扩容，撤销县级临安市、设立杭州市临安区，这不得不说是一个强烈信号。为抢占大都市圈这一经济新的增长点，快速做大做强南昌大都市区、提升南昌城市首位度显得尤为迫切。

二 南昌市首位度发展现状

近十年来，中部地区省会长沙市、合肥市和西部地区省会成都市，城市首位度不断提升，对本省的辐射和带动能力愈来愈强。与此同时，南昌市首位度一直在1.95~2.0波动，至2016年还略有下降，占全省经济总量也略有减少。可以说，南昌城市首位度过低，不但拉大了与周边省会城市的差距，也制约了江西经济社会的快速发展。

（一）南昌市地区生产总值占全省比重的变化

近十年来，江西省委、省政府为打造南昌核心增长极，出台了系列政策，取得一定成效，南昌市地区生产总值总量持续稳步增加。然而，南昌市在全省经济总量中所占比重在23%至24%徘徊，没有显现出南昌这一核心增长极的爆发力和带动力（见图1）。

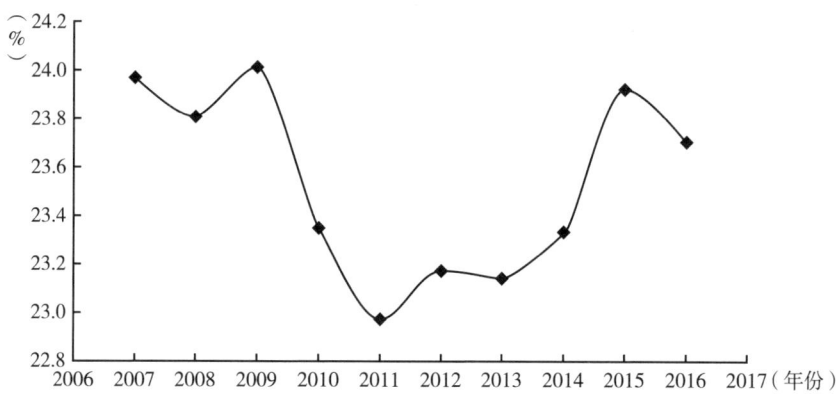

图1　2006~2017年南昌市地区生产总值占全省的比重情况

资料来源：根据江西省、南昌市历年统计年鉴及统计公报数据绘制所得。

（二）近十年南昌市首位度的演变

首位度是指省会城市地区生产总值与该区域第二位城市地区生产总值之间的比值。美国学者杰斐逊（1939）明确提出，只有首位度指数在2以上的城市才能称为首位城市。2007~2016年，江西省除南昌外，地区生产总值最大的城市为赣州市，经过测算，2007年南昌市首位度为1.98，2011年上升到2.01，2015年达到2.03，2016年又回到1.98，十年间南昌首位度大多在2.0以下，尚未站稳2.0，南昌市引领全省发展"火车头"作用有待加强（见图2）。

（三）南昌市与九江、赣州两市经济总量发展趋势分析

九江、赣州是江西省非省会城市中经济体量最大的两个设区市，比较这三市之间的地区生产总值增速，可预判南昌市首位度的未来趋向。从表1可知，过去10年间的头两年，南昌市地区生产总值增速较赣州、九江两市有明显优势；2009~2014年，南昌市地区生产总值增速同赣州、九江两市十

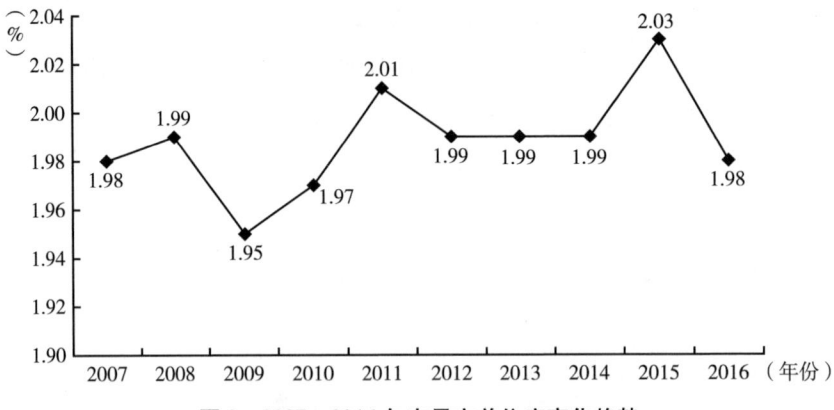

图2 2007~2016年南昌市首位度变化趋势

资料来源：根据南昌市、赣州市历年统计公报数据绘制所得。

分接近；2014年之后，南昌地区生产总值增速落后于赣州、九江两市，并且差距有扩大的趋势。经过测算，如果南昌地区生产总值增速低于赣州市，那么南昌首位度就会呈逐步下降的态势。

表1 2007~2016年南昌、赣州、九江三市地区生产总值增速比较

单位：%

年份	南昌市	赣州市	九江市
2007	15.5	13.5	14.1
2008	15.0	13.2	12.5
2009	13.1	13.3	13.8
2010	14.0	13.8	14.3
2011	13.0	12.5	13.2
2012	12.5	11.9	12.0
2013	10.7	10.5	10.4
2014	9.8	10.0	10.3
2015	9.6	9.6	9.7
2016	9.0	9.5	9.4

资料来源：根据各市统计公报数据整理所得。

（四）南昌市与中部地区其他省会城市首位度比较

一般来说，首位城市首位度长期保持在2以上，才能积蓄发展动能，持

久释放发展活力,进而促进区域经济社会强劲发展。从表2可以看出,2007~2016年十年间,湖南长沙市、安徽合肥市首位度均长期保持在2以上,且整体呈上升态势,而南昌市首位度十年间大部分低于2.0,始终徘徊不前;与之相对应的是,湖南长沙市、安徽合肥市地区生产总值增长速度始终保持高速增长态势且高于江西省南昌市地区生产总值增速。可见,南昌首位度的徘徊不前,其核心增长极的带动力和爆发力尚未显现,进而导致江西省与周边湖南省、安徽省发展差距逐渐拉大。

表2 2007~2016年中西部地区省会城市首位度比较

年份	南昌		长沙		合肥		成都	
	首位度	地区生产总值增速(%)	首位度	地区生产总值增速(%)	首位度	地区生产总值增速(%)	首位度	地区生产总值增速(%)
2007	1.98	15.5	2.39	16.0	2.27	18.1	4.94	15.30
2008	1.99	15.0	2.71	15.1	2.22	17.2	5.25	12.10
2009	1.95	13.1	2.94	14.7	2.37	17.3	5.49	14.70
2010	1.97	14.0	2.95	15.5	2.21	17.5	5.78	15.00
2011	2.01	13.0	2.96	14.5	2.19	15.4	5.85	15.20
2012	1.99	12.5	2.91	13.0	2.22	13.6	6.04	13.00
2013	1.99	10.7	2.94	12.0	2.23	11.5	6.26	10.20
2014	1.99	9.8	2.93	10.5	2.24	10.0	6.37	8.40
2015	2.03	9.6	2.95	9.9	2.30	10.5	6.35	8.50
2016	1.98	9.0	3.01	9.4	2.32	9.8	6.65	7.70

资料来源:根据各省统计年鉴及统计公报整理。

综上分析,近十年来,南昌市的首位度徘徊不前,随着赣州市、九江市等经济发展的强劲有力而进一步凸显。同时,与周边省会城市相比可知,省会城市的首位度往往反映该省经济社会发展的现实状况,并且,省会城市首位度越高,其辐射带动力和回旋空间越大,相应抗经济波动的持久力越强。过去十年间,南昌与周边长沙、合肥的差距逐年拉大,对应的正是江西与湖南、安徽差距的拉大。因此,在新一轮通过"强省会"以提升区域竞争力的格局中,巩固和增强南昌首位度,显得必要且迫切。

三 提升南昌首位度的主要困难与障碍

（一）从省内层面来看

一是政策优势不明显。同省内其他设区市相比，南昌打造核心增长极的政策优势并不明显，甚至还不及江西省部分设区市。如赣州市作为赣南等原中央苏区发展的核心区域，享受到中央财政资金、项目、部委对口支援等立体全方位的"真金白银"政策；同时，为将其打造成省域副中心城市，全省在政策上也必然予以倾斜。作为全国为数不多的高铁十字交会地级市，上饶市正借高铁"速度"快速发展，上饶高铁经济试验区正加速推进。反观南昌市，真正具有实质内涵的政策并不突出。

二是区域发展战略较分散。欠发达依然是江西的基本省情，江西省掌握的资源较为有限。然而，从全省的区域发展格局来看，呈四面出击的状态，南昌有点被"孤立"的感觉，如九江依托152千米长江岸线向北、上饶市依托高铁向东、新宜萍向西、赣州市向南、抚州向海西经济圈，发展均较快；并且，就算南昌周边县（市、区）有靠拢的主观意愿，但受制于行政区划等影响，南昌市的空间腹地略显不足。

（二）从中部地区来看

一是政策条件上不及中部区域的其他省会城市。同中部其他省会城市相比，南昌享受中央层面的政策资源较少，如合肥产业转移集中示范区（唯一国务院批，其他地方发改委批），政策力度较大；随着许多国家级高新区落地到武汉市，凭借教育大省的优势，武汉高科技产业发展态势较好；国务院正式批复了《郑州航空港经济综合实验区发展规划（2013~2025年）》，郑州市成为首个国家战略的航空港经济发展先行区；等等。

二是基础设施条件落后于周围省会城市。与周围省会城市相比，南昌交通运输上存在较大的差距，在公路里程数、铁路里程数、国际航班等方面差距明显。从中部周围省会城市交通综合运输数据来看,2015年度南昌旅客运输量为6127万人次,仅为武汉市的22.18%,区域均值的41.87%;货物运输量为12372万吨,仅为武汉市的四分之一,为区域均值的42.93%(见表3)。

表3 2015年度中部省会城市交通运输情况

城　市	旅客运输量(万人次)	货物运输量(万吨)
南昌市	6127	12372
合肥市	11211	27578
武汉市	27629	48185
郑州市	16361	22038
长沙市	11839	33932
均　值	14633.4	28821

资料来源:统计信息网。

三是产业集群效应不及周围省会城市。南昌目前依然以传统产业为主,产业集聚效应不明显。目前,合肥已经打造出具有国际影响力和竞争力的国家级新型平板显示基地、全国重要的新能源产业基地;武汉高新技术产业、现代服务业等战略性新兴产业占经济总量比重达到60%;2015年,长沙市规模以上装备制造企业数为928家,规模以上装备制造企业数占全市规模以上工业企业总数的34.3%;郑州临空产业蓄势壮大,航空经济体和航空都市区,将推动郑州市朝着国际航空物流中心、国际化陆港城市、国际性的综合物流区、高端制造业基地和服务业基地方向发展。

四是城市吸引外来人口流入不够。人口规模和人口流入是影响一个城市经济发展的重要因素之一。近年来,国内一线、二线城市掀起了争夺人口热潮。江西省作为国内人口输出比例较大的省份,很大程度上归因于省内城市发展吸引力不够、选择机会相对较小,人口流出又进一步限制了省内城市经济发展。随着近几年南昌市经济较快发展,人口净流入出现较大改观。据统计,2016年度南昌市人口净流入为14.35万人,同期长沙为68.52万人、合肥61.3万人,南昌仅分别为长沙、合肥的20.94%、23.41%。与此同时，南昌市大量高素质人才外流与周边县市人口流入并存，人口流出与流入的结构与层次不容乐观。

（三）从南昌自身来看

一是支柱产业偏弱，产业支撑能力不强。无论是从单个产业的体量规模来看，还是从产业集聚化程度来看，南昌与合肥、长沙、武汉等周边省会城市相比均处于劣势。2016年，南昌市仅有食品1个千亿元产业，而同期长沙有新材料、工程机械、食品、电子信息、文化创意、旅游6个千亿元产业，武汉有汽车及零部件、信息技术制造、装备制造、能源及环保和食品烟草5个千亿元产业，合肥有家电、装备、平板显示及电子信息、汽车4个千亿元产业。另外，从产业规模来看，2016年南昌市食品产业产值为1182.2亿元，而同期长沙市的新材料产业产值达2321.0亿元，武汉市的汽车及零部件产业产值达3062.5亿元，差距甚大。

二是科技创新水平偏低，经济发展后劲不足。创新是驱动经济社会发展的第一驱动力，也是增强区域竞争的核心关键。南昌市科技创新方面无论是创新资源投入还是创新产出，与周边省会城市相比都相距甚远，如2015年，南昌专利申请数、规模以上工业企业研发经费内部支出、规模以上工业企业有研发活动的单位数分别只有合肥市的63%、42%和35%；作为南昌乃至全省创新聚集地的南昌高新区，在2015年科技部发布的国家级高新区评价结果中，在全国115个国家级高新区中综合排名第61位，处于中等偏下水平。

三是城市发展空间偏小，发展潜力受限。2016年，南昌市总面积为7402平方千米，与合肥、长沙等省会城市动辄过万平方千米的差距较大，也仅为九江市的39.32%、赣州市的18.8%（见表4）。同时，南昌市自身的功能分区不鲜明，辖区内同质竞争较为突出，如高新区、经开区和临空区等均把电子信息产业作为主导产业来打造；城市管理水平亟待提高，如久被诟病的"交通拥堵"问题，虽有先天交通基础设施供给不足，但关键还是管理水平亟待提升。发展空间有限且已有空间布局不合理，严重制约南昌首位度的提升。

表4　2016年南昌与中部省份、省内部分城市基本情况

地区	总面积（平方千米）	建成区面积（平方千米）	常住人口（万人）
武汉市	8494	566.13	1060.77
长沙市	11819	312.30	764.52
合肥市	11408	438.20	786.9
南昌市	7402	335	530.29
九江市	18823	80.16	484.76
赣州市	39379	158	970.78

资料来源：根据各地公开信息整理。

四　加快提升南昌首位度的战略路径与政策建议

为破除提升南昌首位度的困难和障碍，全省上下应凝聚共识，举全省之力打造南昌核心增长极，重点应该围绕做大做强产业这一短板、加快创新发展、出台特别优惠的人才吸引政策、发动赣江新区引擎作用等路径，不断提升南昌首位度。为此，提出以下战略路径与政策建议。

（一）凝聚共识，举全省之力打造核心增长极

统一认识、集中力量打造省会城市是欠发达地区快速提升区域经济竞争力的现实路径。一是全省上下统一认识。省委、省政府要旗帜鲜明地提出，集中力量打造南昌、提升南昌首位度，全省上下形成共识，将南昌打造成为挺起江西省经济脊梁的"火车头"。二是集中优势资源。建议省委、省政府按照"多予、少取、放活"的原则，保持战略定力，加快推进央企入昌、险资入昌、基金入昌，优先在南昌安排省内新增政策优势资源，优化整合南昌现有存量资源，形成提升南昌首位度的政策资源合力。三是加快行政区划调整。建议借鉴合肥、长沙、武汉等地通过区划调整、资源整合提升核心城市首位度的经验，尽快将南昌大都市区内与南昌市经济联系紧密的部分县市划归南昌市，拓展南昌市发展空间和腹地，实质性推进南昌大都市区建设。

（二）双轮驱动，做大做强产业支撑

做大做强产业是提升南昌首位度的核心路径。一是创新产业项目引进机制。支持南昌设立产业集群培育和产业引导基金，分层分级、分权分责，由专业投资机构进行项目评估，并提供项目评估报告，以支持项目的引进。二是整合壮大产业链。以汽车和新能源汽车、电子信息、生物医药、航空装备等战略性优势产业为重点，选准符合国家未来战略需求和南昌实际的智能制造、VR、3D、工业设计等新经济，突出产业链招商，加快上下游产业配套和布局，不断壮大产业集群。三是联动优化"三区"产业布局。三大国家级开发区应按错位发展要求，确定1~2个主导产业，其他产业可优化调整至其他园区，以形成更长产业链和更大产业集群。四是缝合创新与产业两条链。突出加强对南昌产业发展有潜在引爆力、未来市场需求大的一些技术创新（如LED），加快推进科技成果转化产业竞争力，重点以硅衬底LED原创技术为引领，做大做强"南昌光谷"，实现创新链和产业链无缝链接。五是创新发展服务业。全面实施服务业升级行动，重点发展现代物流、电子商务、会展服务、服务外包等新型服务业，积极培育工业设计、科技服务、大数据等高端服务业。

（三）创新引领，构筑城市发展新高地

创新是第一驱动力，搭建各类高端创新平台、集聚创新要素是提升南昌首位度的重要路径。一是聚焦打造1~2所国内乃至国际一流的大学。聚焦打造南昌大学、江西财经大学等高校及其特色优势学科，力争进入国内一流大学行列；积极引进北京大学、中国科学院大学、中国社会科学院大学等国内乃至国际一流大学在南昌办分校或与南昌合作办学。二是构建国家创新平台体系。依托南昌产业优势，在南昌成立江西产业技术研究院，聚焦LED、航空制造、生物医药、智能制造、生态环保等共性关键技术的突破与研发，做实做大做强南昌大学国家科技园等国家创新示范基地，积极争取更多产业平台纳入国家创新示范基地；加强与国家级平台的

有效衔接，力争建设高水平、高层次的创新平台，争取扩大国家科技创新平台在南昌的规模。

（四）先行先试，加快设立人才"特区"

吸引并留住人才是增强城市核心竞争力的关键资源，是提升南昌首位度的关键路径。一是取消落户限制。全日制本科及以上毕业生凭毕业证即可落户，先行在南昌推进"住房租赁试点"，凭租赁合同即可落户，并同等享受户口所在地城镇居民同等公共福利待遇。与此同时，加大园区技术人才配偶就业与子女就业等配套。二是以"房"留人。取消外地户籍大学毕业生、创客、基础人才等限购政策；支持科研院所新建专家学者住房，市政府在高校比较集中地区如红谷滩区红角洲、高新区瑶湖、经开区昌北等集中建一批人才公寓；加快建设一批人才公租房，以低租金租给毕业3年内留在南昌创业就业的无房大学毕业生，租期最长可达3年。三是加大人才补贴力度。对到南昌工作的博士、硕士、本科等全日制高校毕业生，三年内分别发放每年1.8万元、1.2万元和0.8万元租房和生活补贴，博士、硕士毕业生在南昌工作并首次购房的，分别给予8万元和4万元购房补贴；加大对新型领军和拔尖人才引进补贴力度。

（五）引擎带动，重点打造赣江新区

以赣江新区为龙头推进先行先试，为提升南昌首位度提供强大引擎。一是创新体制机制先行先试。借鉴其他国家新区运行管理体制经验，加强赣江新区管理体制机制创新，为带动全省发展发挥更大作用。二是加快基础设施和重大项目建设。推进儒乐湖核心区产业新城建设，加快推进"水陆空"无缝对接的综合交通枢纽等一批标志性工程；推动欧菲光摄像头模组、意中产业园等项目和平台入驻新区，培育一批优势特色产业集群，打造区域性功能总部与平台；全面复制推广自贸试验区改革试点经验，积极创建国家"双创"示范基地。三是打造绿色金融小镇。以推进绿色金融改革创新试验区建设为依托，打造绿色金融小镇，以光电信息、高端装备制造、生物医

药、新能源新材料等绿色产业集群为载体,加快构建绿色金融组织体系,创建绿色金融机构(如赣江新区金融股权投资公司),创新发展绿色金融产品和服务,拓宽绿色产业融资渠道,稳妥有序探索建设环境权益交易市场,发展绿色保险,建立绿色金融风险防范机制,为金融支持美丽中国建设提供经验借鉴。

参考文献

曾冰、郑建锋、邓波:《地方保护主义与我国省会城市发展:理论与实证分析》,《江西财经大学学报》2016年第4期。

王琛、黄凯悦:《城市首位度分析及相关对策》,《北方经贸》2016年第4期。

陈小清:《全国分省城市首位度的变化及其特点研究》,《现代经济信息》2016年第7期。

陈文喆:《城市首位度最优规模的实证检验》,《统计与决策》2017年第5期。

B.10 赣州打造省域副中心城市的战略研究

孙育平*

摘　要： 着力打造赣州省域副中心城市，是江西经济空间结构优化与新型城镇化体系构建的重要战略部署。以城市组团发展、强化城市经济与产业功能，不断提升和完善城市公共服务功能与体系，增强城市集聚力、辐射力与带动能力，是赣州市打造省域副中心城市的重要发展路径。

关键词： 赣州　省域副中心　城市组团

江西正处于工业化、城镇化加速发展时期。在我国步入经济新常态的背景下，新型城镇化的发展需求，促使江西城镇化战略实现新起点上的新突破。如何对接国家区域战略和大开放战略，不断优化空间发展格局，提升区域经济竞争实力，是新时期摆在江西面前的重要战略抉择问题。着力打造赣州省域副中心城市，就是江西经济空间结构优化与新型城镇化体系构建的重要战略部署。以城市组团发展，强化城市经济与产业功能，不断完善城市公共服务功能与体系，增强城市集聚力、辐射力与带动能力，是赣州市打造省域副中心城市的战略路径。

一　我国省域副中心城市概念形成及探索

"省域副中心城市"概念产生于中国特色的城镇化发展道路，并在实践

---

* 孙育平，江西省社会科学院产业经济研究所所长，研究员，研究方向为区域经济和产业经济。

过程中得到检验和推广，成为我国区域经济社会发展的重要空间结构与城镇体系战略形态。

（一）基本定义

"省域副中心城市"概念为我国学者所创，基本定义为：在一省（或直辖市、自治区）行政辖区范围内，经济社会的综合实力较周边城市更为强大，由于拥有独特的区位条件和资源优势，经济辐射力与影响力超出了该区域管辖的行政区范围，往往离省会城市有300千米以上的空间距离且能够被赋予带动周边区域发展功能的大城市。省域副中心城市作为省会城市与一般城市之间的城市，在区域经济中发挥着相当重要的作用。

（二）需求的理论背景

依照钱纳里工业化阶段理论，我国工业化已经跨越中期发展阶段，逐渐向工业化的后期及后工业化时期转变。在这个历史性的新阶段，其重要特征是科学技术得到快速发展，并在国民经济各部门以及城乡建设、国土资源的开发与保护等方面获得广泛的利用。过去被强化的区位发展客体决策的经济原则，在资源配置格局发生较大变化的前提下，区位经济决策的割裂现象有所下降，而生态系统平衡的原则受到更多的重视，地区间的不平衡，如就业、收入、消费水平和选择机会的差异等逐渐趋于弱化。

在工业化后期，各发展区域的空间得到更充分合理的利用，区域资源也得到更合理的开发与配置，经济空间结构的各组成部分在资源的合理配置下逐渐融合为有机的整体，并且能够实现相互作用，互为成长，进而实现区域的协同共进发展。在这个新阶段，由于产业结构呈现高度化发展态势（表现为第三产业成为经济结构主体），社会公共服务能力不断提高，社会福利体系也日渐完善，加之人口增长势头趋缓，致使经济增长速度变慢。在工业化后期，区域发展的经济空间结构具有以下方面的基本特征：一是形成区域经济社会较为完善的网络发展系统，呈现多极化的、相互支撑的区域增长格局；二是城镇化水平不断提升，呈现高度城市化的发展态势，出现大型城市辐射和带动区域发展，并且随着人口城镇化加速,形成布局相对合理的大中小城镇体系;三是经济密度空间趋同,加速大型城市功能的分化,区域多中心城市发展需求日渐增强。

(三)我国省域副中心建设发展情况

省域副中心是由湖北学者于21世纪初提出,目的是解决省会城市武汉市偏隅鄂东难以辐射带动全省的经济社会发展的现实状况,在鄂西地区定位能够带动区域经济社会发展的区域中心城市。当时确定的宜昌、襄阳两个省域副中心城市,如今已经成长为经济实力与人口集聚度在全省领先的大城市,起到了辐射带动鄂西及周边地区发展的战略作用。

湖北建设省域副中心城市的思路和做法,在全国产生了较大的影响。事实证明,省域副中心城市的建设,能够缩小地区之间的发展差距,实现区域的平衡发展与协调发展。湖北的省域副中心建设战略实施与示范效应,促使部分省(自治区、直辖市)也将这一发展理念应用于省域城镇体系规划和城市发展战略中。此后,河南洛阳、开封、南阳等,安徽芜湖,四川绵阳、宜宾等,山西大同,湖南岳阳、衡阳、常德等,广东湛江、茂名等分别在政府有关文件或规划中被定位为"省域副中心城市"。目前,我国已经有26个地区共计设立了45个省域副中心城市(见表1)。

表1 我国设立省域副中心的城市

地区	省域副中心	地区	省域副中心
河 北	唐山、保定、邯郸	安 徽	芜湖
辽 宁	大连	福 建	厦门、泉州
吉 林	吉林	山 西	大同
黑龙江	大庆、齐齐哈尔、牡丹江、佳木斯	内蒙古	包头
河 南	洛阳、南阳	海 南	三亚
湖 北	宜昌、襄阳	甘 肃	酒泉
湖 南	岳阳、常德、怀化、衡阳	云 南	曲靖
山 东	青岛	贵 州	遵义
广 东	茂名、湛江、汕头	新 疆	喀什、吐鲁番
广 西	柳州、桂林	西 藏	日喀则
江 苏	苏州、徐州	重 庆	万州
浙 江	宁波、温州	陕 西	汉中
江 西	九江、赣州、上饶	台 湾	高雄

二 赣州市打造省域副中心城市的战略背景

2012年6月28日,国务院出台的《关于支持赣南等原中央苏区振兴发展的若干意见》中,明确提出了"支持赣州建设省域副中心城市"。2015年12月,经国务院同意,住房和城乡建设部复函江西省政府,原则同意《江西省城镇体系规划(2015~2030年)》(以下简称《规划》)。这也意味着国务院正式批准了江西规划建设赣州都市区的构想,赣州打造省域副中心城市的战略谋划开始得以整体推进。

(一)区域经济空间结构优化的客观要求

赣州市在空间距离上与省会城市南昌市相距390千米,而且其间的空间结构差异性较大,产业联系的关联度也不高,所处的地理位置处于赣、闽、粤、湘4省交会之地,生态环境优异与自然资源丰富、人口集聚度高、市场空间与潜力巨大、农业林业发达、文化底蕴丰厚、南北公路与铁路贯通的交通要道、稀有金属丰富等独特的资源条件,决定了赣州市打造省域副中心城市具有得天独厚的战略优势。

表2 江西所列3个省域副中心城市2015年基本数据

城市	行政区划(个)	人口(万人)	面积(平方千米)	地区生产总值(亿元)	固定资产投资(亿元)	进出口(亿美元)	到省会城市驾车距离(千米)
九江	13	482.58	18823	1902.6	2219.3	59.95	131
上饶	12	671.51	22791	1650.8	1560.2	43.21	256
赣州	18	854.73	39379	1973.9	1892.2	41.55	390

资料来源:《2016年江西统计年鉴》。

从表2数据可以直观看到,江西省目前所列的3个省域副中心城市,赣州市的地域面积最大,人口最多,行政区划设置数量最多,空间上离省会城市南昌市的驾车距离最远,诸多方面决定了赣州打造省域副中心城市具备充分的必要条件和战略价值。

中共江西省第十四次党代会报告提出，要不断完善优化江西的区域发展格局，要以"龙头昂起、两翼齐飞、苏区振兴、绿色崛起"的发展方针和原则为指引，深入推进昌九一体化，加快赣南等原中央苏区振兴发展，加快赣东北扩大开放合作以及赣西转型发展。报告提出，要以建设赣州市省域副中心城市为引领，纵深推进原中央苏区振兴发展，打造江西南部重要增长版块。这一重大决策，是江西省委统筹全省发展大局，通盘考虑江西区域协调发展而提出来的重大战略。省委提出打造赣州省域副中心城市，对赣州而言既是宝贵的发展机遇，同时也将面临新的任务与挑战。落实省委战略决策，把赣州市建设成为江西南部的重要增长极，以支撑全省崛起的大格局，需要足够的智慧和担当来加以推进。

（二）《江西省城镇体系规划（2015~2030年）》赋予的重要使命

《规划》实施的战略目的，在于提高江西的城镇化水平，提升产业的集聚集约能力，通过施行城乡统筹发展政策，努力把区域之间与城乡之间的发展差距缩小，实现经济社会与生态环境保护的协调统一发展。《规划》以分层递进、突出核心原则，制定了"一群两带三区"省域空间发展的总体结构。其中的"三区"，就是要加快南昌大都市区、九江都市区和赣州都市区发展。在三区范围内，《规划》重点划出了区域性综合交通枢纽、综合保税区、产业集群基地以及具有一定区域辐射影响力的金融商业中心、公共服务中心、物流中心和旅游集散中心。在《规划》中对赣州都市区提出明确发展定位：以赣州市的核心区、赣县区、南康区、上犹县为主体，外围涵盖信丰县、于都县、崇义县、大余县和兴国县，形成核心紧密、外围合理分布与环绕的副中心城市空间架构。指出其经济发展的定位是，要立足矿产资源、文化资源与生态环境方面具备的优势条件，着力构建和形成具有赣州市区域资源特色优势的产业结构与组织形态。要以加快城市化进程为发展重点，不断增强城乡的公共服务能力，加快基础设施建设，形成城乡一体化发展的良好格局。战略目标是把赣州市建成我国东南部地区的新兴开放高地、江西绿

色崛起的重要增长版块、赣江源头地区生态文明建设先行试验区、统筹城乡一体化发展的先行区。

《规划》首次以省级城镇体系规划方式明确提出打造赣州省域副中心城市战略目标，指出赣州市要充分发挥所具有的区位条件优势，努力推进对外双向开放高地和内陆口岸建设，要以打造江西省域副中心城市为战略目标与发展路径，把赣州市打造成为赣、粤、闽、湘四省通衢的区域性现代化中心城市、在我国交通网络布局中成为区域性综合交通枢纽城市、打造在全国具有产业与市场影响力的稀有金属产业基地和先进制造业基地、发挥历史文化积淀优势大力推进国家历史文化名城建设。

（三）原中央苏区振兴发展的战略选择

国务院批复的《支持赣南等原中央苏区振兴发展的若干意见》（下简称《意见》），对赣州的区域发展定位十分明确，指出到2020年，赣南等原中央苏区整体实现跨越式发展。现代综合交通运输体系和能源保障体系基本形成；现代产业体系基本建立，工业化、城镇化水平进一步提高；综合经济实力显著增强，人均主要经济指标与全国平均水平的差距明显缩小；人民生活水平和质量进一步提升，基本公共服务水平接近或达到全国平均水平，与全国同步实现全面建成小康社会目标。分析该《意见》内容，我们能够清楚看到其许多措施的出发点和基础条件，无论是从产业结构调整升级、基础设施建设、市场开放还是区域经济合作等视角，都强调了依托赣州区域性中心城市的区位优势来进行战略布局。提出建设赣州省域副中心城市，是对原来建设区域性中心城市定位的巩固与升华，能够进一步凸显赣州区域性中心城市的重要地位和更为宽广的发展空间，赋予了更多的城市发展功能与担当。

（四）实现全面小康目标的重要布局

在江西省第十四次党代会上，省委书记鹿心社同志来到赣州市代表团参加讨论，对赣州市的发展做出定位，并代表省委交给赣州市一个重要的历史使命——建设省域副中心城市。他强调，没有赣州的全面小康，就没有全省的全面小康。赣州市要确保与全省、全国同步全面建成小康社会，为建设富裕美丽幸福江西做出新的更大贡献。赣州市由于地理位置的特殊性以及江西省人口第一大市的特点，经济社会发展受到一定的资源与条件限制，底子薄、发展的基础较差是赣州经济崛起面临的现实状况，因此，赣州也成为江西实现全面建成小康社会目标的关键性地区。省委做出重大决定，打造赣州省域副中心城市，既要建设支撑江西南大门经济加速发展的区域增长版块和极点，更要通过区域综合发展体系的构建，实现赣州市的经济、社会、文化与生态文明建设的全面振兴，而且通过发挥省域副中心城市建设的溢出效应，带动赣、粤、闽、湘4省交界区域的协同发展，互惠互利，共同进步。

三 赣州省域副中心城市建设的定位与目标

由于赣州打造省域副中心城市的中长期规划还在制定之中，对其战略研究又必须把握其定位和发展目标，故本文结合《意见》《规划》和省发改委等部门制定的系列文件内容，归纳以下打造赣州省域副中心城市的基本定位与发展目标及任务。

（一）基本定位

建设省域副中心城市——赣州，是跨省域边界的一定区域范围的经济、科教文化中心与综合交通枢纽，以赣州市辖区、赣县区、南康区、上犹县为省域副中心城市建设的主体，从城市功能、产业结构、商贸口岸、生态保护、文化振兴等多重角度，构建能够辐射与带动赣南及周边区域发展的省域副中心城市架构与体系。要充分发挥该区域生态环境优良、矿产资源丰富、稀有金属加工业体系完善和文化底蕴深厚等资源优势，以特色发展作为赣州省域副中心城市建设不竭的增长动力。以新型城镇化建设为抓手，尤其是要加快智慧城市建设，不断提升城乡基础设施建设与公共服务水平，把赣州市打造成为江西南部地区新兴的开放高地和重要增长版块、江西生态文明先行试验区建设的"赣州样板"，以及城乡统筹发展的先行示范区。

（二）发展目标及任务

1. 实现建成江西省域副中心城市发展目标（规划实现时段为2015～2030年）。分解目标——打造赣、粤、闽、湘四省通衢的具有区域辐射力、带动力的现代化中心城市，我国南部地区重要的区域性综合交通枢纽城市，全国稀有金属产业基地和先进制造业基地，国家历史文化名城。

2. 做大城市体量。在构建赣州市城市的整体框架上，着力促进赣州主城区与赣县区、南康区和上犹县的一体化发展，沿江两岸建设带形成组团城市群，实现城市功能的拓展。在赣州市的城市产业布局上，力求突出功能定位和特色优势，形成具有竞争力的产业结构与体系，建设城市商务融合创新发展中心、高新技术产业基地、产业转型升级与承接沿海产业转移示范基地、城市中央休闲旅游服务区、科教文化创新区以及智慧新城建设。在商业口岸建设上，充分利用赣州市的交通与区位优势，借力国家"一带一路"倡议，打造赣州对内对外双向开放新高地，建设直通沿海大城市的内陆口岸。在赣州港获批成为全国内陆第8个永久对外开放口岸和中国内陆首个国检监管试验区后，要进一步拓展赣州港的开放空间，推动大通关与区域性进出口贸易集散、保税物流、出口加工等功能的整合，整合空港、铁路和高速公路的货运枢纽，加密赣州的"中欧"国际班列和海上丝绸之路的陆海联运，加快国家级综合保税区建设。

3. 加快基础设施建设。要组织力量加快研究粤赣运河通道建设的可行性；加紧编制城市空间发展规划，推进联系城市中心组团与外围组团的轨道交通系统建设项目，争取2030年赣州城市轨道交通线长度达到80～100千米；以"山江城一体化"为规划理念，建设沿江的区域绿道和慢行交通系统，争取赣州绿色城市建设走在全省的前列。

4. 建设生态文明建设先行示范城市。针对赣州生态环境建设现状，应加强章江、贡江交汇地区、上犹江的整体生态环境和生物多样性保护，对滨江相对分散的工业企业进行搬迁安置，通过滨江环境系统化整治，对城市进行整体的绿化与美化；加强对章江上游产业与企业污染排放总量的控制，对稀土等有色金属冶炼粗加工项目与企业须禁止布局，对新增工业项目进行严格的环评和生态绩效评估。

5. 着力打造赣州为文化大市。充分挖掘赣州传统优秀文化与历史遗存，建设有赣州特色和历史印记的文化建筑，谋划和打造千年宋城和赣江百里画廊，对南市街历史文化保护区、灶儿巷历史文化保护区、姚衙前历史文化保护区、郁孤台历史文化保护区和七里镇历史文化保护区，进行妥善的保护；要积极推动七里窑申报大遗址工作，把国家级客家文化生态保护实验区打造为赣州文化的闪亮名片。

6. 加强商贸和专业市场建设。要根据省域副中心城市的功能定位，结合区域经济与商业中心建设的战略要求，注重在区域性金融服务、现代商贸物流、科技创新与企业研发、综合旅游与健康养生服务、文化创意产业发展、稀土及有色金属产业研发与制造业向精深化、高端化迈进等领域，着力提升赣州市作为省域副中心城市的经济功能。省域副中心城市公共服务功能与职能由赣州市辖区、赣县区、南康区和上犹县共同承担，同时要发挥区域中心城市的集聚辐射职能，联合周边地区的经济力量共同建设区域性市场、总部经济与研发中心。

四 加快推进赣州省域副中心城市建设的建议

加快赣州省域副中心城市建设，对促进江西绿色崛起、全面小康意义重大，只有在战略上精心谋划、政策上扶持到位、促进机制上有执行效能的保障，才能扎实推进，进而推动全省城镇化体系的建设与完善，为江西在中部地区崛起发挥重要的增长极作用。

（一）加快战略层面的布局与推进

一是要明确打造赣州省域副中心城市的重要战略意义与价值。正如省委书记鹿心社同志在省十四次党代会上提到的，赣州市要在打造省域副中心城市中勇挑重担，自觉担当。这一战略决策，对赣州来说是一大利好，也是难

得的历史发展机遇，但也要清醒地认识到，其承担的发展使命同样重大，将面临许多的难关。必须要有改革的勇气和信心，只有勇于创新，敢走新路，才能把省域副中心城市建设抓出成效，不负全省人民的期盼与重托。二是要明确赣州作为省域副中心城市建设的独特地位，不仅是在规划层面对该战略平台进行指导扶持，更应该在具体的战略实施层面，开展政策的配套与项目的对接。三是应该成立相应的执行督导机构，加强战略的规划、引领、督导与推进，同时能够实现市级层面与省级层面的通畅联络，甚至是跨省行政管辖区域的协调与合作。

（二）夯实特色优势产业发展的基础

省域副中心城市建设，城市经济功能发挥和产业体系构建应该是其核心的内容，必须在三个层面上为打造赣州省域副中心城市奠定良好的经济与产业基础。其一，要有区域产业发展的全局视野。城市产业的特色化以及集聚集群发展，都应该考虑到对区域的产业辐射与带动作用。如赣州的钨与稀土产业，在推动产业升级过程中，就应该从构建产业协作共同体的角度，加强产业的协同，构建起利益攸关、机制灵活、创新能力较强的产业同盟。其二，要突出地域的优势特色产业。赣州的农业与生态优势，是创造绿色产品与品牌的重要资源条件，应该宣传打造好赣南优势农产品、生态有机产品的绿色品牌，要结合"互联网+"行动计划促进赣州产业的融合发展、创新发展，加快赣州农产品的电商销售，扩大市场知名度与影响力。赣州的稀土与钨产业，必须摆脱粗加工的现状，加快对央企与国际研发机构的引进与合作，拓展产业链，把产业价值链尽量向两端延伸，提升附加价值，这也是赣州利用资源优势追赶高新科技产业发展、实现产业兴市的必由之路，必须正视问题，直面挑战。其三，服务业正在进入一个重要拐点期，其发展势头正在快速赶超制造业。赣州市要建设省域副中心城市，服务业须一马当先发展，而不能成为城市建设的短板。要着重在现代服务业领域的发力，应借力我国新技术、新经济、新业态蓬勃发展的浪潮，实现在现代服务业上的超常规发展；要借力"一带一路"、苏区振兴、双向开放高地等平台建设，激发市场开放的活力；要借力互联网、大数据、云计算等新技术，创造新需求、新市场、新业态、新产业，大力拓展赣州新经济的发展空间。

（三）着力发挥区域中心城市功能

打造省域副中心城市，目的就是要通过区域中心城市建设，形成城市强大的集聚辐射与带动区域经济社会整体发展的体系功能。在省会城市相对距离较远的现实条件下，通过发挥赣州省域副中心城市的集聚辐射与带动作用，对赣南地区甚或赣、粤、闽、湘交界区域，都能够形成一个以中心城市为核心，周边县域城市为带状紧密层，城乡一体发展的城市化结构体系，进而带动区域基础设施、现代产业、商贸市场、生态环境保护等共同协调建设。目前赣州打造省域副中心城市，在强化城市功能方面须注意推进以下工作：一是围绕省域副中心城市定位，加强基础设施建设。路网建设联通相关的覆盖区域，尤其是铁路客专线路建设直接关系高铁经济带的实现。二是要明确城市经济功能的定位。区域的金融中心、商贸中心、物流中心、生态旅游中心等，都是赣州未来城市发展定位的方向，但要有功能的侧重与区别。如贸易中心建设要充分利用与香港、澳门、广州、厦门等口岸城市的连接优势，形成赣州独特的商贸中心地位；金融中心建设切忌与沿海城市或省会南昌类似金融中心的功能重叠，应该在绿色金融、境外风投与私募引进、稀有金属期货交易等领域，构建具有赣州特色的金融市场。三是要引领现代城市建设潮流，加快智慧城市建设。智慧城市成为城市革命的新领域、新方向，不仅改变城市生产、管理、运营形态，而且对城市空间布局、产业形态、居民生活都将产生巨大深远的影响，是我国未来城市发展的必然趋向。赣州要在申报国家智慧城市试点、创新智慧城市投资运营体制、建设智慧城市基础网络、打造城市智慧产业等诸多方面，着手开展相关工作，以智慧城市发展为着力点助推省域副中心城市建设。

（四）打造美丽江西的"赣州样板"

省委主要领导提出赣州要在打造美丽中国"江西样板"上多出经验，

既是对赣州的殷切希望,也是对赣州优越的自然资源条件充满信心。生态立市应该成为赣州打造省域副中心城市的重要原则与努力方向,也是特色所在。打造美丽江西"赣州样板"有条件、有机遇也有责任,须在以下方面努力:一是在生态保护补偿机制创建上摸索新经验。积极争取东江源国家生态补偿试点,建立相关的碳排放交易市场,为全省生态文明先行试验区建设积累发展经验。二是在发展循环经济上探索赣州模式。重点要在稀有金属矿产开采、提炼、精深加工环节大胆探索循环经济模式,争取国家循环经济示范园区和国家循环经济试点城市建设。三是以产业生态化发展为战略导向,构建具有赣州特色的产业生态系统。赣州市在国家与省本级主体功能区规划中基本处于限制开发或禁止开发区域,要求产业发展必须符合国家空间开发政策和功能定位。破解经济发展与生态保护的两难问题,还必须要以发展的思维与理念来制定区域振兴战略。基本思路是,在全面核算区域生态效率的前提下,比较产业发展优势,选择生态环境与资源承载需求较弱而又有竞争潜力的产业作为未来赣州主导产业;按照国家空间开发区划与产业政策,对赣州具有区域竞争优势产业,进行改造提升,联强做大,形成区域独具的产业生态与体系,不断增强其市场竞争实力与影响力。

参考文献

刘建春:《打好新型城镇化攻坚战 把赣州建设成为省域副中心城市》,《中外企业家》2017年第19期。

吴向鹏:《市域空间经济结构理论、演化与优化》,《重庆社会科学》2006年第6期。

江西省人民政府:《江西省城镇体系规划(2015~2030年)》,2015年12月。

《国务院批复赣州都市区 这才是真正的大赣州》,http://www.aiweibang.com/yuedu/shenghuo/72308448.html。

陆大道:《空间结构理论与区域发展》,《科学》1989年第2期。

B.11
九江在长江经济带保护与发展中的机遇与作用*

高玫 马回**

摘　要： 长江经济带发展战略是我国新一轮改革开放转型实施的三大重大战略之一，建设绿色长江，是习近平总书记对长江经济带建设的总要求。九江，是江西省唯一能通江达海的港口，对江西省联结长江、贯通沿海起到至关重要的作用，生态地位重要、发展潜力巨大。本文运用SWOT分析方法，总结九江在长江经济带保护与发展中的有利条件、制约因素、发展机遇和面临的挑战，准确定位九江在长江经济带保护与发展中的目标，并从用好用足相关政策、以创新驱动产业转型升级、推动区域合作对接、强化机制体制推动力四个方面提出了相关发展建议。

关键词： 长江经济带　保护与发展　态势与策略

长江经济带发展战略是我国新一轮改革开放转型实施的三大重大战略之一，"共抓大保护，不搞大开发"，建设绿色长江，是习近平总书记对长江经济带建设的总要求。九江，是江西省唯一能通江达海的港口，对江西省联

---

* 本文系国家社会科学基金项目"绿色长江经济带生态环保一体化与政策协调机制研究"（16BJL073）的阶段性研究成果。
** 高玫，江西省社会科学院经济研究所副所长，研究员，研究方向为区域经济；马回，江西省社会科学院应用对策研究室助理研究员，研究方向为区域经济。

结长江、贯通沿海起到至关重要的作用，生态地位重要、发展潜力巨大。当前，应把握好长江经济带开放开发的国家战略发展机遇，主动融入长江经济带建设，坚持绿色发展，加大环境保护力度，在新一轮的发展浪潮中实现后位赶超，把九江建设成为江西省融入长江经济带的"桥头堡"。

一 九江在长江经济带保护与发展中的SWOT分析

（一）有利条件

1. 区位优势。水路交通便利。九江位于江西省北部，是赣、鄂、湘、皖四省毗邻腹地，有着国家一类口岸，是江西省唯一的通江达海港口，也是国家级主枢纽港和联通长江中下游的重要港口之一。辖区内江岸线全长152千米，拥有各类码头泊位282个，3000吨至5000吨级泊位39个、5000吨级及以上泊位41个。陆路运输基础良好。"5+5+2"的铁、高、路[①]交汇于九江，提升了九江的客运能力，同时，也强化了九江向东的联系程度。空运水平逐步提升。九江庐山机场1996年6月18日通航，目前已达4C级机场标准，年旅客吞吐量达50万人次，已经开通由九江至北京、上海、深圳、厦门等多条航线。

2. 资源优势。截至目前，九江市共发现九大类矿产104种，矿产资源保有储量潜在价值在4000亿元以上。黄金、锑、锡和萤石的储量位居全省第一，全市矿业总产值（含深加工产品）10亿元以上。旅游资源也十分丰富，九江旅游资源数量之多、密度之大、类型之全、品位之高，在全国均占优势，有着"天下江山，眉目之地"的美誉。优越的长江岸线资源，更使九江成为江西发展重化工业的最理想之地。丰富的劳动力资源和较充裕的可供开发土地，又使九江市承接东部产业转移大有可为。

---

① 即京九、武九、合九、铜九、昌九城际高速五条铁路，福银、杭瑞、合九、武九、大广五条高速公路，105北京至珠海、316福州至兰州两条国道。

3. 产业优势。经过多年的发展，特别是九江沿江开放开发以来的快速发展，九江工业化水平明显提升，具备了较好的工业基础，石油化工、钢铁有色冶金等传统产业，光伏新能源、有机硅新材料等战略性新兴产业都得到了长足发展，电子信息产业和生物医药产业也正在加紧培育。在加快推进工业化的同时，九江市按照大物流、大旅游的格局力促现代服务业发展，服务业在经济总量中的比重稳步提升，对工农业生产的支撑作用日益增强。2016年，九江市三次产业比为7.3∶51.9∶40.8，产业结构不断优化。

4. 生态优势。水质总体保持良好。长江九江段水质为Ⅲ类，鄱阳湖水质为Ⅲ类，修河水质为Ⅱ—Ⅲ类。森林覆盖率较高。九江市全市森林覆盖率达55.2%，高出全国平均水平1.5倍，县（市）创建省级森林城市实现全覆盖。生态文明试验区建设有序推进。截至2016年底，九江市共创建国家级生态乡镇27个、生态村1个，省级生态县1个、生态乡镇76个、生态村68个。

（二）制约因素

1. 与同级别沿江城市相比经济总量不大。2016年，九江市实现地区生产总值2096.13亿元，占全省份额有所提升，比重为11.41%，比2015年提高了0.03个百分点，但是，与同为省域副中心城市的赣州相比，经济总量差距反而加大，与省域中心城市南昌相比，更是不足南昌的一半。2016年，赣州和南昌地区生产总值分别为2194.34亿元和4354.99亿元，九江地区生产总值总量比赣州和南昌分别低98.2亿元和2258.86亿元，较2015年九江与赣州和南昌的差距分别扩大了27亿元和161.52亿元。与湖北、湖南、安徽的同级别沿江城市相比，经济总量也存在差距。经济总量偏低，成为九江融入长江经济带的最主要矛盾。

2. 产业竞争力不强。产业仍属低端水平。九江市工业产业结构升级不够明显，制造业的70%仍然属于低端产业，高新技术产业也处于产业链低端；第三产业发展相对滞后，生产性服务业发展不够充分。产业结构与南昌市和沿江其他城市相比，存在一定的趋同性，缺乏合理的分工和互补。产业集群的打造还处于起步阶段。当前，九江市产业发展程度仍然较低，如石油、有机硅等还是以初级产品为主,产业链条延伸发展严重不足。生产性服务业支撑力度不强,如金融科技、港航服务等仍处于较低水平,对产业集群发展的支撑作用较弱。产业与产业间关联度不高。九江市大量企业与企业之间的业务、技术、产品等关联度过低,产业分工不明确,无法形成有效的促进机制推动企业与企业的协同发展,彼此间信息与技术交流不畅,不论是横向的竞争关系还是纵向的合作关系都严重缺失。

3. 岸线功能不足利用效率偏低。港城关系亟待改善。九江市原港区现已邻近九江市主城中心区,码头生产营运与城市发展建设之间互为干扰现象频繁发生,严重影响了港口向陆域纵向延伸,功能拓展受限。规模化、机械化水平有待提高。九江港码头设施较为落后,规模化、机械化程度偏低。当前,九江港沿江港区共有生产性泊位218个,1000吨级以下的小型泊位占42.7%,3000吨级以上的大型泊位仅占38.5%。岸线利用过短。由于一些企业率先布局规划,抢占了港区后方部分陆域土地,导致九江港港口岸线资源在当前条件下无法充分利用起来。如城区港区和湖口港区的部分大型企业,提前谋划布局,占用长江岸线2700米,但实际码头利用岸线仅800米,利用率不足30%。

4. 提升发展的供给要素条件较弱。除土地资源外,九江高素质人力资源、技术和资金供给都较弱。九江属设区市,高校和科研院所较少,这导致其对高素质人才的吸引力弱,技术研发能力不强。另外,由于省内建设资金向九江倾斜不够,在招商引资中其与南昌在资金争夺上不占优势,发展资金短缺的问题较为突出。

(三)发展机遇

1. 五期交织大有可为。"十三五"时期九江市经济社会发展呈现"五期交织"① 的特点,多重战略时期相互叠加,九江市大有可为。在全球经济市场

---

① 即率先全面小康的决胜期、全力做大九江的决战期、经济发展的转型期、发展动力的转换期、区域竞争的洗牌期。

日渐趋暖的背景下，我国经济社会发展进一步增速，九江市也在"三驾马车"和"互联网＋"的共同驱动下，产业逐步迈向中高端、发展动力持续转型。

2. 政策红利集中释放。随着国家中部崛起战略的实施，各种政策红利集中释放，处于中国中部的九江市完全可以充分享受。不仅如此，2016年11月，随着《长江经济带发展规划纲要》正式发布，建设"一轴两翼三极多点"新格局的相关政策、举措也相继推出，九江市在基础设施，产业布局，长三角、中三角和珠三角的"三角联动"等方面，都将迎来各种利好政策。此外，昌九一体化将向纵深推进，全面对接国家战略，不仅能加强九江市的扩大开放，还能更好地促进九江市改革创新、承接产业转移和转型升级，从而进一步激发九江市的发展活力和增强区域竞争力。

3. 深度开放激发内生动力。九江市地理区位优越，处于百里鄱湖、千里京九、万里长江的交界处，从地图上看，是连接我国东西部的关键节点，特别是作为江西省唯一的通江达海城市，九江市的岸线资源、交通优势、港口码头、腹地空间等都是不可替代的，在国家新一轮深度开放过程中，处于开放开发的前沿。"十三五"时期，随着长江经济带和"一带一路"倡议的深入推进，我国整体经济发展布局将由东向西，由沿海向沿江转移，九江市可以充分利用自身的区位优势，后程发力，为产业迈向中高端，持续发展及转型提供动力。

4. 产业升级具有后发优势。当前，由于长江经济带沿线的上海、南京、武汉等发达城市岸线资源已开发至饱和状态，国家新一轮的产业发展势必要"腾笼换鸟""异地升级"，而九江市恰恰既有岸线资源，又有产业基础，市场潜能巨大，后发优势明显。九江市可以依托沿长江和沿昌九这个"T"形主平台，重点构建"三板块"，即中西部板块、下游东部板块和上沿昌九南部板块。同时，九江市还可以科学规划产业布局，以改造传统产业转型升级为重点，建设长江经济带产业转移升级集中区。

（四）面临的挑战

1. 区域竞争较为激烈。一方面，全球经济一体化逐渐向纵深推进，世界各国经济政策都在快速调整,这直接影响了区域经济产业发展。在我国政策由生产主导型向消费主导型转变的大背景下,长江经济带的优质资源和要素势必更倾向于向上海、江苏、浙江等下游发达地区聚集,这些地区在保有外向型经济优势的同时,伴随着内需型经济加快发展的进一步激励,必将给九江市带来更大的竞争压力。另一方面,九江市与长江中游许多城市相比,存在资源环境和经济发展阶段类似、产业结构同质化严重等问题,与上游许多城市相比,存在优惠政策不足、扶持力度不够等问题。从整体来看,九江市在争夺资源、人才、市场以及国家政策等方面的竞争优势并不明显,面临的竞争挑战形势十分严峻。

2. 资源环境压力加大。当前,九江市经济发展仍以资源大量投入和重化工产业支撑为主,发展方式较为落后,整体呈粗放式增长特征。根据九江市统计局最新统计公报显示,截至"十二五"末,九江市规模以上工业实现增加值1035.60亿元,**重工业贡献率高达55.78%**,资源环境倒逼压力较大,转型升级任务艰巨。在九江石化、神华煤电、九江钢厂、昌河汽车等一批龙头企业的带动下,初步形成以1个国家级开发区和6个省级开发区为主体的产业格局,高投入、高能耗、高排放特征明显。随着九江市未来沿江开放开发的力度不断加大,重化工产业集群规模也将不断扩大,长江经济带流域的水资源、大气环境、生物多样性等都面临严重威胁。

3. 城市建设较为滞后。一是九江市所辖区县各自为政,重复建设现象普遍,整体城区规划的科学性、权威性、全局性不足,缺乏统筹规划。二是九江市所辖区县城市功能和品位有待提高,缺乏智能管理、品牌建设和城市文化等现代人文设施。三是九江市产城融合程度不足,临港新城建设缺乏现代服务业和基本公共服务配套,主要依赖重化工产业推动。四是九江市中心城市综合实力偏弱、辐射带动能力不强。与长江中游的武汉、长沙、南昌等主要城市相比,以地区生产总值为例,截至2016年底,九江市地区生产总值不足武汉的1/5、长沙的1/4和南昌的1/2。

4. 发展环境亟待优化。一是区域合作不足。虽然早在2014年,九江市就与周边地市签订了《关于深入推进跨江跨区合作开发框架协议》等一系列框架协议,但时至今日,仍然只是停留在起步阶段,九江市与周边地市的开放合作、产业衔接、环境保护等方面一直没有落到实处。随着未来区域间竞争的加大,合作空间会愈加受到挤压,九江市的整体产业布局和产业转型都将受到影响。二是政策难以落实。由于九江市在长江经济带11个省份中的影响力有限,行政分割所形成的制度困局加剧了九江市进行区域协调发展的难度,缺乏对全域产业整体转型升级、财政支持的统筹规划。三是责任分担与利益分配机制不健全。在长江经济带的生态保护与环境治理方面,处于上中游地区的九江市面临的风险与挑战尤为巨大。因为上中游地区的生态环境基础较为脆弱,如果治理不好将会传导并影响下游地区,而上、中、下游的区域之间没有投入分担和利益分享的长效机制,从而导致九江市的保护驱动力严重不足。

二 九江在长江经济带保护与发展中的定位与发展目标

(一)打造长江中游城市群重要节点城市

推动九江沿江开放开发,促进周边"四县(市)一山"与中心城区融合,做大九江都市区。加快昌九一体化,昂起环鄱阳湖城市群的龙头,打造江西融入长江经济带和长江中游城市群的核心板块。深化省际毗邻城市合作交流,促进"一江两岸"规划衔接一体、基础设施互通一体、公共服务对接一体、产业合作一体,把九江市建设成为长江中游城市群的重要节点城市和江西对接长江经济带的门户城市。

(二)成为内陆双向开放新高地

依托九江承东启西、连南接北的区位优势,积极融入"一带一路"建设,加快构建自贸区化的体制机制,着力打造开放合作平台,推进九江港口岸扩大开放,促进跨区域合作升级,健全开放型经济体系,形成国内、国际市场融通,东、西、南、北四面贯通,沿江、沿边全面开放的新格局,进一步提高九江对内对外开放水平。

（三）形成临港产业集聚区

利用好九江沿江岸线的区位优势和水资源环境良好的生态优势，尽快编制出台沿江产业发展规划，科学合理规划沿江产业布局，吸引大体量、大运量、大进大出的临港产业向九江聚集，打造沿江优质钢材基地和千亿元级石化产业集群，建设全省重要的电力能源基地和能源中转储运中心，建设成为万亿元临港产业聚集区。

（四）做好长江流域绿色发展先行示范区

按照国家建设绿色长江和江西建设国家生态文明试验区的要求，九江市应以保护长江流域水生态安全为目标，以构建江湖和谐生态格局为重点，走"生态优先、绿色发展"之路。巩固和提升九江市原有的生态优势，构建绿色循环产业体系，建立健全生态文明制度，统筹流域内经济建设和生态保护的关系，打造保障长江中下游生态安全的重要屏障，形成可复制、可推广的生态文明建设新模式，示范和引领长江经济带绿色走廊建设。

三 助推九江融入长江经济带保护与发展的相关政策建议

（一）用好用足各级支持政策

1. 统筹规划积极北上争资争项。按照《国务院关于依托黄金水道推动长江经济带发展的指导意见》《长江经济带发展规划纲要》《长江经济带创新驱动产业转型升级方案》《促进中部地区崛起规划（2016～2025年）》等文件精神，制定九江融入长江经济带发展的指导意见，明确九江在长江经济带发展和保护中的战略定位与发展策略，统筹规划，做好顶层设计。深入实施重大项目带动战略，围绕上述文件，策划一批产业发展、基础设施建设和生态环境保护方面的重大项目，积极北上争资金争项目，为九江绿色发展提供重大支撑。成立"九江融入长江经济带发展委员会",负责组织协调实施重大基础设施建设、产业发展、生态环境保护以及跨区域生产要素流动等问题。

2. 积极争取省委、省政府更大的支持。深入落实《江西省人民政府贯彻国务院关于依托黄金水道推动长江经济带发展指导意见的实施意见》,尽快出台《关于推进九江沿江地区转型升级的指导意见》,适当向基础设施建设、新型城镇化、临港产业规划、生态环境保护和区域开放开发等重点领域给予一定政策倾斜。特别是要争取省里支持,推动适合临江发展的产业进一步向九江集中,同时,在港口建设上重点向九江港倾斜,将其建设成为融入长江经济带的重要战略平台。完善沿江开放开发领导小组职责、机构和工作机制,制订具体实施方案(包括年度计划)和目标责任制等。

（二）以创新驱动产业转型升级

九江要立足自身现有的产业优势和区位优势,深入推进创新驱动发展战略,加快产业向中高端迈进。要以"传统产业新型化、优势产业集群化、新兴产业规模化"为方向,以产业优化为主线,调整产业存量,做优产业增量,构建绿色低碳产业体系。要打造具有区域特色和优势的产业集群,推动产业集聚发展,为九江在长江经济带建设中发挥更重要的作用注入活力、增添动力。要深化工业与生产性服务业的融合,推动制造业向研发、设计、品牌、营销、服务等"微笑曲线"的两端延伸,加快制造业转型升级;要深化工业化与信息化的融合,加快钢铁有色冶金、石化等领域的技术改造,提升传统产业竞争力;要结合供给侧结构性改革,淘汰一批落后产能;要发展"互联网+"协同制造新模式,推进智能制造、网络化协同制造等,提升资源使用效率。

（三）推动区域合作对接

合作共赢是共同发展的基础,九江市要充分利用好长江经济带区域合作的平台,实行南北跨江联合发展、东西延伸发展战略,与区域内各其他成员

进行全方位、多层面的合作，实现共同发展，从而打通国内国际市场，连接东西、贯通南北，全面开放沿江地带，提升区域整体实力和竞争力。

1. 打造多方合作的开放格局。向南，抓住昌九一体化重大机遇，深化落实"T"形崛起战略，加快推进产业对接互补、基础设施和公共服务一体化等重大平台建设。向北，依托九江—小池开放合作实验区，推动九江与湖北黄梅小池融合发展，形成跨江发展格局。向东，充分利用上海、江苏、浙江的经济、金融、贸易、航运等优势，积极承接沿海产业转移，促进江西向东成为直接沟通海上丝绸之路的重要节点。向西，一方面，充分利用长江中游城市群政策，深化与湖北黄冈在基础设施互联互通、园区共建、物流共享、生态共抓等重点领域的务实合作，适时推动九江与湖南岳阳等跨江跨省合作。另一方面，积极对接成渝城市群，加强与重庆、四川在"一带一路"建设中合作，成为沟通中巴（巴基斯坦）、孟中印缅经济走廊、欧亚大陆的重要门户，促进江西与世界的互联互通和经济发展，构建全方位开放的新格局。

2. 强化产业对接。工业方面，以石油化工、钢铁有色冶金、新能源新材料、电子信息和生物医药为重点，加强与长江经济带其他省份的产业对接，推动九江产业向中高端迈进。一是加强与上海、江苏、浙江在新材料产业、电子信息产业、生物医药产业等方面的合作，促进九江战略性新兴产业的发展。发展"飞地经济"，建设成为长三角等东部发达地区前沿产业转移的承接和加工贸易梯度转移地。二是加强与长江中游城市群内的湖北、湖南两省在钢铁、石化、汽车、装备制造业等方面的深度合作，促进自身传统产业转型升级。

现代服务业方面，以港口物流业和旅游业为重点，加强与长江经济带其他省份的合作。一是加强与长江沿线物流节点城市（如上海、南京、武汉、重庆）的战略合作，加快推进大宗货物集散分拨中心、标准化物流园区、物流基础设施、口岸物流信息平台和物流服务体系建设，做大口岸物流规模，提升市场竞争力，建设成为长江沿岸重要的港口物流基地。二是以打造国际旅游城市为目标，以长江旅游推广联盟为依托，加强与长江经济带其他省份的旅游合作，共同打造"绿色长江""文化长江"精品旅游线路，向海内外旅游市场推广九江旅游产品。

3. 强化生态保护对接。九江市应按照习总书记"不搞大开发，共抓大保护"的指示精神，积极配合长江上游保护自然环境，建设好上游的生态屏障；在中游地区率先落实最严格的水资源管理制度，率先划定沿江生态保护红线并加强管理；争取下游提供资金和技术支持，推动沿江流域各地区建立健全生态保护法规与标准体系，形成合力治污的工作联动机制，真正做到长江经济带生态环境一体化。

4. 强化基础设施对接。九江市要加快构建综合立体、功能配套、安全高效的现代化基础设施体系。强化交通支撑，积极对接沿长江经济带综合运输通道建设，构建便捷高效、联江通海的现代化立体交通格局。强化水利支撑，提高长江经济带重点地区、园区防洪标准，继续推进病险水库除险加固、中小河流治理和山洪灾害防治。强化管网支撑，支持"三横一纵"国家天然气输气管网和"环鄱阳湖"省级管网建设。

（四）强化机制体制推动力

一是构建多层次宽领域的合作机制。制定完善区域合作规则，深化政府层面、企业层面的磋商和合作机制，建立民间相互交流的长效机制，在更高的层面、更宽的领域广泛参与长江经济带建设。

二是构建"飞地经济"共享机制。按照盈利共享、风险分担、财政转移支付适当补偿的原则，加强与长三角等发达地区政府、龙头企业等的合作，推动企业向九江转移。以开发区为平台拓宽产业转移渠道，与东部省份共建产业合作园区，发展飞地经济，重点建设"共青城—上海产业园"。

三是建设"自贸区化"开放机制。参照上海自贸区模式深化改革，建虚拟"自贸区"。重点以"九江沿江开放开发带"和"赣江新区九江片区"争取自贸区政策为全省先行开放的突破口，着力构建九江"自贸区化"的对外开放新格局。

四是构建灵活多样的资金融通机制。九江市由于在长江经济带建设项目

中所获得的项目资金非常有限,远远不能满足九江发展的需要。因此,九江要在长江经济带保护与建设中发挥更大的作用,必须加快创建多元化投融资机制。如设立九江长江经济带建设发展基金,组建九江长江经济带发展投资公司;探索发展基于互联网和大数据的股权众筹融资平台;运用PPP投融资模式,吸引社会资本参与基础设施建设运营,改善九江的投融资环境。

五是创新生态环境保护管理体制。全面落实"河长制",支持水生态文明试点城市建设等。

参考文献

杨莲、付恒:《论我国区域经济合作的协调机制构建》,《四川师范大学学报》(社会科学版)2013年第2期。

曾光:《江西长江经济带建设的战略定位与策略》,《华东经济管理》2015年第6期。

李庆红、曾光:《推进九江沿江开放开发转型升级的调查与思考》,《城市》2016年第7期。

李宗尧、杨楠:《长江经济带建设与江苏发展新机遇》,《江苏大学学报》(社会科学版)2017年第1期。

段学军等:《长江经济带开发构想与发展态势》,《长江流域资源与环境》2015年第10期。

B.12
鹰潭市新型城镇化试点评估

马雪松 张晓霞*

摘　要： 鹰潭市是国家首批新型城镇化试点城市，"加快推进'三规合一'、推进信息惠民工程建设、建立农业转移人口成本分担机制、创新投融资机制"是试点的主要内容；着力提升城镇化发展质量，打造成中西部地区产业独特的中小型新兴城市城镇化建设的先行区、示范区、样板区是试点目标。试点在取得成功经验的同时，在建立农业转移人口成本分担机制方面还存在一些欠缺。建立农业转移人口成本分担机制，首先对本市需要转移人口应做到心中有数；其次，将需要转移人口纳入鹰潭城镇体系，将成本细化分类；最后，根据分类，明确政府、企业、个人对转移成本的分担内容，并形成机制。

关键词： 新型城镇化　市民化成本　成本分类　分担机制

为贯彻落实中央关于新型城镇化相关要求，2014年12月，国家发展改革委等11部门决定在全国62个城镇开展新型城镇化试点，江西鹰潭市是其中之一。

鹰潭市位于江西省东北部，面积3556平方千米。试点前的2013年底全市总人口114万人，常住人口城镇化率52.7%，户籍人口城镇化率28.2%。

---

* 马雪松，江西省社会科学院研究员，研究方向为应用社会学；张晓霞，江西省社会科学院社会学研究所研究员，研究方向为农村社会学。

鹰潭市立足现有基础条件，发挥比较优势，紧紧围绕建设"四个鹰潭"总体目标，重点从"以加快推进'三规合一'、推进信息惠民工程建设、建立农业转移人口成本分担机制、创新投融资机制"四个方面开展试点探索，着力提升城镇化发展质量，努力走出一条具有鹰潭特色的新型城镇化道路，打造成中西部地区产业独特的中小型新兴城市城镇化建设的先行区、示范区、样板区。

一 试点内容

根据要求，鹰潭市制订了《江西省鹰潭市国家新型城镇化综合试点工作方案》，提出了试点的总体目标、主要任务及保障措施。

（一）明确了试点的总体目标

到2017年，常住人口城镇化率达到57%，户籍人口城镇化率达到36%；到2020年，常住人口城镇化率达到62%，户籍人口城镇化率达到45%。

（二）提出了试点的主要任务

一是加快推进"三规合一"。二是推进信息惠民工程建设。三是建立农业转移人口成本分担机制。完善农业转移人口落户制度，全面放开鹰潭市落户限制，取消农业户口与非农业户口性质区分，统一登记为居民户口。四是创新投融资机制。

二 主要做法

2014年底试点工作开展以来，鹰潭市高度重视、高位推动，紧紧围绕试点要求，按照建设世界铜都、中华道都、田园新城的城市发展总体目标，构建具有鹰潭特色的"1+3+10"城镇体系，统筹推进中心城区、县城、中心集镇、中心村"四位一体"发展，加快形成"四区同城、十镇联动、产城融合、智慧共享"的城镇发展新格局。

（一）加快户籍制度改革，推动农业转移人口市民化进程

新型城镇化的核心是"人的城镇化"，加快农业转移人口市民化是首要任务。鹰潭市稳妥有序推进户籍制度改革，2015年1月，市政府出台《关于进一步推进户籍制度改革的实施意见》。市公安局为进一步放宽户口迁入条件，出台了进一步推进户籍制度改革的实施意见和户口迁移和落户实施细则。积极放开市中心城区落户限制，全面放开县级城市和建制镇落户限制。

根据江西省公安厅统一部署，2015年11月，鹰潭市在市中心城区全面开展户口"一元化"改登工作。自此鹰潭市"一元化"改登工作全面启动。截至2016年6月底，中心城区24.3万人的"一元化"改登工作全面完成。2016年6月余江县全面展开"一元化"改登工作，同年12月底，该县"一元化"改登工作全部完成，改登总人数39.7万人，其中城镇属性区域内农业人口数31.4万人。2017年底，将完成贵溪市"一元化"改登工作。

鹰潭市按照"户籍先行、配套跟上"的原则，在保障农民原有农村权益不变的情况下，加快推进户籍制度改革。创新之处有：落户范围上有所突破，全面放开落户限制；"只做加法，不做减法"，即进城农民原有权益全面保障，建立承包地、宅基地、承包林地、集体权益分配权的延续机制；新增权益更加明晰，按照办理居住证、购置商品房、户籍转入三个类别划分进城农民社会保障权益，充分尊重进城农民选择。

（二）坚持同城同待遇的原则，促进公共服务均等化

加大民生投入，大力提升农业转移人口社会服务水平，推动城乡"住、学、医"等有序对接。坚持同城同待遇的原则，进城落户农村居民和城镇居民一样享受城镇就业、社保、教育、医疗等公共服务。

(1) 住房方面。促进转移人口住有所居，摇号分配廉租房1452户，发放廉租房补贴3851户455.5万元；积极推进"以购代建"，共采购654套商品房作为公租房。

(2) 社保方面。打破户籍、身份限制，对参保、待遇、转移、并轨、接续、异地衔接等方面进行统一规范，整合城乡居民养老、医疗保险制度，开展城乡居民医疗保险试点。在全省率先实行"多险合一"试点，实现各项社保信息"同人同城同库"管理。

(3) 医疗方面。全面启动国家城市公立医院综合改革试点，对农业转移人口已参加新农合的，继续在原农村户口所在地享受当年医保，期满后可参加城镇职工或居民医保。加大硬件建设力度，人民医院信江新院、精神康复中心、儿童医院等项目相继建成，新增床位数1000张。逐步推进医保均等化，新农合筹资标准提高到540元、全市参合农民88.3万人，参合率达99.2%，322个村级卫生计生服务室标准化建设实现市域全覆盖。

(4) 教育方面。将转户人员子女和随迁子女义务教育纳入教育发展规划和财政保障范畴，与城镇居民子女同等享受义务教育待遇。近三年来，累计投入3.65亿元，分别用于市二中、师范附小、市九小、市十小等学校新改建。出台了保障随迁子女入学的有关文件，学校不得拒绝进城务工人员子女入学。在城区选定10所学校接纳农民工子女就学。2015年以来，共接纳农民工子女就学1.7万人，在公办学校就读的有1.2万人。

(5) 就业方面。免费为农业转移人口提供职业指导、职业介绍、就业信息、政策法规咨询等公共就业服务，对符合条件的农民工参加职业技能培训给予补贴。

（三）推动城镇协调发展，促进"产、城、区"有序融合

(1) 注重城区互动。信江新区主干路网基本贯通，江西师范高等专科学校新校区投入使用。信江生态公园、污水处理厂主体基本竣工，垃圾中转站有序推进。老城区方面，棚改、城中村改造项目全面启动，两年来完成棚改1500户。全面启动海绵城市和城市地下综合管廊建设。

（2）启动十强中心镇标准化建设。为培育壮大镇域经济，提高小城镇的承载和带动能力，鹰潭市实施了扩权强镇计划。十强中心镇因地制宜，发挥比较优势，实施一镇一品或一镇多品战略，形成了一批宜商则商、宜工则工、宜农则农、宜游则游的特色城镇，有效提升了城镇承载能力和公共服务功能，中心集镇吸引力和辐射带动能力逐步增强。十强中心镇抓建设、强管理、促提升，抓好污水处理设施建设、城乡生活垃圾处理，人居环境明显改善。逐步推进"户分类、村收集、乡集中、县运输、市处理"的农村垃圾无害化处理模式，居民家和人行道旁都配有垃圾分类桶，集镇有洒水车、垃圾中转站，做到城镇垃圾日产日清，干净整洁。

（3）加快产城融合步伐。整合人流、物流、资金流、信息流，全力实施320国道、206国道拓宽改造工程，完善公共配套服务功能，将320国道沿线由单一的"交通走廊"打造成为富有活力的"经济走廊"。鹰潭高新区升格为国家级高新技术开发区，龙岗工业园成功创建省级产业园，余江县列入全省产城融合试点县，贵溪工业园区成功更名为经济技术开发区并着力申报国家经济技术开发区。

三　主要成效

试点工作开展以来，鹰潭市新型城镇化试点取得了显著效果。根据《江西省新型城镇化发展质量评价报告（2015）》，2015年各设区市新型城镇化水平，除宜春外，均比上一年有所提升，其中吉安市和鹰潭市的提高幅度最大，鹰潭市排名由2014年的最末一位提高到2015年的第7名。从所辖县市情况来看，鹰潭市所辖县市新型城镇化的平均水平较2014年提高了22分，增长幅度仅低于萍乡和九江。排名由2014年最末一位提升到2015年的第5位，排名上升幅度仅低于九江。鹰潭市新型城镇化水平提升主要体现在经济发展及其产城融合化、城乡管理水平及其高效化水平等指标上，这在一定程度上得益于开展新型城镇化综合试点工作。2016年全市城镇化率达到57.48%，提前完成了试点方案的预期目标。

（一）推动"多规合一"，重塑城市"规、建、管"链条

以"一本规划、一张蓝图"为指导，坚持一个工作机制总调度、坚持一个技术单位总负责、坚持一个信息平台总支撑，深入推进"多规合一"试点工作，着力构建"全域鹰潭"。

1. 坚持一个工作机制总调度

成立了由市长任组长，常务副市长任副组长，各县（市、区）及市直有关部门为成员的"多规合一"工作领导小组，负责全市"多规合一"工作组织领导和统筹协调。

2. 明确一个技术单位总负责

出台了《鹰潭市"多规合一"工作方案》和《鹰潭市"多规合一"工作框架》，提出了"1个全域规划+4个专项规划+1个技术总报告"的规划体系。以中国城市规划设计研究院作为总体协调单位，在编制鹰潭市城乡总体规划基础上，指导和协调相关规划编制，统筹"多规合一"技术报告内容，与其他单位共同编制《鹰潭市"多规合一"技术报告》。

3. 建立一个信息平台总支撑

以地理信息系统平台为基础，充分运用"数字鹰潭"成果，研究开发对接"多规合一"、对接"一张图"的信息管理平台。同时将重大项目、土地资源、环境保护、交通等涉及空间要求的信息要素叠加，监测全市统一的信息联动平台，最终实现"一张图统筹"。

通过高起点规划、高标准建设，鹰潭市城市空间得到大幅拓展，城市品位得到全方位提升。目前，城乡总体规划、环保规划正在报批，土地利用总体规划已完成大纲，基于土地利用总体规划、二调数据库及各类地理影像资料整合而成的"一张图"信息管理平台也已基本建成。初步形成以中心城区为核心，以贵溪、余江县城和龙虎山景区为骨干，以锦江镇、塘湾镇、上清镇等十强中心镇为支撑的"1+3+10"市域城镇体系，中心城区与各县（市、区）"15分钟城市生活圈"已经形成。

（二）推进信息惠民工程建设，打造新型智慧城市

随着新型城镇化的深入推进，鹰潭市将信息化作为突破口，在新型城镇化试点中充分利用公共信息、特色信息和"互联网+"惠民、便民、利民，智慧鹰潭服务平台、腾讯城市服务平台已于2016年4月11日正式上线，鹰潭市民通过"互联网+鹰潭"微信公众服务号、腾讯新闻客户端和微信城市服务三大平台，便可以在线办理医院预约挂号、缴纳水费、缴纳电费、校车轨迹查询、12345政务热线、港澳二次签注等24项服务。

1. 多种形式拓宽服务渠道，解决政务服务难问题

政务服务"一站通"。建成集行政审批、便民服务、阳光政务、互动交流、效能监察于一体的政务服务网，实现政务服务"一站通"。

网上审批"一网通"。完成网上审批系统升级改造，建成并联审批系统。企业注册登记审批时限由35个工作日缩减为3个工作日，建设项目累计审批时限从140多个工作日缩减为30个工作日。

热线服务"一号通"。整合优化各职能部门的咨询、投诉、举报平台功能，建立统一的电话呼叫中心、网络受理中心、政务微博微信受理中心，实现"拨通12345，1个号码找政府"。市民不用拨打多个号码，相关咨询和诉求一号受理后，后台批转督办，办事时间平均缩短至1.6个工作日，提速超过了90%，受理数较同期上升了705%。

便民服务"一信通"。打造省内第一个"腾讯+城市服务"平台。全面建设"微信鹰潭""腾讯新闻客户端"城市服务平台，将交通出行、医疗、社保、教育、户政等24项惠民服务整合到腾讯公司微信公众平台。

2. 以"互联网+"创新服务新模式

"互联网+超市"。在全市社区、乡镇、村建成社区便民点超市400余个，农村居民可以在家门口完成缴费、购票、购物等20项便民服务。目前，社区便民点超市每月交易额达1000余万元，每月服务面达20余万人次。

"互联网+健康"。建成区域信息化平台和"阳光医药"试点。居民电子健康档案覆盖率超过95%，全市所有基层医疗机构、42个乡镇卫生院和2个

三级医院整体纳入"阳光医药"系统，方便了居民查询检查记录、就诊治疗。

3. 以窄带物联网促进智慧城市

智慧城市建设进程加快，行政村 4G 网络覆盖率 99% 以上，在全省率先建成全光网城市。窄带物联网建设全面启动，鹰潭市纳入中国移动窄带物联网业务试点城市及中国电信集团级物联网试点城市，与华为公司、江西移动签署窄带物联网战略合作框架协议。全市窄带物联网 133 个基站已全部建成并运行，实现了鹰潭市城区、县城区、工业园区的全覆盖，是全国第一张地市级全域覆盖的 NB-IoT 网络。

（三）创新投融资机制，搭建多元化投融资平台

制订市、县两级融资平台发展规划，统筹测算融资需求、资产规模、明确融资方式、品种、年限、偿还方式和投资回报方式。贵溪、余江投融资平台改革全面启动。

以市场为导向，推动市国资公司企业化改革，重新组建了市投资集团公司；新设立工业控股公司，筹建产业发展基金，参与工业投资；整合高新区融资平台优质资产，组建集团公司，增强融资功能；在龙虎山旅游文化发展（集团）有限公司的基础上组建龙虎山旅游发展股份公司，把景区优质经营性资产整合后注入新公司，拓宽直接融资渠道。

试点工作开展以来，借助政策东风和城镇化"国"字品牌，市国资公司 15 亿元企业债券和 19 亿元中期票据、高新区 9 亿元企业债券、龙虎山旅游文化集团 11.5 亿元企业债券相继发行成功，融资规模创历史新高、融资成本创历史新低。

争取国家专项建设基金 22 亿元支持养老服务体系建设、园区循环化改造等 54 个项目，盘活财政存量资金近 20 亿元，争取到地方政府债券 34.8 亿元，其中置换存量债务 27.1 亿元。

积极撬动社会资本，探索公益性基础设施与商业开发相结合的长效机制，实现公商协同、以商补公。2016 年发布总投资 362 亿元的 49 个 PPP 试点项目，部分项目已落地实施。

四 问题和建议

鹰潭实施"国家新型城镇化综合试点"两年多来，取得了较好成效，试点方案中的内容大部分达到了预期目标。但是，用试点方案进行评估，也存在不容忽视的问题。

（一）主要问题

《国家新型城镇化综合试点总体实施方案》，明确"建立农业转移人口市民化成本分担机制"是试点主要任务，具体要求"建立健全由政府、企业、个人共同参与的农业转移人口市民化成本分担机制，根据农业转移人口市民化成本分类，明确成本承担主体和支出责任"。《鹰潭市国家新型城镇化综合试点工作方案要点》，在主要任务中第三条就是"建立农业转移人口成本分担机制"。方案具体规划为"分区域、分领域测算农业转移人口落户费用及比例，建立以政府分担为主，企业和个人分担为辅的'三位一体'成本分担机制。……定期测算总体成本及各分担主体承受能力，依法依规动态调整分担主体、分担比例，建立分步承担机制"。

据我们调查，试点两年来，尽管投入了不少资金，但方案中的"分区域、分领域测算农业转移人口落户费用及比例，建立以政府分担为主，企业和个人分担为辅的'三位一体'成本分担机制"并未落实。所谓"机制"，就是互相联系的制度的集合。鹰潭在新型城镇化试点过程中，有些"成本"肯定已经"投入"，但是，是在没有测算和分配比例的情况下投入的，是在没有形成相互联系制度的情况下投入的。因此，丧失了两年试点的大好机遇，在市民化成本分担机制上失去了试点的意义。

（二）建议

1. 明确鹰潭参与国家新型城镇化综合试点的目的和意义

国家新型城镇化综合试点，从城市的不同等级、区域的不同分布、发展的不同阶段等方面选取了62个试点城镇。鹰潭市应该是作为中部地区中小城市入选试点单位的。通过试点，为中部地区其他中小城市提供"可复制、可推广的经验和模式"。这就是鹰潭市参与试点的目的和意义，也是进行决策和实践的前提和基础。

（1）根据这一前提和基础，鹰潭市"市民化"的对象主要是本市域内的农业转移人口，主要方式是用"就近就地"就业吸引和吸纳农业人口进入城镇，与东部发达地区农业转移人口市民化是有本质区别的，应该放在"引导约1亿人在中西部地区就近城镇化"的大框架内进行谋划。

（2）根据这一前提和基础，对已经在鹰潭市、县、镇就业，已经转移了的农业人口有多少要心中有数；对已经跨市、跨省外出打工的农业转移人口有多少要心中有数；目前在本市域农村有转移意愿和转移能力的有多少要心中有数。这三个数就是测算农业转移人口的基本依据。

（3）将需要市民化的农业转移人口，放在鹰潭"1+3+10"的城镇体系中测算市民化具体成本。鹰潭已初步形成以中心城区为核心，以贵溪、余江县城和龙虎山景区为骨干，以锦江镇、塘湾镇、上清镇等十强中心镇为支撑的"1+3+10"的市域城镇体系，"十三五"期间鹰潭新增城镇人口10万人必须以这个城镇体系为载体。而三个不同层级的城镇，市民化的成本肯定是不同的。

2. 农业转移人口市民化成本分类

农业转移人口市民化成本，一般分为公共成本、个人成本、企业成本三类。

（1）公共成本。包括城镇的水、电、路等基础设施，包括教育、医疗、文体等基础设施。"路"不仅包括道路对人的承载，还包括公共交通、公共绿地等，这些国家都有一定的标准，根据这个标准可以计算出成本。教育和医疗不仅包括学校和医院网点布局，也包括根据市民化过程人员的增加而增加师资和医护人员的数量。

在公共成本中，有几点是需要说明的。其一，已经进城而没有市民化的农业转移人口，已经使用和享受了部分城镇基础设施，对这部分人口要心中有数，避免城镇基础设施的重复和盲目建设。其二，因为市民化的主要对象是本市域内的农业转移人口，对进城农业转移人口市民化过程中的教育、医疗、社保等经费，应扣除农村部分后进行测算，避免重叠、交叉而误算。其三，在城镇基础设施建设上，要为已经外出、今后可能返乡的农业转移人口留有服务空间，这个"留有服务空间"必须在科学预测的基础上进行。

（2）个人成本。主要包括衣、食、住、行等生活成本，社会保障法定本人该支付的部分，随行子女教育及自身培训提高和娱乐消费等。住房应该是农业转移人口市民化成本的大头，而且是硬性成本，如果"居无定所"，市民化是无从谈起的。

（3）企业成本。主要包括社会保障中企业应该缴纳的社会统筹部分，按规定职工技能培训经费等。

3.农业转移人口市民化成本分担机制

（1）形成多元主体、动态协调机制

农业转移人口市民化的公共成本，主要应由中央、省、市、县各级政府分担。中央政府应在促进区域协调发展和引导农业转移人口合理有序流动的基础上，逐步加大对中部地区农业转移人口"就近城镇化"的支持力度，重点在交通、水、电等方面给予项目支持，在义务教育、社会保障、公共卫生、就业帮扶方面进行补助，加大转移支付力度。省级政府应重点承担试点城市内跨地区农业转移人口市民化的公共成本，建立农业转移人口市民化专项基金，根据跨地区农业转移人口在试点城市历年变动概数，通过转移支付方式给予试点城市农业转移人口市民化以支持，使转移人口与原住市民享受均等化公共服务。

鹰潭市"1+3+10"的城镇体系是农业转移人口市民化的主要载体，市县政府是市民化公共成本的主要承担主体。首先，要对规划期内农业转移人口的数量进行科学预测、精确测算；其次，根据预测的数据，在城镇建设规划指导下，对公共服务设施网点进行合理布局；再次，根据预测的数据，对公共服务的人才，包括师资、医护人员、市政管理人员等进行培训和调配；最后，要将城镇基础设施的维护和城镇管理运行计入公共成本，合理筹

措、分配，使农业转移人口在市民化过程中逐步享受到与原住市民均等的公共服务，促进和巩固农业转移人口的市民化。

(2) 加快农村"确权颁证"步伐，形成有偿退出机制

新型城镇化的关键是人的城镇化，是城乡统筹的城镇化。要让农业转移人口无后顾之忧进城、体面进城。首先，要加快农村土地承包权、宅基地使用权、集体资产股权的确权颁证，所颁之证就是"铁证"，农业转移人口进城后在农村的权益不变。其次，要搭建流转、出租的平台，形成制度，使农业转移人口在城镇还能获得农村的财产性收入，加快他们市民化步伐。最后，对已经确权颁证的农村"产权"，要形成有偿退出机制，使农业转移人口退出农村"产权"可以获得满意的收入，实现带资进城、体面进城，降低他们市民化的成本，加快市民化进程。这应该是鹰潭市新型城镇化试点的应有之义，只有在这方面加大改革力度，先行先试，才能获得可复制、可推广的试点经验。

(3) 政府和企业合力，形成农业转移人口进城住房的解决机制

首先，政府应该将符合条件的农业转移人口纳入保障性住房范围，使有条件的农业转移人口"居有定所"；其次，政府垫资建设一批"产权共有"房，将产权分成几等份，农业转移人口可以买下房子，享受其中的部分产权，若干年后有了积蓄又买下部分产权，直至将产权全部买下。当然，"产权共有"房需要政府加大投资，这种投资可以纳入市民化成本；最后，有条件的企业可以为职工建设一批临时住房，其中包括夫妻房，既可以解决职工的住房问题，又可以为企业稳定职工队伍。稳定的职工队伍可以降低企业培训职工的成本，又可促进农业转移人口市民化，一举数得，何乐不为。

(4) 形成培训和提高最低工资标准的有效机制，不断提高农业转移人口的待遇水平。首先，供给侧结构性改革，将淘汰一批过时的传统产业和行业，将产生一批新的产业和职业，这就要求加大对职工的培训，特别是对农业转移人口的培训，使他们在城镇不仅有稳定的职业，而且有提高职业待遇的稳定预期，加快市民化的进程。其次，政府要按照相关规定，形成提高最

低工资标准的机制，使农业转移人口的收入逐年提高，使逐年提高的收入可以有效化解进城的生活成本。

参考文献

陈桂龙：《借"NB-IoT"东风 打造"鹰潭样板"》，《中国建设信息化》2017年第5期。

《鹰潭市大力推进新型城镇化建设纪实》，http：//yt.jxgdw.com/，2015年12月23日。

《国家新型城镇化综合试点方案》，http：//blog.sina.com.cn/s/blog_65f5e57b0102vs4l.html，2015年2月5日。

赵振宇：《人的城镇化视域下农民工住房保障成本分担机制研究》，《学习与探索》2017年第3期。

B.13
宜春昌铜高速生态经济带建设的思考与建议

龚建文　张宜红　马　回*

摘　要： 昌铜高速生态经济带是江西省推进生态文明试验区建设的首个省级发展战略，经过一年多的建设，综合经济实力不断提升、绿色产业体系不断完善、生态建设不断巩固提升，高效的组织保障、重点建设"三金"工程、多元化投入、创新绿色发展机制等是其主要的经验做法。围绕宜春存在的经济总量偏小、"拳头"产品品牌缺乏等问题，本文提出创新体制机制、唱响绿色有机品牌、培养壮大大健康产业等政策建议。

关键词： 昌铜　高速生态经济带　"三金"工程

习近平总书记对江西提出"新的希望、三个着力、四个坚持"，做好治山理水、显山露水的文章，走出一条经济发展和生态文明水平提高相辅相成、相得益彰的路子。为贯彻落实习近平总书记的更高要求和省委"创新引领、绿色崛起、担当实干、兴赣富民"的工作方针，宜春市委、市政府提出建设昌铜高速生态经济带，并于2015年8月上升为省级战略，这是策应江西省建设国家生态文明试验区的实践探索，是贯彻落实省委、省政府支

---

* 龚建文，江西省社会科学院副院长、研究员，研究方向为区域经济与农业经济；张宜红，江西省社会科学院应用对策研究室副主任，副研究员，研究方向为生态经济与农业经济；马回，江西省社会科学院应用对策研究室助理研究员，研究方向为区域经济。

持赣西经济转型加快发展,将生态优势、区位优势转化为发展优势的重要举措。自昌铜高速生态经济带上升为省级战略以来,其建设成效需加以评估,找准其中存在的问题,据此提出相关思考与建议。

一 主要成效

2015年9月,江西省政府批复并发布《昌铜高速生态经济带总体规划》,这是全省第一个以省政府名义批复的生态文明建设专项规划。据此,宜春市、县两级主动顺应经济发展新常态,向改革开放要动力、向特色优势要竞争力,经过一年多的努力,昌铜高速生态经济带建设成效初显。

(一)综合经济实力不断提升

一是地区生产总值不断上升。截至2016年底,昌铜高速生态经济带(以下简称"昌铜四县")实现地区生产总值304.3亿元,平均每年增长率保持在8.6%以上,占宜春市地区生产总值比重达17.2%。二是财政收入不断增加。昌铜四县财政总收入由2014年的47.6亿元增加到2016年的56.9亿元,占宜春市财政总收入比重由2014年的17.5%增加到2016年的17.7%,提高了0.2个百分点。三是规模以上工业增加值不断提高。昌铜四县规模以上工业增加值由2014年的162.7亿元增加至2016年的212.7亿元,占宜春市规模以上工业增加值比重由2014年的21.3%上升至2016年的22.3%。四是经济增长动力不断加强。截至2016年底,昌铜四县固定资产投资达342.4亿元,较2014年增长了46.9%。详见表1~表4。

(二)产业转型升级步伐不断加快

一方面,大力改造工业园区。截至2016年底,铜鼓县工业园通过省级园区创建评审,园区污水处理厂、环保设施等项目逐渐完善;靖安县被纳入全省工业绿色转型试点县,开展降成本优环境专项行动,智慧园区平台初

表1　2014~2016年昌铜高速生态经济带地区生产总值情况

地区	2014年		2015年		2016年	
	地区生产总值(亿元)	增长(%)	地区生产总值(亿元)	增长(%)	地区生产总值(亿元)	增长(%)
宜春市	1523.0	10.0	1621.1	9.5	1770.4	9.0
铜鼓县	33.8	9.2	36.1	9.0	39.1	8.6
靖安县	33.9	10.0	36.3	9.5	39.3	8.8
宜丰县	90.8	9.1	95.7	8.9	102.8	8.5
奉新县	105.7	10.5	112.5	9.5	123.1	9.6

表2　2014~2016年昌铜高速生态经济带财政总收入情况

地区	2014年		2015年		2016年	
	地区生产总值(亿元)	增长(%)	地区生产总值(亿元)	增长(%)	地区生产总值(亿元)	增长(%)
宜春市	272.0	16.5	308.8	13.5	320.9	3.9
铜鼓县	7.2	16.0	8.3	16.0	8.7	3.9
靖安县	7.2	16.0	8.3	16.0	8.7	3.9
宜丰县	15.0	26.4	16.8	12.0	17.5	3.9
奉新县	18.2	17.6	21.2	16.6	22.0	3.9

表3　2014~2016年昌铜高速生态经济带规模以上工业增加值情况

地区	2014年		2015年		2016年	
	地区生产总值(亿元)	增长(%)	地区生产总值(亿元)	增长(%)	地区生产总值(亿元)	增长(%)
宜春市	762.7	12.4	870.5	9.4	956.2	9.2
铜鼓县	8.0	12.3	9.0	9.4	9.8	9.0
靖安县	14.0	12.3	16.5	9.4	17.9	9.6
宜丰县	45.5	12.7	54.5	9.9	62.0	9.4
奉新县	95.2	12.9	111.0	9.5	123.0	9.1

表4　2014~2016年昌铜高速生态经济带固定资产投资情况

地区	2014年		2015年		2016年	
	地区生产总值(亿元)	增长(%)	地区生产总值(亿元)	增长(%)	地区生产总值(亿元)	增长(%)
宜春市	1356.2	20.6	1588.2	17.2	1821.4	14.7
铜鼓县	20.2	20.8	24.2	19.5	28.5	17.8
靖安县	36.3	22.5	43.3	19.4	51.0	17.7
宜丰县	67.1	20.7	84.4	25.9	101.5	20.2
奉新县	109.5	22.0	137.8	25.8	161.4	17.1

步搭建,工业管理水平进一步提升。宜丰县出台了《工业园区企业跟踪服务办法》,要求一名县领导挂点4个企业、一个企业明确一个县直部门对口服务,确保全县规上企业和重点项目服务全覆盖。另一方面,大力发展绿色低碳工业。截至2016年年底,昌铜高速生态经济带重点培育纺织服装、竹加工、硬质合金、生物医药等产业集群,宜丰县被省工信委授予"储能设备绿色制造产业基地",跻身全省64个重点工业产业集群,成为全国有分量的高效储能系统制造示范基地和电池级碳酸锂生产基地。奉新县推进纺织产业壮链补链以及竹产业精深加工提档升级,主营业务收入分别实现158亿元和52亿元,较2015年分别增长17.5%和8.3%。

(三)绿色产业体系不断完善

一是绿色生态农业体系不断健全。截至2016年年底,铜鼓县、靖安县打造整县有机农业示范县,宜丰县、奉新县打造绿色有机县,创建形成了特色鲜明、互为补充的有机农业带。铜鼓县整县推进有机农业发展,有机种植面积达到30万亩,通过有机认证30个;靖安县已建成有机农产品转换基地23万亩;宜丰县全县通过认证的绿色有机原料基地达27万亩,"三品一标"产品认证达81个;奉新县绿色有机农产品认证达48个,绿色有机面积57.5万亩。二是绿色工业体系逐步建立。截至2016年年底,铜鼓县做大做强毛竹精深加工、生物医药、食品加工3个主导产业,引进龙源风电、中电投风电、华能风电等重点央企,大力发展绿色能源产业。靖安县谢绝高耗能高污染项目50多个,兴建硬质合金、绿色照明两大省级产业基地,成为全省首个"绿色低碳工业示范县"。宜丰县围绕生态"3+1"产业开展招商,做大做强绿色食品饮料、绿色高效储能系统制造、绿色装饰材料等主导产业,共引进亿元以上项目18个,其中10亿元以上项目2个,全县112家规模以上企业中,绿色、科技型企业占比90%以上。靖安县制订《绿色低碳工业发展规划》通过专家评审,绿色产业建设已初具规模。三是现代服务业发展加速。一方面,大力培育生态旅游。截至2016年年底,铜鼓县新增省级生态旅游示范乡镇1个、省级3A级乡村旅游点3个,接待游客170万

人次，较2015年增长25%；靖安县新增市3A级乡村旅游点2个，旅游接待人次较2015年增长超过30%；奉新县新增3A级乡村旅游示范点3个，全年接待游客370万人次，较2015年增长19.4%。另一方面，电商产业蔚然兴起。截至2016年年底，铜鼓县拥有电商企业321家，实现网络销售额10.2亿元，较2015年增长42%。宜丰县大力推进电商平台建设，实现网络销售额15.3亿元，较2015年增长125%。奉新县拥有电商企业42家，实现网络销售额15.3亿元。

（四）生态建设不断巩固与提升

一是生态规划与保障不断健全。截至2016年年底，昌铜四县以《昌铜高速生态经济带总体规划》为引领，均制定了严格的环境保护标准，严格生态保护、水资源管理，牢筑环境基础。如，铜鼓县投入3050万元用于造林绿化、封山育林和生态环境，封山育林总面积达120万亩；靖安县全面实施"树保姆制"，扎实推进全国森林可持续经营试点工作，启动创建省级森林城市申报；宜丰县实行"三禁伐、两限伐"政策，完成人工造林2万亩、低产低效林改造2.4万亩；奉新县开展"净空、净水、净土"行动，重点实施了工业企业污染、非煤矿山、水库退养等10个专项整治。二是生态建设投入不断加大。截至2016年年底，昌铜高速生态经济带"三金"工程185个项目已开工155个（其中完工27个），开工率为83.78%；完成投资104.96亿元，完成总投资的20.62%。其中"金牌"工程项目共90个，总投资301.19亿元，已开工77个（其中完工9个），开工率为85.56%；完成投资66.7亿元，完成总投资的22.15%。三是生态环境持续改善。截至2016年年底，昌铜高速生态经济带生态环境得到有效保护，空气质量始终保持着国家一、二级标准，是名副其实的天然"氧吧"和"天然基因库"。如，铜鼓县主要河流和23座小Ⅱ型以上水库全部实行"人放天养"，全县地表水水质达标率为100%；靖安县全县境内水质均达到国家地表水三类水质标准以上，自然保护区内水质均达到地表水一类水质标准，生态环境状况位于全省前列。

（五）生态理念不断深入

一是生态责任意识不断增强。铜鼓县按照"党政同责"和"一岗双责"要求，严格落实党委和政府环境保护主体责任，将生态文明建设和环境保护纳入各级领导班子和领导干部考核的重要内容，实行自然资源资产和环境责任离任审计，把责任追究贯穿决策、执行、监管等各环节。二是生态保护意识深入人心。截至2016年年底，铜鼓县全县有27个村、7200多户农户自发封山育林49万亩，占全县山林总面积的23.5%；靖安县主动压缩木材砍伐指标10万立方米，主动关停并转木竹粗加工企业127家，主动谢绝68个总额超过80亿元的"两高一低"企业进驻。三是生态文化氛围日渐浓厚。昌铜高速生态经济带建成全省首个"生态云"平台，用生态大数据实时展现生态文明建设成果；靖安县常态化开展生态文化教育，实行干部定期轮训制度，多次举办"漂流节""椪柑节""紫薇节"等大型生态文化宣传活动。四是城乡环境日益改善。截至2016年年底，昌铜高速生态经济带基本实现农村生活垃圾城乡一体化处理，垃圾回收率、无害化处理率均达95%以上。靖安县被确定为全国美丽乡村标准化试点县，获评全省农村清洁工程先进县；宜丰县全面推广"户分类、村收集、乡转运、县处理"农村生活垃圾处理模式，持续开展农业面源污染、禽畜养殖污染、生活污水治理等专项整治行动，全面改善农村人居环境。奉新县建成乡镇垃圾压缩中转站共16座，城乡一体化垃圾无害化处理和54个新农村建设点顺利通过省级考评验收，被评为"全省农村清洁工程工作先进县"。

昌铜高速生态经济带取得上述成效，主要得益于以下务实的做法。

（一）顶层设计，构建高效的组织体系

一是规划引领有深度。规划是建设昌铜高速生态经济带的先导。《昌铜高速生态经济带总体规划（2015～2020年）》（以下简称《总体规划》）已于2015年8月获省政府批复；与此同时，在《总体规划》统领下，宜春市委、市政府审定批复了《靖安县生态文明示范工程试点实施规划》《奉新县全域旅

游总体规划》《宜丰绿色有机产业发展规划》《铜鼓县昌铜高速生态经济带建设实施方案》等专项规划、方案，为做精"三金"项目、做优产业升级、做实生态探索、做严净化行动、做足融合文章等方面谋篇布局。二是高位推进有力度。自省政府批复同意了《总体规划》以来，宜春市委、市政府高度重视，组建了由市委书记任组长、市长任第一副组长的昌铜生态经济带建设领导小组，市直相关部门为主要成员，并在市发改委设置了专门办公室，明确了各部门相关责任，制定了领导小组及下设办公室工作规则《关于加快推进昌铜高速生态经济带建设的实施方案》《昌铜高速生态经济带生态招商指导性意见》等具体方案，明确工作职责和工作任务。

（二）重点突破，夯实绿色发展动力

编制了《昌铜高速生态经济带"三金工程"项目册》，共收集整理"三金工程"项目185个，总投资509亿元。一是做美"金桥"。建设昌铜高速沿线两侧各2千米、630平方千米生态景观带，构建连接鄱阳湖和洞庭湖两湖生态经济区、"路在林中展、车在景中行、人在画中游"金桥。二是打好"金牌"。打好生态旅游、禅宗文化、有机农业、运动健身、长寿养生5张牌，推进60万亩有机农业、70万亩有机采摘、80万亩绿色农业基地建设，推动铜鼓、靖安整体打造有机农业县，做活生态经济文章。三是壮大"金山"。重点发展林下经济、竹木精深加工、绿色食品、生物医药、文化博览等产业，把良好生态"金山"变成富民"金山"。截至2016年11月底，"三金"工程185个项目已开工155个（其中完工27个），开工率为83.78%。

（三）多元投入，护航资金使用方向

一是设立专项发展资金。为推进昌铜高速生态经济带建设，市财政设立1亿元昌铜高速生态经济带发展资金。二是规范并制定基金使用管理办法。拟定了《宜春市昌铜高速生态经济带发展基金补偿办法》，用于规范资金的管理和使用。三是统筹整合资金。鼓励支持各地各部门全力争取项目资金大力扶

持昌铜生态经济带建设，如市体育局将全民健身活动经费按每人每年达到1元的标准纳入财政预算，并争取上级资金1200余万元，扶助昌铜四县建设运动场馆。奉新县每年安排1000万元旅游发展专项资金，靖安举全县之力创建国家5A级旅游景区，打造全省第一朵"生态云""生态+"等产业。

（四）凝聚特色，探索绿色发展机制

一是大力发展绿色产业。立足昌铜四县生态优势，将"生态+"理念与"工业、现代农业、旅游服务业升级"工作相结合，加快产业转型升级，培育绿色发展的新动力、新支撑，不断壮大生态旅游、有机农业、绿色食品加工业、健康养生等产业。二是强化生态创建。不断强化生态文明创建活动，继靖安、铜鼓县之后，宜丰县于2016年9月顺利通过了环保部国家级生态县考核验收，宜春市国家级生态县均在昌铜高速生态经济带内。三是注重立法保障。启动昌铜生态经济带立法工作，将《昌铜高速生态经济带生态保护条例》作为全市首个地方立法工作予以推进，目前已完成初稿，正广泛征求意见。四是创新"互联网+生态建设"管理模式。在靖安县开展"生态云"试点，探索打造"生态云"综合信息管理平台，将生态环境保护工作与大数据平台结合，挖掘生态数据在云端的深层次运用，探索政府社会管理、灾害预警、休闲养老、智慧旅游等多领域的大智慧管理模式。目前，靖安室外监测点、通信管网铺设、生态云管理平台土建主体工程已完成，展馆装修、媒体制作、系统集成等已完工。

二 存在的主要问题

目前，虽然昌铜高速生态经济带发展取得了一定成绩，但仍存在一些亟待解决的困境与问题。主要有以下几点。

（一）经济总量仍然偏小

2016年，昌铜四县以34.8%的国土面积，创造了17.2%的地区生产总值、

17.7%的财政总收入、15.6%的规模以上工业增加值,投资和消费的占比也较低,与宜春的丰城、樟树、高安具有较大差距,经济发展水平仍然偏弱。

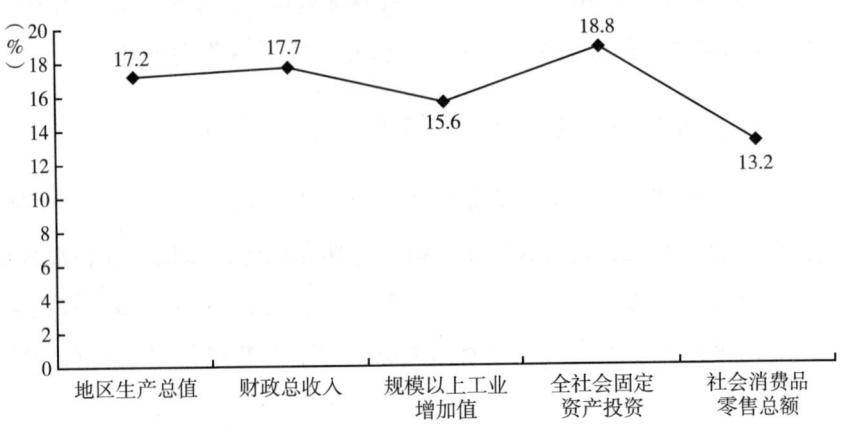

图1 2016年昌铜四县主要经济指标占宜春比重

同时,昌铜四县居民收入水平较低。2016年,奉新城镇居民人均可支配收入为27610元,高于宜春市平均水平,靖安、宜丰、铜鼓三县均低于全市平均水平;奉新、宜丰农村居民人均可支配收入分别为14164元、13086元,高于宜春市平均水平,靖安、铜鼓两县则低于全市平均水平。

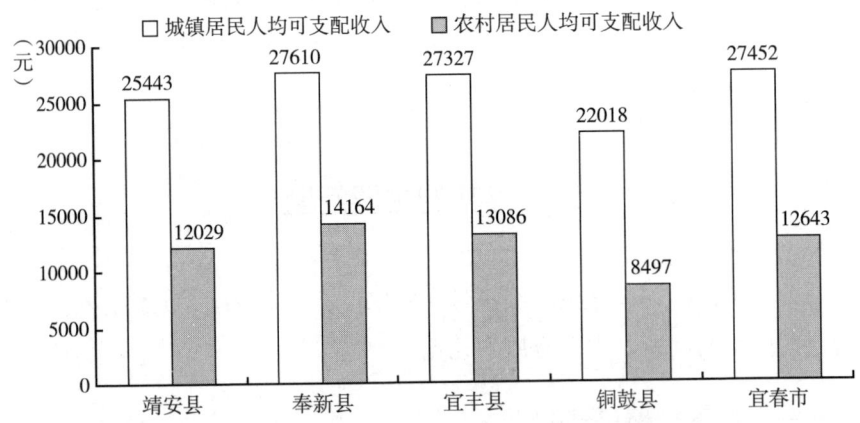

图2 2016年昌铜四县城乡居民人均可支配收入情况

（二）体制机制有待创新

一是联动机制有待健全。虽然江西省政府批复了《总体规划》，宜春市委、市政府也成立了专门领导小组，昌铜四县也推进有力，但省、市、县三级联动机制尚未形成，市级层面统筹与昌铜四县协调共进的力度有待加强。二是工作机制有待完善。昌铜四县虽已设立生态文明建设办公室（正科级全额补助事业单位），但宜春市生态办还是设在市发改委下面的临时机构，没有编制，工作人员由市发改委内部调剂，专门工作人员配备问题亟须解决。三是生态补偿机制有待健全。昌铜四县尚有许多生态公益林未纳入国家体系，部分昌铜高速沿线山区村庄，过去以林业为主要收入来源，随着封山育林政策实施，生态公益林补偿标准偏低，林业收入锐减，致使农民为保护环境而造成经济损失。与此同时，昌铜高速生态经济带先行先试、体制机制创新等方面的可复制可推广的经验尚未形成。

（三）项目设施推进力度有待加强

一是项目推进力度有待加强。项目完成率还跟不上时间进度，设计内涵还不丰富，建设水平还不高，项目建设中还存在政策倾斜不足、融资渠道不畅等瓶颈，向社会整体推介、连续推介还不够。生态农业、低碳工业、绿色建筑、污染治理等技术的研发、引进、储备以及应用推广明显不足，难以支撑生态化产业项目发展。二是旅游基础设施不完善。旅游景区景点尤其是乡村旅游公路建设立项难、资金缺口大，交通普遍滞后，停车场、公厕等公共设施缺少、条件较差，成为制约生态旅游发展的瓶颈。一些寺院和景区尚未完全开发，难以满足游客食、宿、行、游、娱、购等综合要求。

（四）"拳头"产品品牌缺乏

一是旅游"拳头"产品品牌有待打造。昌铜高速生态经济带拥有丰富的红色、绿色、古色旅游资源，景点较多，但昌铜四县尚未形成精品路线，旅游资源内涵或故事讲述不够，没有形成核心竞争力产品和品牌，旅游产品

品牌吸引力和游客的重游率低。二是有机绿色农业产品品牌有待做响。昌铜四县拥有众多有机农业产品，但产业规模偏小，缺乏大企业、大品牌，企业使用标识不够，产品在市场上叫不响，做不到优质优价；个别地方还是存在重认证、轻管理，重数量、轻质量的现象。

三 思考与建议

（一）创新体制机制

一是健全省、市、县三级联动工作机制。由省生态办统筹协调，搭建资源整合平台，统筹昌铜四县"一盘棋"，进一步研究制定支持推进"三金"工程的配套政策，支持设立市生态办机构，解决有牌无编、人员不足的问题，加强省、市、县三级联动。形成评价通报机制，狠抓督察调度，确保各项工作落到实处。二是建立定期汇报制度。每半年向省生态办、省政府报告昌铜高速生态经济带规划执行情况，包括具体项目推进中存在的伐林指标、土地指标、与周边衔接等细节问题，对昌铜高速生态经济带先行先试、试验试点给予政策倾斜、指导帮助，真正形成省、市、县三级齐抓共管的良好格局。三是探索总结试点经验。积极推进靖安"生态云"、奉新"生态+"、锦江流域上下游横向生态补偿、"河长制"细化延伸、生态环保责任追究制、昌铜高速沿线四县领导干部自然资源资产离任审计等试点工作，努力形成一些可操作性强、有效管用的工作体制机制，及时加以总结提炼，力争为全省乃至全国提供可复制可推广的经验，争取更多的重视与政策支持。

（二）多渠道筹集资金

一是对内整合国家、省级层面政策资金。围绕国家和省提出的重点支持领域、重点支持政策，进一步细化发展规划、基础设施规划，突出重点，强化措施，重点实施一批"三金"工程项目，确保更多的项目进入国家和省生态文明建设项目库，列入PPP项目库。二是对外用活市场化融资手段。

通过请专业第三方对生态资源进行包装、运营，请专业机构估算生态服务功能价值，以及探索林业碳汇交易模式等途径，拓宽融资新渠道；发挥民间资本作用，组织改造好空心村，盘活闲置资源，吸引游客休闲度假。

（三）大力发展生态旅游

一是加快推进全域旅游。以靖安、宜丰、铜鼓三县列入全国全域旅游示范县为契机，加快奉新县全国全域旅游示范县申报；依托昌铜四县丰富的生态旅游、禅宗旅游、乡村旅游等优势资源，加快完善优化基础设施，设计若干旅游精品路线，打造核心旅游产品，全力支持打造建设昌铜高速沿线全域旅游示范带，使其成为南昌后院、赣西中庭、湘鄂赣大花园，以全域生态旅游作为促进三产融合的重要推手，推动全区域、全要素、全产业链的发展。二是加大宣传力度。借鉴赣西旅游联盟的经验做法，成立昌铜高速生态经济带旅游联盟，昌铜四县每年轮值联盟主席，不断加强联络沟通，统一旅游宣传口号，打造一个旅游品牌，唱响昌铜高速生态经济带生态旅游。重点支持在南昌、长沙、武汉等周边省会城市开展，逐步扩大影响，共同安排宣传营销活动，共同开拓客源市场。三是大力实施"旅游+"新业态。主动适应旅游业新发展新形势，立足本地特色和优势，依托"旅游+"，注重培育特色小镇、自驾房车旅游、温泉旅游、体育旅游、工业旅游等新业态，努力打造产业新增长点，加快打造旅游发展"升级版"。

（四）唱响有机农业品牌

一是招强引大创品牌。把品牌建设作为发展有机农产品企业的核心和关键，深挖宜丰引进百岁山品牌经验与启示，立足自身生态优势和有机农业基础，注重引进国内外农产品知名品牌，嫁接昌铜四县绿色有机农产品，提升昌铜四县的农产品知名度和市场占有率。二是整合资源创品牌。加大统筹协调力度，有效整合四县有机水稻、茶叶、水果、蔬菜等共性有机农产品资源，突破量少瓶颈，扩大规模、提升品质、打造品牌、增强市场竞争力。三是加大投入创品牌。强化与中央有关政策的对接，加大省级层面资金投入，重点支持绿色农业十大行动，继续大力推进"三品一标"和基地认证工作力度，做实发展有机绿色农业的基础。

（五）培育发展壮大大健康产业

一是打好长寿养生牌。抓住国家高度重视养老健康产业发展重大机遇，充分发挥生态、区位等优势，以生态休闲旅游景区、养生（养老）基地、养生乡村建设等为载体，高起点规划，高标准建设，因地制宜培育大健康产业，探索发展各具特色的候鸟式养老、社区居家养老、医养结合式养老以及健身休闲运动等绿色产业新业态，以其覆盖面广、产业链长的特点，成为促进经济转型的重要抓手和实现可持续发展的重要支撑。二是推动养老用地规划落实。支持昌铜四县养老机构和新建社区养老服务用房的用地指标像教育用地一样列为公益用地，统一纳入城乡发展规划和土地利用规划。鼓励利用空置厂房、仓储用房、医院、办公楼等存量房产和土地兴办养老机构。三是制定出台相关扶持政策。尽快制定出台优惠扶持力度较大、可操作性较强的优惠扶持政策，通过政府补贴或购买服务、财政贴息贷款、税收减免等方式刺激养老产业发展。

参考文献

鹿心社：《以习近平总书记重要要求为指引　加快建设富裕美丽幸福江西》，《人民论坛》2017年第2期。

叶星星、姜昱、黄俊：《昌铜高速生态经济带新农村建设的问题与对策》，《老区建设》2017年第2期。

丁晓群：《五大发展理念引领江西旅游业崛起》，《当代江西》2016年第6期。

B.14
萍乡打造海绵城市的思考与建议

张宜红 杨锦琦*

摘 要： 萍乡市自成为全国首批16个海绵城市建设试点城市以来，进行了一系列体制机制创新、管控创新、治理创新、投融资创新等，成效显著，连续两年在住建部、财政部、水利部组织的海绵城市建设年度绩效考评中获得全国第一。针对萍乡市海绵城市建设存在缺少相关政策法规、后续维护难、PPP模式有待创新、公众参与度低等问题，提出了针对性政策建议，以便为国家海绵城市试点建设提供一批可推广、可复制的"萍乡经验"。

关键词： 海绵城市 体制机制创新

习近平总书记对城市发展质量非常重视，明确提出要大力推进海绵城市建设。海绵城市建设，有利于解决城市内涝等"城市病"问题，是推进我国城市生态化、持续化发展的重要途径。萍乡市是全国首批16个海绵城市建设试点城市，围绕"建设独具江南特色的海绵城市"总目标，加快建立规章制度体系，推动模式创新，加快建设海绵项目，成效显著，连续两年在住建部、财政部、水利部组织的海绵城市建设年度绩效考评中获得全国第

---

* 张宜红，江西省社会科学院应用对策研究室副主任，副研究员，研究方向为生态经济与农业经济；杨锦琦，江西省社会科学院产业经济研究所副研究员，研究方向为区域经济与生态经济。

一，为国家海绵城市试点建设提供一批可推广、可复制的"萍乡经验"。同时，萍乡市海绵城市建设也存在诸多障碍与困难，为加快推进萍乡市海绵城市建设试点，课题组深入萍乡调研，形成调研报告如下。

一 萍乡打造海绵城市的主要做法

建设海绵城市是一项复杂的系统工程，也是一项细致的技术工作。萍乡市重点规划了建设示范区，面积为32.98平方千米，加快构建了河道、流域、城市建设项目的线、面、点一体化的海绵城市系统，实现"小雨不积水，大雨不内涝，水体不黑臭"的目标，形成了一系列有效做法。

（一）体制创新，由政府主导升级为全民参与

一是高位推进有力度。成立了市委书记任组长、市长为第一副组长的海绵城市试点建设领导小组，明确了各部门一把手负责制，把海绵城市建设上升为全市战略、"一把手"工程。二是资源力量有深度。从全市选调22名业务骨干集中办公，建立资金统筹、指挥有力、综合协调的机制，实现实体化运作、常态化管理，形成了"办公室一周一调度，分管副市长半月一调度，市长一月一调度，书记一季一调度"的工作机制。三是社会参与有广度。通过多媒体、多渠道广泛传播海绵城市理念，不断提升海绵城市在干群中的知晓度、认可度、支持度，有效发挥了政府有形的手、社会无形的手的作用，尽可能让老百姓参与萍乡市"海绵城市"建设。

（二）制度创新，由执行标准升级为制定标准

一是制定行动管理办法。制订了《萍乡市海绵城市建设三年行动计划》和《萍乡市海绵城市试点建设项目管理暂行办法》，明确了试点期内萍乡推进海绵城市建设的实施范围、建设目标。出台了《萍乡市中心城区海绵城市建设管理暂行规程》，明确了中心城区新建、改建、扩建项目的海绵城市建设审批的具体流程，确保海绵城市建设标准的全面落实。二是制订规划。

制订了《萍乡市海绵城市专项规划》《萍乡市海绵城市试点建设专项规划》等7个规划，对新、改、扩建城市建设项目要求进行低密度开发，尽可能建设项目影响程度，把海绵城市建设要求纳入"两证一书"等行政审批之中。三是制定实施细则。制定了《萍乡市海绵城市建设规划设计导则》《萍乡市海绵城市建设——低影响开发雨水工程图示》《萍乡市海绵城市建设——低影响开发雨水系统施工与质量验收导则》等三项标准和导则，解决项目在设计、施工及竣工环节无标准、无规程问题。

（三）管控创新，由单一管理升级为体系管控

一是推行全过程一体化管控。由海绵办统筹协调，采取总承包的方式，委托具有专业能力的科研设计单位作为海绵城市技术服务（监测平台和技术咨询）单位，将规划评估、设计审查、建设施工、竣工验收、监测评估等环节纳入一体化管理模型平台，建立一张图可视化管理系统，通过实现信息的协同与互动，为海绵城市建设管理和考核提供技术支撑。二是推行建设差异化管控。在全市域层面，强化全域管控，建立"山、水、林、田、湖、城"空间管制格局，协调统筹空间资源，保护全域生态本底，构建全域尺度海绵体；在中心城区层面，构建了"上截、中蓄、下排"的大城市排水系统；在示范区层面，因地制宜地构建小区、道路、广场、湿地技术措施。三是推行PPP全过程风险管控。一方面通过公开招标聘请PPP第三方中介服务机构，做好海绵城市建设PPP项目顶层设计，确定政府和投资商的责任边界，明确操作方式，推进PPP项目合法合规落地；另一方面通过对项目包的系统化设计，合理确定投资规模，加强对PPP项目投资人的筛选，有效规避了低价中标等可能存在的风险和问题。

（四）治理创新，由碎片治理升级为系统治理

一是转变建设思路。萍乡在海绵城市建设过程中，加快转变建设思路，实行"水资源、水生态、水安全、水管理、水文化"共治模式，摒弃了"头痛医头、脚痛医脚"的片面建设认识，产业转型升级不断推进，为可持续发

展奠定了基础。二是强化项目系统打包。以往城市建设项目往往存在"散、小、乱"碎片化现象，招投标、预算审批等环节不严密问题，为避免此类问题的发展，萍乡市政府将海绵项目重新打包梳理，变海绵项目建设由"碎片建设"逐步向"系统打包"转向。截至2016年年底，萍乡海绵项目按片区进行了划分，并对新老城区159个海绵项目系统梳理整理，以PPP模式进行项目打包的形式，整体推进。三是注重分区治理。萍乡市注重开展生态修复，在老城区改造中，以问题为导向，划分为万龙湾、蚂蝗河、西门、白源河四大内涝整治项目片区，重点解决城市内涝积水点和黑臭水体治理等问题；新城区以目标为导向，通过科学布局管廊设施建设，利用自然肌理，保护河流、湖泊、塘堰、滩涂等自然蓄滞空间，结合河湖水系、公园绿地、市政道路总体布局，控制开发强度，注重绿地系统的建设、管理，以及与周边雨水系统的协调衔接；其他新建小区、公建等开发项目通过规划管控手段，严格按照海绵城市建设相关要求逐步推进实施。四是项目实施同步推进。科学构建了海绵项目PPP与设计监理招标、海绵城市试点建设协调和监管、试点区域与非试点区域项目建设"三同步"原则。截至2016年年底，萍乡市按照项目"三同步"推进原则与方法，将众多海绵城市建设元素融入，老旧小区的400多条街巷得到了改造提升，为老旧小区居民出行打通了"最后一百米"。

（五）投融资创新，由"等、靠、要"升级为"多条腿跑步"

一是统筹整合资金。积极向上争取海绵城市建设资金，其中有7个项目已经筛选上报，同时从市财政、发改委等部门整合各类资金投入海绵城市建设；加大政策扶持，采取财政补贴、设置专项资金等形式，支持鼓励海绵产业发展；出台了16条税收优惠政策，大力扶持饮水工程建设、促进涉水企业技术改造、支持涉水企业兼并重组、减轻涉水小微企业负担、促进生态建设和环境保护、促进水资源利用；鼓励支持金融机构参与海绵城市建设，并加大信贷支持力度。二是对外采取PPP建设模式吸引社会资本。萍乡市在推进海绵城市建设试点过程中，大力推广PPP模式，综合运用特许经营权转让等方式，推行政府购买服务，推进海绵城市建设和运营，促进投资主体多元化。2016年，萍乡市加强与中国水电八局等单位合作，组建PPP项目运营公司，引进社会资本，成功破解海绵城市建设资金瓶颈。

二 试点建设成效

作为全国首批海绵城市建设试点城市之一，截至2017年6月底，萍乡市海绵城市试点建设区面积达32.98平方千米，其中已完工的占51.92%，正在开工的占48.08%；海绵项目共计159个项目，计划总投资63亿元，已完工56个，在建88个，待建15个，完成投资50.84亿元，投资完成比80.70%。成效明显，主要表现在以下几个方面。

（一）海绵产业不断壮大

萍乡市以海绵城市试点建设为契机，重点培植安源管道由过去制造普通排污管向新型的渗透管提升，鼓励部分技术含量低的工业陶瓷企业转型，利用废旧陶瓷生产透水砖、透水混凝土等海绵产品，形成海绵产业基地，带动海绵产业发展。2016年，萍乡海绵产品研发与生产企业不断壮大，达40多家，海绵产业产值超20亿元；诸如透水砖、透水混凝土、渗排管等海绵产品需求旺盛且未来市场潜力大。

（二）"城市病"治理取得初步成效

萍乡市分区治理城市雨涝成效较为显著。通过重大项目建设，新城区初步形成了片区连片效应，有效增强了其排水防涝能力；老城区经过改造的小区、公园和街道，如金螺峰公园、滨河路、文昌路等地，经受住了多场暴雨的检验，实现了"小雨不积水、大雨不内涝"。监测显示，自2016年9月以来，试点区内84个积水点已消除或者明显缓解49个，年节水达到256万吨。可见，萍乡海绵城市试点建设，不仅缓解了城市雨涝现象，改善了小区环境，提升了城市品位，同时老百姓对海绵城市建设参与度也大大提升了，群众获得感和幸福感进一步增强。

（三）水环境质量得到改善

通过小区、道路、公园广场等市政设施海绵改造，加强水环境区域点源、面源的控制，源头削减初见成效。监测结果显示，试点区内各排水分区年径流控制率、SS去除率逐步增大，已建项目的上述监测指标均明显超过设计目标，其中，受益于建设中的田中湖湿地公园，石龙陂排水分区的年径流控制率提高了40个百分点。2016年，萍乡市水质采样监测的10个河流断面显示，水质提升明显。

（四）项目推进效果明显

截至2017年6月底，萍乡市海绵项目已完工56个，完成投资50.84亿元，占比达80.70%，项目投资跨进较快；重点推进了田中湖湿地公园、320国道改造、玉湖生态化建设等重大项目，完成萍水河污水干线改造工程、玉湖综合整治工程、西门内涝点治理工程和建设路、朝阳路等道路合流制改造项目的筛选与上报。与此同时，建设理念也随之嬗变，将海绵城市建设与萍乡转型升级相结合。

三 存在的主要问题

由于萍乡市海绵城市建设试点开展时间较短，在工程建设上缺乏一定的经验，没有固定的模式，难免存在一些困难与问题。

（一）缺少相关政策法规

海绵城市建设作为一个新生事物，处于摸索尝试阶段。许多问题尚未预见到，相关政策法规的出台也需要与试点建设实践相契合，需要在建设中进行分析，并适时调整。当前，萍乡海绵城市试点建设还缺少统一的政策法规的支撑和引导，缺乏统一的行业标准的统筹，建设过程仍旧无法可依、无章可循。

（二）科技水平能力不足

目前，萍乡海绵城市试点建设尚处在摸索阶段，需要设定许多技术参数和指标。萍乡作为一个小地级市，从规划、设计到施工的技术力量和水平有限，缺乏领军人物、团队和专业性人才，加之海绵城市建设人才培养不足，现有技术力量支撑海绵城市试点建设存在一定困难。

（三）适合海绵城市的PPP模式有待进一步探索

一是国家鼓励采用PPP模式解决建设资金不足的难题。在实际运作中，海绵城市建设项目的可经营性差，海绵城市项目多为城市道路、景观、水系等收入较少或没有收入的公益性项目，运营维护成本高，制约了海绵城市建设项目采用PPP模式。二是海绵城市建设项目收益率低、收益不稳定。采用PPP模式主要依靠政府付费，对地方财力的依赖性较强，而企业普遍反映，海绵城市建设项目预期收益率低，进而导致企业对海绵项目投资积极性差，尤其是一些老旧城区海绵体改造项目投资大、收益率低，吸引投资异常困难。另外，还存在审批流程烦琐耗时长、投资回收期较长以及受主体设施的工期等因素制约等问题。

（四）项目后期维护难

海绵项目后续运营维护，在很大程度上决定了海绵城市的可持续发展，如河道及调蓄池清淤、低影响开发设施定期清理与检查等，均需要大量人员与经费支持；甚至由于缺少专业管护，不少地方的调蓄池作用已基本丧失，人、财、物浪费较大。目前，萍乡市海绵城市建设涉及的项目多，后续管理、运营与维护工作需要大量的政策与资金支持。

（五）公众参与度低

海绵城市建设仍处在"摸着石头过河"阶段，目前海绵城市建设还局限在政府推动层面，民众对"海绵城市"概念及其所带来效益缺乏认识，

参与热情不高，参与度也不高，先进城市建设技术没得到广泛使用，传统城市建设模式还没发生根本性转变，影响了海绵城市建设的进程。

四 对策建议

（一）制定相关政策法规，完善制度体系

一是完善法规制度。规划管控方面，完善土地出让、"一书两证"等相关规定、制度；建设管控方面，协调与施工图审查、开工许可、竣工验收等环节的衔接。通过地方立法的方式，将成熟的制度措施法制化。二是建立与完善相关标准。建立、完善相关配套政策，对一些海绵城市建设的关键性内容和技术性指标予以确定，制定相关指标的标准，主要指标有径流流量控制目标、排涝达标率、雨水存储率、雨水综合利用率，编制相关工程建设标准图集和技术导则，以指导海绵城市项目建设。三是出台贯彻国家和省相关政策文件，并将相关要求落实到海绵城市建设当中。

（二）强化规划引领，实现多规合一

科学编制海绵城市建设相关规划，充分体现海绵城市建设理念，利用信息化手段，建立统一的空间规划体系，实现多规合一，城市总体规划、控详规划及道路、绿地、水系及其河湖连通规划等相关规划要将年径流总量、年径流污染控制率、绿地率和雨水资源利用率等指标纳入规划指标体系；统筹考虑全市低影响开发雨水系统建设目标、策略和建设时序，发挥规划在海绵城市建设中的控制和引领作用。

（三）强化技术创新，提升技术水平

海绵城市建设一个重要特征就是地域性较强，应加强本土海绵技术创新水平。一是加强本土技术力量培养。加大对多学科、多方向的人员培训，组织人员到省外试点地市取经，促进专业人员追求精细化的设计、建设和

管理，培养一支高水平的设计、监理、施工技术的本土技术力量。二是推进"产学研"结合。加强与大公司合作，充分利用其资金设备优势，共同研发创新，"产学研"结合，发挥科研人员的优势，促进企业技术创新，提高海绵城市建设效益。三是加强研发中心建设。加快推进企业建立海绵产品、技术研发中心，重点推进企业积极建设一批海绵重点实验室，加强对海绵城市建设相关的基础、前沿核心技术研究，提升海绵城市建设与产业技术协同创新能力。

（四）打造多元化的投融资平台，强化资金保障

一是加大财政投入力度。积极争取国家海绵城市建设资金，省级财政应加大对萍乡海绵城市建设试点投入，整合国家、省、市三级财政资金，放大财政资金效应，重点支持海绵产品、前沿技术、城市海绵体项目建设。二是加大信贷投入。银行业等金融机构可提供中长期低息贷款以支持萍乡海绵城市建设，重点支持萍乡海绵城市重大建设项目。三是鼓励社会资本参与。充分发挥社会资本作用，参与海绵城市投资建设、运营管理，促进技术企业和金融资本的结合，通过总承包方式承接建设项目，发挥整体效益。采用PPP模式（公私合营模式）解决海绵城市建设资金瓶颈难题，明确各方权利义务，保证合作顺利完成，并获得预期收益。

（五）建立质量监督保障体系，确保工程质量

一是制定海绵工程施工标准。因地制宜，制定海绵工程施工办法、标准，细分海绵城市建设指南，使得海绵工程施工规范化。二是落实责任制。将萍乡海绵工程质量，纳入领导政绩考核体系，并实行离任追究责任制。三是完善监理制度。制定完善监理工程师管理制度并加以严格落实，按"谁签字、谁负责"的原则，确保工程质量。四是建立风险机制。建立工程风险抵押制度，以提升工程单位施工质量意识。五是建立保修期制度。设定工程保修期，对"海绵"效果不达标的工程，施工单位必须负责进行维修、改建，海绵工程必须是经得起实践检验的工程。

（六）加大宣传力度　强化公众参与意识

一是营造宣传氛围。发挥媒体、广告的传播作用，加大宣传力度，重点对海绵城市建设意义、目标、内容等方面进行宣传，提高公众知晓率和支持率，并积极引导公众参与海绵城市建设，营造全民共建海绵城市氛围。二是强化海绵意识。通过讲座进社区等渠道，不断加强公众对海绵城市理念的认识，推动海绵城市建设。三是广纳社情民意。一些重大海绵城市建设项目，组织召开听证会，并让城市居民参与其中，广泛征求群众意见，采纳群众合理建议，促进海绵城市建设。

参考文献

吴奇强：《"海绵宝宝"长大　"城里看海"变少》，《人民日报》2017年7月8日。

徐君、任腾飞、王育红：《海绵城市建设困境及解决之策——以河南省为例》，《资源开发与市场》2016年第5期。

李淑玲：《海绵城市建设现状及发展策略探讨》，《山西建筑》2017年第3期。

毕桂平、陈嫣、徐存福、刘振涛：《城镇化大背景下的海绵城市建设与资源协调发展——以上海市海绵城市的建设途径为例》，《上海城市管理》2016年第1期。

江西省人民政府办公厅：《江西省人民政府办公厅关于推进海绵城市建设的实施意见》，2016年1月。

《（治国理政新实践·江西篇）江西省萍乡市：海绵城市建设显成效》，江西网络广播电视台，2017年6月8日。

任陶冶：《海绵城市建设的问题与对策》，《城市建设理论研究》（电子版）2017年第7期。

李婷：《浅析海绵城市的建设》，《智能城市》2015年第12期。

B.15 吉安市实施吉泰走廊战略研究

江西省社会科学院课题组*

摘　要： 吉泰走廊是原中央苏区振兴发展的战略支点和支撑江西省加快发展的重要增长带，加快实施吉泰走廊战略，推进改革创新先行先试，扩大有效投资，实施创新驱动，加快产业转型升级，加速推进城镇化进程，将有助于探索革命老区加快发展新路径，示范带动赣南等原中央苏区振兴发展。

关键词： 吉泰走廊　经济"新常态"　新型城镇化

吉泰走廊是吉安市综合实力最强的区域，也是原中央苏区振兴发展的战略支点和支撑江西省加快发展的重要增长带。"支持吉泰走廊开放开发，建设工业化、城镇化和农业现代化协调发展示范区，打造重要的经济增长带"是《国务院关于支持赣南等原中央苏区振兴发展的若干意见》（国发〔2012〕21号）和国务院批复的《赣闽粤原中央苏区振兴发展规划》（发改地区〔2012〕480号）明确提出的重要任务，对吉泰走廊战略实施情况进行跟踪调研和分析研究，对于探索革命老区加快发展新路径，示范带动赣南等原中央苏区整体振兴发展具有重要意义。

---

* 课题组组长：麻智辉，江西省社会科学院经济研究所所长，研究员，研究方向为区域经济与工业经济。成员：高玫，江西省社会科学院经济研究所副所长，研究员，研究方向为区域经济；余永华，江西省社会科学院经济研究所助理研究员，研究方向为区域经济；龚雪，江西省社会科学院经济研究所助理研究员，研究方向为区域经济。

一 经济新常态下吉泰走廊战略实施概况

吉泰走廊位于吉安市的中心地带，以105国道为主线，以京九铁路、赣粤高速为两翼，包括吉州区、青原区、井冈山经济技术开发区、庐陵新区和吉水县、吉安县、泰和县"三县四区"。走廊南北长约70千米，东西平均宽约30千米，总面积约2542平方千米，约占全市总面积的10%，是吉安市综合实力最强的区域。

推进吉泰走廊建设是吉安市遵循经济发展的客观规律，实施非均衡发展战略的重大构想和实践。吉泰走廊战略提出于2011年，并于2012年上升为省级区域发展战略，2015年上升为国家级区域发展战略，其目标是建设"四化"协调发展示范区，建成全国重要的信息化产业基地、国家现代农业示范区、全省重要的经济增长极和城乡一体化发展先行区。近年来，吉安市围绕这一目标，按照"绿色空间相隔、快速通道相连、基础设施相接、改革创新先行、产业聚焦集聚、公共资源共享"的发展格局，大力推进吉泰走廊建设，实施非均衡发展战略，着力在功能布局、产业集聚、要素整合、城市组团、开放引资、开发合作、机制改革、社会治理、民生保障等方面聚焦发展、升级发展。目前，吉泰走廊发展态势良好，发展贡献度稳步提升，支撑引领和示范带动作用明显增强。

（一）经济发展提速升级，综合实力大幅跃升

近年来，吉泰走廊坚持加快发展、创新发展、统筹发展、集约发展和绿色发展理念，注重发展速度、质量和效益相统一，经济发展取得历史性进步，经济整体保持稳健增长，经济总量快速扩张，主要经济指标增幅均超过全市平均水平，占全市的比重稳步提高。2012~2016年，吉泰走廊生产总值由443.07亿元增加到770亿元，年均增长14%，占全市比重由45.5%提高到52.5%，且每万元地区生产总值能耗全省最低；财政总收入由82.37亿元增加到130亿元，短短4年，增长超过一番，占全市比重由57.5%提

高到56.7%；规模以上工业增加值由229.41亿元增加到445亿元，4年实现翻番，年均增长近20%，占全市比重由55%提高到58.5%；固定资产投资由381.9亿元提高到776亿元，4年实现翻番，年均增长19%，占全市比重由39.13%增加到45%。具体情况如表1所示。

表1　2012～2016年吉泰走廊主要经济指标情况

年份	地区生产总值		财政总收入		规模以上工业增加值		固定资产投资	
	绝对值（亿元）	占全市比重（%）	绝对值（亿元）	占全市比重（%）	绝对值（亿元）	占全市比重（%）	绝对值（亿元）	占全市比重（%）
2012	443.07（未含井开区）	45.5	82.37	57.5	229.41	55	381.9	39.13
2013	508.1	50.1	91.97	54.2	292.8	55.16	474.46	44.57
2014	563.32	51.2	107.85	55.26	384.5	55.8	568.7	44.8
2015	697	52	123.27	56.03	418.1	57.3	669.1	45
2016	770	52.5	130	56.7	445	58.5	776	45

（二）三次产业发展迅速，平台建设不断夯实

三次产业不断融合、升级发展，战略性新兴产业进一步壮大，农业产业结构继续调优，工业发展亮点突出，现代服务业占比明显提高，产业集聚步伐加快，现代产业体系加速构建，产业结构逐渐向以战略性新兴产业为代表的中高端产业不断转变。

现代农业方面。吉泰走廊在稳定粮食产量的基础上，大力发展以"井冈蜜柚"为特色的富民产业，新增六大富民产业种植面积约100万亩，其中井冈蜜柚60万亩。现代农业示范园规划建设面积达12.4万亩，核心区建成面积2.93万亩，共新进驻企业40家，成立了井冈蜜柚研究所、中国农业科学院柑橘研究所井冈蜜柚试验站等农业科研平台。目前，走廊范围市级以上龙头企业198家，一批农业品牌成果荣获中国驰名商标和江西省著名商标，农业品牌战略逐步深入。

工业方面。近三年来，走廊区域已逐步形成了以电子信息、绿色食品、

生物医药、先进装备制造、新能源新材料等为代表的战略性新兴产业发展体系,其中以电子信息为主的战略性新兴产业呈现加速集聚势头,首位度明显提高,主要形成了以井开区为龙头,以电子信息产业为主导,统筹规划区域内六大园区的产业分工和布局。目前,走廊区域规模以上工业企业户数达565户,三年新增规模企业116户。2016年,吉泰走廊规模以上工业增加值为445亿元,较上年增长6.4%;实现工业主营业务收入1913亿元,占全市比重达58.3%。特别是电子信息产业已集聚企业250多家,形成通信终端和传输设备、LED绿色照明等六大百亿元产业集群。2016年走廊电子信息产业实现主营业务收入620亿元,占全市电子信息产业比重达83%,占全省比重近30%。

表2　2014~2016年吉泰走廊电子信息产业主营业务收入增长情况

年份	绝对值(亿元)	增速(%)	占全市比重(%)
2014	446.6	26.8	84.03
2015	516.3	15.6	84.4
2016	620	18.1	83

服务业方面。吉泰走廊作为全市服务业发展的重要区域,通过充分挖掘历史文化资源,重点发展文化旅游、现代物流、信息服务、文化印刷、电子商务等产业,2016年吉泰走廊完成服务业增加值240亿元,占地区生产总值比重达到35%左右。新增吉州窑和燕坊古村2个国家4A级景区,赣江水上旅游成功破题。现代物流加快发展,零担物流线路在吉泰走廊所有工业园区全覆盖,并开通南昌、长三角、珠三角等主要城市配送专线,企业物流成本明显降低。天虹商城、金鑫未来港等一批城市高端综合体建成投入使用,中心城区商业品质不断提升。成功引进华夏、浦发等全国性股份制银行,农信社改制和村镇银行在走廊范围实现全覆盖。2016年,走廊县(区)电子商务实现交易额占全市总量的75%,交易额连续两年翻番。吉泰走廊服务业平台发展迅速,获批3家省级服务业集聚区、6家省级服务业龙头企业,分别占全市总量的50%和55%,此外还认定了5家市级服务业集聚区和7

家市级服务业龙头企业。

产业平台建设不断夯实。走廊区域先后获得国家批复的重大平台共19个，即吉安电子信息国家新型工业化产业示范基地、国家井冈山经济技术开发区、国家级吉安高新技术产业园区、吉安市国家旅游扶贫试验区、吉安台资企业转移承接基地、吉安县国家现代农业示范区、井冈山出口加工区、吉安国家电子信息高新技术产业化基地、吉安国家级加工贸易重点承接地、吉安国家印刷包装产业基地、吉州区国家农业综合开发现代农业园区试点。这些重大平台建设，是走廊景区、园区和农业科技示范园区同步推进的结果，推动了传统优势产业与战略性新兴产业互动融合，推动了工业和服务业双轮驱动，推动了一产"接二连三"，加快了走廊产业集聚、产城融合步伐，带动作用明显。

（三）新型城镇化建设有序推进，功能布局更加合理

近年来，吉泰走廊着力优化城镇布局，不断加快城镇群建设，城镇发展已由规划编制、顶层谋划逐步向科学管控和有序实施转变，进入全面深化发展阶段，2016年走廊城镇化率约54%，提高2.5个百分点。一是功能布局不断优化，强化组团和片区建设，中心城区"六大组团"（城南、城北、城东、城西、城中、金樟组团）、滨江新区、樟山新区、青原区对接新区以及城南新区成为新的城市新版块，基本形成了"一城四区、两江三岸"城市框架，建成区面积达74平方千米，且中心城区人气商气进一步聚集，县区融城步伐不断加快，吉安县、吉水县全部与中心城区互通连接，走廊三县四区形成了更加紧密的经济圈、生活圈。二是以人为核心，产业为支撑，基础设施和公共服务为保障，城乡一体为目标的"一核两翼三带"的吉泰城镇群已现雏形，基本形成中心城区、副中心、重点镇、中心村梯度协调发展格局。

（四）创新驱动加快形成，引领作用显著增强

在《深入实施创新驱动发展战略推动创新型城市意见》《吉安市科技协

同创新最大专项的竞争性分配方案》《市级科技计划项目申报指南》等政策性文件的大力推进下，吉泰走廊积极培育高新技术企业，不断提升科技型企业的技术创新能力。目前，走廊拥有高新技术企业100多家，还有40家完成材料申报工作，高新技术产业增加值总量居全省前三，专利申请量达1308件，授权量达1596件，天人生态股份有限公司获批国家林业有害生物质防治产业技术创新战略联盟。仅2016年，就获批省级科技协同创新体2家、省级知识产权优势示范企业19家、省级众创空间8个，新增省级技术研究中心3个，吉水县香料产业龙头企业正在牵头组建江西省香料产业技术联盟。特别是随着电子信息产业规模不断扩张，吉泰走廊电子信息技术服务体系不断完善，企业自主创新能力不断增强，成功获批吉安国家电子信息高新技术产业化基地，吉安高新区升格为国家高新技术产业开发区，量一光电、仪能科思、合力泰等龙头企业组建并成功获批省级科技协同创新体，共获批省级工程技术研究中心（重点实验室）16个，博硕科技、合力泰等企业设立博士后科研工作站。

（五）生态保护不断强化，城乡环境愈加秀美

为加快建设江西绿色崛起先行区，吉安市先后出台了《中共吉安市委关于贯彻省委十三届十一次全会精神加速推进绿色崛起的意见》《市委市政府关于加快生态文明先行示范区建设的实施意见》《吉安市生态文明先行示范区年度建设工作要点》等文件，确立了吉泰走廊绿色崛起的思路、路径和工作重点。一是加快重点生态工程建设。全面开展"两带一区"建设和"三改三清"攻坚行动，印发了《吉安市中心城区三改三清攻坚行动实施意见》和《赣江百里风光带建设实施方案》。近几年，走廊已完成50个旧城、40个旧村、20个旧厂改造项目，清理了赣江沿岸20.5千米护坡、清除违章搭建889处、清除户外违规广告789块、垃圾广告86.5万条，吉水县水上旅游开发、中心城区污水处理设施及骡子山水上码头等项目完工或者开工建设。仅2016年吉安市就淘汰黄标车及老旧机动车1.2万辆。二是启动生态环境保护立法。在《关于加强吉泰生态保护的决议》和《吉泰走廊区域生

态保护实施细则》的基础上，启动了吉安市第一部地方性法规《吉安市吉泰走廊生态保护条例》的起草工作，即将报请市人大常委会讨论；"河长制"全面推行，主要河流断面水质达到国家标准；全面实行基本农田永久保护和红线管控；编制了《吉泰走廊区域生态保护规划》，科学划定走廊区域功能分区和生态红线，严格落实生态红线管控制度。三是争创了一批示范试点。吉安市作为全省唯一设区市全境入选全国生态保护与建设示范区；井开区成为全省年度唯一成功入选国家园区循环化改造示范试点，并获国家中央预算内资金1.28亿元。2016年吉安市成功获批国家循环经济示范城市、全国低碳试点城市，新增4个县纳入国家重点生态功能区，市中心城区庐陵赣江湿地公园入围国家湿地公园建设试点，井开区、吉州工业园区被命名为省级生态工业园。四是美丽乡村建设亮点纷呈。坚持"五美"和"八不八多"原则，按照"严格规划、带状推进、镇村联动、扩权强镇、产业升级、生态永续"的思路，大力实施镇村联动、村落连片和大村整村推进，967个美丽乡村示范点正向新的广度和深度推进，乡村建房管控力度持续加大，特色城镇建设有序铺开，城乡生态美景和文化品位进一步提升，经济发展带动力明显增强。"望得见山、看得见水、记得住乡愁"的魅力城乡正加快形成。

二 吉泰走廊创新引领发展的做法和经验

（一）注重抓好顶层设计，着力构建长效工作机制

成立了以市委书记、市长为正副组长，分管市领导为副组长的吉泰走廊建设推进领导小组和新型工业化、城镇化、农业农村现代化等8个工作推进组，设立专门机构苏区（吉泰）办，定格为正处级事业管理单位。先后出台《贯彻落实江西省人民政府关于支持吉泰走廊打造重要增长带的实施意见》、贯彻《实施方案》责任分工的三个指导意见和《加快吉泰走廊建设三年计划白皮书》《吉泰走廊建设领导小组8个工作推进小组推进意见和年度工作要点》等系列政策文件，下达了《吉泰走廊三县四区发展目标责任

书》，明确发展目标和工作职责，在全市上下形成了合力共同推进吉泰走廊建设良好局面。

同时，建立了工作调度机制，每半年由市委主要领导主持召开领导小组会议，研究讨论、协调解决吉泰走廊建设重大事项；每季度由市政府主要领导主持召开吉泰走廊工作推进会，主要协调解决吉泰走廊涉及跨部门、跨县区重点难点问题。强化了运行分析，由市吉泰办牵头，走廊县区以及统计、城建等部门参与，定期加强走廊经济运行、分析、预警、监测，每季度编印运行月报、运行情况通报，还对吉泰走廊建设投资 1 亿元以上基础设施项目、投资 5000 万元以上产业项目、投资 3000 万元以上社会事业项目及服务业和重点政策资金对接落实等有关情况，纳入市委市政府重大信息报送范围，为领导决策参考提供依据。发挥了考核评价作用，从 2012 年度开始，制订吉泰走廊建设综合考评工作方案，专门设立发展奖、进位奖、贡献奖，调动各方积极性。

（二）大力推进改革创新先行先试，奋力破除发展瓶颈

吉安市把吉泰走廊改革创新先行先试作为全市"1＋16"改革重点率先推进，提出了走廊五大领域 18 项改革措施，走廊"多规合一"和城乡居民医疗保险统筹被列为全市 15 项重点突破改革事项。打破县域分割，重点加快产业发展、基础设施、公共服务等"六个一体化"建设，实现水电油气、通信交通、医保金融和劳动力市场一体化，人才、信息、土地等要素资源实现统一开放、自由流动，激发了加快发展的内生动力。建立基础设施建设共建共享机制，制定园区产业指导目录和项目清单；民间借贷资本管理中心在全省率先推行，上海股权托管交易中心成功入驻；"人文社区、温馨家园"创建获评中国社区治理十大创新成果，并与扩权强镇改革一道列入全省改革推广项目。在全省首建"前台一口受理，后台分类办理，中心一头管理"为运行模式的区级"一口式"便民服务中心；青原区城乡客运一体化公共交通省试点工作全面启动；吉安县省"多规合一"规划纲要初步成果已初步形成，并列为全省农村土地承包经营权、农民住房财产权抵押贷款"两

权"抵押贷款试点县；吉水县在全省首创国税、地税集中办公、联合办税服务模式；泰和县"民嘴讲堂"荣获全国基层理论宣讲先进集体并将在全省推广；井开区实行分片区责任招商，探索建立聘用招商顾问机制；庐陵新区积极探索政府购买公共服务等。

（三）不断深化科技创新，打造科研合作平台

近年来，吉泰走廊不断深化科技创新，打造出一批有较大影响力的科技平台。以井冈山经济技术开发区为例，该区坚持以企业为主体，政府为主导，着力实施创新驱动发展战略，努力激发科技资源的创新活力，增强科技对产业的支撑能力。目前，全区共有高新技术企业31家，占全市的30%，高新技术产值占比达45%以上。

具体做法：一是引导和支持企业加强企业技术中心、研发中心等创新平台建设。目前，全区有博士后工作站1个、院士工作站1个、省级企业技术中心（工程技术研究中心）36个，累计获得国家、省重点建设项目46个，共获得扶持资金近6亿元。二是积极协助企业申报各项专利，园区内企业共获各项专利502项，其中发明专利51项，实用新型专利177项；天人集团"天利及图"获中国驰名商标；63个产品获江西省重点新产品。三是以"创新、高新"为主线，培育了一批技术含量较高、产品市场前景较好、产业带动能力较强的高新技术企业，初步形成了以木林森、合力泰、红板等为代表的电子信息产业，以普正药业、江西生物制品等为代表的生物医药产业，以瑞鹏飞、贯通科技等为代表的装备制造业，以优特利、威力新能源为代表的新能源产业，以冠德新材料、思立科等为代表的新材料产业。

同时，大力打造"产学研"协同创新平台。加强政府引导，瞄准主导产业发展方向，把科研院所、高等学校与企业技术创新联合起来。如：生物制药方面，普正药业博士后工作站与中国科学院上海药物研究所、上海医药工业研究院等建立了长期的产学研联盟与战略合作关系；江西天人生态集团与中科院及华南农业大学长期合作，并在真菌杀虫剂产业化及森林害虫持续控制技术方面取得重大突破，获得国家科技进步二等奖；江西生物制品研究

所与中国军事医学科学院、香港科技大学、兰州大学、井冈山大学等科研院校建立产学研联盟。电子信息产业方面，经开区与北京航空航天大学电信学院共建电子通信实践教学基地；木林森公司与井冈山大学、中山大学已完成5个项目的研发应用工作，与井冈山大学合作研发的"白光LED器件"荣获"江西省重点新产品"称号。

（四）探索创新招商模式，继续强化招"大"引"强"

为提升招大引强成效，吉泰走廊主要探索了四种模式：一是"筑巢引凤"的发展模式，由政府主导，投资建设标准厂房，招引龙头项目快速进驻。二是"飞地园区"的发展模式，通过与发达地区互利协作建设"飞地"园区，实现从引企业向引产业、引项目向引园区的转变。深圳产业园、南山示范园就是这一模式的生动实践。三是"要素联姻"的发展模式，由工业地产商出资建设特色产业园区，并以土地、厂房入股的形式，引进同类或上下游配套企业抱团转移，扎堆发展。比如，香港六星产业园。四是"母体裂变组合式"发展模式，通过龙头企业总部加若干个生产基地的模式，实现产品的链式组合，自成体系，集群发展。如，江西合力泰科技股份有限公司，目前实现了液晶显示、触控显示等产品的链式组合，成为吉安首个本土上市的电子高科技企业和全国电子信息百强企业，实现年产值47亿元。在这些发展模式的有力带动下，经开区招商引资取得积极成效。近3年来，共签约亿元以上项目56个，其中50亿元项目1个、30亿元项目5个。

三 当前吉泰走廊发展面临的困难和问题

吉泰走廊经济社会发展与前几年相比虽有了较大改善，但仍存在着许多困难和问题，主要表现在以下几个方面。

（一）政策放大效应还不明显

国家实施"一带一路"、长江经济带、长江中游城市群建设等重大战略政策，江西省实施鄱阳湖生态经济区、赣南等原中央苏区、生态文明试验区等发展战略，给吉泰走廊发展既带来了机遇，也面临着挑战，从近年来实施的效果来看，挑战大于机遇，形势十分严峻。全省区域发展仍然呈现重心北移、多点竞争发展趋势，省级政策倾斜困难，吉泰走廊在一定程度上还存在中部塌陷现象。叠加经济新常态的影响，近三年来，吉泰走廊经济发展主要指标呈下降态势，地区生产总值增速从10.5%下降到9.3%，规模以上工业增加值增速从20.2%下降到15.9%，特别是固定资产投资和财政总收入增速下降速度较快，分别从31.3%、17.4%下降到6.4%、5.3%，增速远低于全省平均水平。

表3　吉泰走廊近三年主要经济指标增速

单位：%

年份	地区生产总值增速	财政总收入增速	固定资产投资增速	规模以上工业增加值增速
2014	10.5	17.4	31.3	20.2
2015	10	14.3	10.3	17.6
2016	9.3	5.3	6.4	15.9

（二）转型升级发展后劲不强

新引进重大项目和高附加值的项目偏少，尤其世界500强、国内200强、央企以及上市公司没有实现大的突破；创新驱动能力较弱，研发投入不足，2015年，吉安市研发投入强度为0.89%，低于全省平均水平（1.04%），不到全国平均水平（2.04%）的一半，创新人才缺乏；协同创新能力弱，市里的协同创新专项，每个项目100万元，没有合作的项目申报，用不出去；高新技术产业和新兴产业占比低，孵化器和创业投资这两大创新驱动工具覆盖面不广；走廊建设资金来源单一，金融支持经济发展的贡献度不高，吉安市上市融资较少，而以银行贷款为主的间接融资方式仍是企业融资的唯一手段，融资渠道狭窄单一，还没有设立外资银行的分支机构，且全国性股份制商业银行仅有浦发银行吉安分行，金融租赁公司、财务公

司、信托投资公司、产业投资公司和风险投资公司等非银行金融机构较少。进一步做大总量、提升质量面临的压力较大。

（三）产业集聚度不高

吉泰走廊区域产业并没有形成产业集群所特有的网状生产格局，相互合作与分工较少，集聚效应不明显，缺乏具有龙头带动作用的大型整机企业和具有承担大型信息工程的系统集成服务企业；同时，产业配套能力不强，尤其是生产性服务配套不强，信息和技术咨询、技术交易转让、律师事务所等中介服务机构不够完善，用工、物流、融资服务、校企合作等服务平台有待强化。产业链上下游配套有缺失环节，优势细分产业都存在关键链条缺失，没有形成一体的链式产业集群。

（四）企业运营成本不断提升

近年来愈演愈烈的"用工荒"现象推动着劳动力成本的不断上涨，劳动密集型企业的投资成本水涨船高，企业员工工资每年涨幅在10%以上，劳动力成本的上涨严重挤压了企业的盈利空间。同时，招工难，高层次技术人员缺乏，不少从沿海产业转移过来的劳动密集型企业，在当地难以招到合适的工人，招进来的工人流失性也很高，员工以35~50岁的妇女为主，青壮年男性工人招不进，留不住。除了普工短缺，高层次技术及管理人才匮乏也较为普遍，由于引进不了高层次技术人员，企业产品研发机构只能建在沿海发达地区，在当地只有生产基地。用能成本高企，能享受直供电的企业为数不多，又不能以园区为单位打包申请直供电优惠政策，导致企业用电成本高。用水成本也高，吉水园区的企业反映，该园区工业用水较其他地区每吨高0.8元。

（五）城镇化水平较低

2016年吉泰走廊城镇化率约为54%，较南昌低18个百分点。从反映城镇化水平的户籍人口和常住人口来看，吉泰地区户籍人口城镇化水平远远落后于常住人口城镇化水平，直接导致进城农民工在社会保障、就业、住房、子女教育等方面不能享受公平公正的社会公共服务，人的城镇化未能实现，严重影响到城镇的健康发展水平。

四 加快吉泰走廊快速发展的对策建议

（一）扩大有效投资，增强吉泰走廊经济发展承载力

政府要加快引进重点项目，特别是投资老百姓最关心的、最直接的、最现实的吉泰走廊基础设施和公共服务领域，推动吉泰走廊地区经济社会平稳较快发展。加快走廊轻轨规划前期工作，推动沿江路北延、吉福路西延、君华大道工程（吉安南大道至市委党校段）竣工投用，实现泰和大桥全面通车。完成客运一体化改造，实现卫星镇、重点镇和工业园区公交全覆盖，统筹推进走廊公交、供水、供气一体化工程，建设城乡一体的公共服务和社会保障体系。加大信息基础设施建设力度，加快宽带网络、移动接入、城域无线网络设施等建设，促进吉泰走廊信息覆盖，建设智慧走廊、数字走廊。加大对战略性新兴产业、高新技术产业的投资力度，积极引进世界500强、中国200强及央企的重大投资项目，培育壮大支柱产业。

（二）实施创新驱动，构筑吉泰走廊创新型产业体系

要全面实施创新驱动战略，集聚创新要素，提高经济活力，把吉泰走廊打造成为创业乐园和创新摇篮。运用创新驱动调整优化产业布局和结构，着力解决吉泰走廊经济发展中诸多问题。加快建设一批科技城、科创中心、孵化器等符合不同水平创新需求的平台载体；加快推进产品创新、产业创新和商业模式创新，支持和发展一批高科技企业、创新型企业。健全城市创新系统，构建城市创新生态体系，为产业升级与城市经济发展提供保障。围绕千亿元产业、百亿元企业目标，大力实施战略新兴产业倍增计划，重点培育壮大电子信息、先进装备制造、生物医药、新能源新材料通用航空等新兴产业，特别是捏紧拳头聚焦电子信息产业及其LED、触控显示等细分产业，

构建现代电子信息产业体系。支持吉安电子信息产业争取国家新型工业化产业示范基地公共服务平台建设资金扶持，设立省级电子信息产业发展专项基金；支持走廊建设国家电子商务示范基地。同时，找准与国家政策项目结合点，全面启动新高铁经济试验区、井冈山机场临空经济区、桐坪航空产业园等"两区一园"新经济增长点建设。加快提升吉泰地区传统优势服务业，优先发展工业设计、总部经济、科技咨询、文化创意、绿色金融、现代物流等现代服务业，不断提升服务业发展水平。

（三）坚持以人为本，加速走廊新型城镇化进程

加快推进吉泰走廊区域先行，开展新型城镇化试点，并在政策扶持、要素保障、投融资机制等方面予以倾斜支持，构建"一核两翼三带"城镇体系，重点推进中心城区"六大功能组团、八大重点片区"建设。继续提升庐陵新区核心带动力，加速建成区域性城市CBD，打造经济新高地。聚焦城西高铁新区，引导城市空间拓展和产业更新。加速推进吉水、吉安县融城步伐，促进城乡协调发展，引导产业和人口合理分布。

（四）优化发展环境，提升经济发展动力

深化走廊体制机制改革，推广吉州区"一口式"便民服务中心模式，减少审批环节，简化办事程序，实行"前台一口受理、后台分类办理、中心一头管理"。切实贯彻落实江西省降成本80条和新20条精神，持续打好降成本攻坚战，完善帮扶长效机制，坚持分级分类帮扶与每月抽查考核，实现市县联动、部门互动，切实为实体经济减负增效。充分运用中小企业信息服务App平台，建立直线沟通机制，实现企业诉求、问题受理、问题督办、企业评价反馈等一站式管理，提高精准帮扶企业实效。将重大工业项目、产业对接、"双创"项目纳入全市年度重点项目库，优先保障用地需求。优化园区物流，以东部沿海地区城市为目的地，各个园区联系一家货物物流公司到本地设点，打造多条物流专线，定时定点实现货运直达"夕发朝至"，打造运行高效、成本低廉的物流体系。

（五）放活人事制度，吸引和集聚吉泰走廊高层次人才

加大对吉泰走廊地区的人才政策支持，通过物质奖励、要素入股、精神激励等各种手段提高人才的生活待遇。有条件的情况下，尽量解决高端人才子女就学、配偶安置等方面难题，免除他们的后顾之忧。同时，支持大学、科研机构等不拘一格、大胆提拔重用高层次人才。

（六）增加信贷供给，扩大吉泰走廊投融资渠道

协调金融机构加大对吉泰走廊地区的资金投放强度，积极组建吉泰走廊产业投资基金和创业投资基金，吸引省内外创业、风险投资机构来发展业务，打开对外的资金融通渠道。选择吉泰地区的重点行业和优势企业，加快企业在沪、深证交所上市融资的步伐，支持实力强的公司到境外证券市场直接融资，同时政府要配套制定企业上市的扶持措施和奖励政策。

参考文献

马强、林文：《基于DEA的江苏省产业结构优化分析》，《资源与产业》2012年第4期。
袁培红、樊浩峰：《大力发展产业集群推动产业结构升级》，《宏观经济管理》2010年第4期。
刘春芝：《集群式创新》，中国社会科学出版社，2013。
杨文兵：《城乡接合部社会治安协同治理模式初探》，《管理学家》2013年第1期。

B.16
新余水生态文明试点建设的思考与建议

孔凡斌　王晶*

摘　要： 水生态文明是生态文明的重要部分和基础内容，新余市作为全国水生态文明建设试点城市，开展水生态文明建设在水资源管理体系建设、水生态工程建设、水资源开发利用等方面具备一定的基础，但仍然存在水体污染、供用水安全保障程度不高、最严格的水资源管理制度尚未全面落实等问题。针对新余市水生态文明建设，文章从水资源、水生态、水供用、水文化体系建设及试点保障措施等五个方面提出了有关对策和建议。

关键词： 水生态文明　生态治理　新余

水生态文明是生态文明的重要部分和基础内容，推进水生态文明建设，是新时期推动民生水利新发展的重要任务，是促进人水和谐、推动生态文明建设的重要实践，也是建设国家生态文明试验区和建设美丽中国的重要基础和支撑。新余市虽为工业城市，但生态环境优美，生态优势得天独厚。2013年7月，国家水利部正式下发了《关于加快开展全国水生态文明城市建设试点工作的通知》，正式确定新余市为全国水生态文明建设试点城市。

---

* 孔凡斌，江西省社会科学院副院长，二级研究员，江西财经大学博士生导师、博士后合作导师，研究方向为农林经济与生态经济；王晶，江西财经大学理论经济学在站博士后，研究方向为生态经济学。

一 新余开展水生态文明建设的重要性

（一）开展水生态文明建设是解决新余水问题的根本途径

新余是个工业城市，经济社会快速发展的同时，也对水环境、水生态带来了严重的影响，成为制约经济社会可持续发展的因素。新余市加快水生态文明建设，就是要进一步强化水生态环境保护，持续改善水生态环境质量，加速推进工业城市的节水防污建设，从根本上解决水问题，以水资源的可持续利用保障经济社会的可持续发展。

（二）开展水生态文明建设是建设幸福新余的必然选择

党的十八大对优美水环境、城乡居民安全饮水等公共服务提出了明确要求。新余市开展水生态文明建设工作，有利于进一步改善城市人居环境，促进社会和谐发展，是以人为本理念的具体体现，也是加快新余转型升级、建设幸福新余的必然选择。

（三）开展水生态文明建设是建设新余水生态文化的重要支撑

新余市历史悠久，生态环境优良，孕育出仙女文化等一批具有地域特色的水生态文化。借助节水型社会建设，新余市在节水理念宣传方面也取得一定成效，但公众对于节水、爱水、护水的意识距离水生态文明建设的目标尚有距离，仍需进一步增强。通过开展水生态文明建设，将水生态文明理念融入当地的水资源开发、利用和保护的全过程，促进人水和谐发展，是建设新余水生态文化的重要支撑。

二 新余市水生态文明建设的主要成绩

（一）水资源管理体系基本建立

围绕"水资源配置、节约和保护"为核心的水生态文明城建设，新余

市强化水资源监督管理，深入推进用水总量控制，认真落实水资源论证、取水许可证等工作，并进一步规范水功能区限制纳污管理，扎实推进严格完善的水资源管理体系建设。

一是管理制度不断完善。新余市积极探索最严格水资源管理的"三条红线"和"四项制度"，明确了各县（区）2015 年三项控制指标［用水总量、用水效率、水（环境）功能区纳污总量等］，并围绕"三条红线"相继提出了《新余市水量分配细化方案》《新余市地表水功能区划报告》《新余市水域纳污能力意见》《新余市水量分配意见》《新余市地下水开发利用与保护规划》《新余市节水型社会建设"十二五"规划》《江西省新余市渝水区节水型社会建设规划》《新余市水污染防治工作方案》等一系列成果，为实行最严格水资源管理制度提供科学依据。

二是管理机制基本成型。2013 年，在全省率先实施用水价格调整，建立水价机制，袁河流域开展水资源补偿工作，深入探索水资源生态补偿机制。2016 年，"河长制"组织体系已经组建完成。通过积极开展"走河"活动，对区域内袁河新余段、仙女湖、孔目江沿岸的污染源和"八乱"问题进行全面排查。同时，新余市制订了《孔目江下游水质不达标河段治理方案》，采取雨污分流、截污纳管、清淤疏浚等措施，统筹推进水质不达标河段治理工作。

三是管理能力显著提升。按照相关法律法规的规定，新余市对改、扩、建工程建设项目要求必须在做好水资源论证的基础上，依法办理取水许可证方能取水。进一步强化了水行政执法工作，加强水资源的监督执法。2014 年，以全市 11 个省级水功能区域监测断面、1 个跨县界河监测断面、3 个饮用水源地、1 座大型水库、6 座中型水库的水质监测评价建立，实现全市水功能区监测全覆盖。

（二）水生态工程建设进展顺利

一是防洪排涝建设初见成效。依托水利改革发展机遇，仙女湖区城区防洪工程、分宜县洋江镇防洪工程等九大防洪工程全面铺开，一批污水管网改造工程、城区雨污工程进展迅速、收效明显。

二是"十河"生态廊道成果斐然。以"森林城乡、绿色通道"为抓手，十条袁河一级支流着力打造十河生态廊道、沿江河森林乡镇、森林村庄、森林生态文化示范村建设，已建成森林乡镇11个，森林村庄48个，森林生态示范村8个，实现"生态新余、秀美乡村"的战略规划。

三是河湖生态治理效果显著。实施仙女湖湖泊生态保护工程，确保了景点污水零排放；同时，为保护饮用水质安全，依法关停仙女湖、孔目江等重点水源区域的沿岸企业及规模化养猪场，整治农业面源和养殖污染，建立完善河湖周边的排污收集系统；推进水库水资源保护，全市所有水库全面实施生态化养殖，确保全市小二型以上水库水质达到三类水以上；推进生猪养殖业生态化改造，科学划分生猪养殖禁养区、限养区和可养区，做到粪污无害化处理与废弃物资源化利用，畜牧业与种植业循环利用的农业生态体系正逐步建立；通过河道疏浚、岸坡整治、生态修复等主要措施，主要河道水系的基本功能得以有效恢复，河道水环境改善明显。

四是水生态文明乡、村试点建设已成典范。2014年起，新余市开展省级水生态文明乡村创建工作，通过生活环境提升树立市民保护水资源、爱护水环境、维护水生态的良好意识，建成了一批"水畅乡洁"的水生态文明乡镇和"水静村绿"的水生态文明村。

（三）水资源开发利用稳步推进

一是城市供水体系取得长足进步。目前，全市日供水能力25万吨，城市居民安全饮用水率高达98%以上；农村饮水安全工程建设、农村自来水工程建设推进新余城乡一体化供水进程，全市农村居民安全饮用率达到100%，自来水饮水人口突破72%。

二是公共机构节水工作全面铺开。全市节水型机关、节水型社区、节水型学校如百花盛开，竞相斗艳；工业企业以新余钢铁股份有限公司、大唐国际新余发电有限公司国企用水大户为重点，强化节约用水工作，水的重复利用率达到98.6%以上；积极推进灌区续建配套与节水改造、小农水重点县、高效农业节水示范等农业节水项目建设，目前已完成分宜县石牛滩中型灌区节水灌溉工程、高新区水西镇高效节水灌溉工程及山南水库灌区续建配套与节水改造工程、分宜县及渝水区小农水重点县建设项目、渝水区联盟蔬菜基地千亩滴灌工程等项目建设。

三是农村污染治理扎实推进。依托水环境基础设施，在全市农村，因地制宜建造农村污水处理设施和配套收集管网，多方式推进村庄生活污水治理；探索农业循环经济新模式，2014年在罗坊镇兴建大型沼气工程，以农业废弃物和养殖粪污为主要发酵原料，年处理农业废弃物及病死猪3万吨，年产沼气150万立方米。农村面源污染治理得到创新发展。

三 新余市水生态文明建设存在的问题

（一）水体污染问题仍存在

一是工业污染不容忽视。由于新余市是个重化工业城市，锰钢（铁）生产、锰铁矿及其他矿开采是新余市的传统工业项目，长期以来工业废水外排必然造成对水体的污染，虽然对大部分污水进行了处理，但仍存在部分企业违规排放情况。在对"十二五"期间农村饮用水源地水质抽样检测中，一般化学性指标（Ph值、铁、锌、锰）超标达28%，毒理指标（亚硝酸盐、氟化物）超标15份。从检测结果分布看，全市农村地下水铁、锰超标有近1/3毗邻袁惠渠、袁河和工业园区。

二是农业面源污染严重。不合理施用农药、化肥、饲料现象仍然严重，在沿河、沿江一千米范围内，大部分农村污水处理设施还未建设，已建成的集镇生活污水处理设施和医疗污水处理设施运行效率没有达到设计要求。农村生活垃圾收运网络还没建成，集镇生活垃圾没进行无害化处理，容易对水体造成二次污染。养殖业对水源地造成了直接污染，沿江、沿河、沿库小规模畜禽养殖企业未建设废水处理设施，乱排放现象时有发生。2015年新余市畜禽养殖场周边土壤环境质量例行监测，结果表明：

15个点位中共有 2 个点位超标，超标率为 13.3%，污染物主要为镉和镍等重金属污染物。

（二）供用水安全保障程度有待提高

一是城市供水安全保障能力仍需加强。根据新余市 2017 年 2 月份的水质检测月报数据显示，该月集中式饮用水源地监测点位的达标率为 100.0%，监测水量的达标率为 100.0%。但与上年同期相比，集中式饮用水源地第三水厂由Ⅱ类水质变为Ⅲ类，第四水厂水质与上年相当，同为Ⅱ类地表水水质。饮用水源保护与修复方面仍需要开展相关工作。

二是工农业及生活还存在用水效率偏低的现象。全市人均用水量比全省人均多 40.4%，农业灌溉水有效利用系数仍有增加空间，节水型社会建设在巩固建设成果的基础上，仍需要加强建设力度。

三是城区部分地区排水沟渠过流能力有限。若遇较大降雨或汛期河道涨水，城区内局部低洼地容易形成内涝。

（三）最严格的水资源管理制度尚未全面落实

一是水资源信息化管理能力需要增强。全市统一的水资源管理信息系统建设还不完善，给水资源管理工作带来一定困难。二是制度建设还不够健全。在水资源和水生态的保护，以及水生态文明建设的协商协作、信息共享、督察追责、公众参与等方面的制度有待落实。三是管理手段有待提高。在制度执行力方面，目前已明确实行最严格水资源管理制度的具体要求，然而如何全面落实，执行到位，需要全社会各个方面的通力合作。

四　对策和建议

（一）推进严格完备的水资源管理体系建设

一是深入落实最严格的水资源管理制度。一要严格落实用水总量控制制

度。严格实施建设项目水资源论证、取水许可管理，扩大水资源费征收范围，实施取水量与地下水位"双控"。坚决遏制不合理新增取水，切实做到以水定需、量水而行、因水制宜。二要严格落实用水效率控制制度。进一步制定、下达各区（县）用水效率控制指标，建设项目节水"三同时"实施率要达到100%；加快城市生活、工业生产和农业灌溉等节水技术的改造和推广。三要严格水功能区限制纳污制度。确立水功能区限制纳污红线，从严核定水域纳污容量，定期通报水功能区水质状况，并建立水质达标评价体系；加强对水功能区和主要入河排污口水质监测，建立城市水资源监控体系；加强跨县（区）以上河流交接断面的水量、水质监测能力建设，出县（区）河流断面水质要满足水功能区水质目标。四要严格水资源管理责任与考核制度。各县（区）人民政府对市下达的各项水资源管理控制指标进行分解，确定各年度目标及任务。各县（区）人民政府负责落实本行政区内水资源管理责任，对完成情况进行考核，并将考核结果作为相关责任人绩效综合考评的重要依据。

二是进一步完善体制机制建设。首先，要深化水资源管理体制改革。加强城市供水、市政建设及防洪排涝、河道治理等工作的统筹协调力度，进一步强化河湖管理与保护工作。新余市作为江西省首个实行居民生活用水阶梯水价的地级市，在城区供水价格调整的基础上，进一步推动建立合理的水价形成机制，并开展试点与改革工作。其次，要深入落实"河长制"。充分发挥新余市"河长制"管理工作领导小组职能，统筹协调各部门，细化落实管护机构、职责范围、工作经费及考核办法，建立健全长效管护机制，定期分级组织开展市内重点河湖的健康评估工作，并就评估的河湖健康状况向社会公布。再次，要建立健全水资源生态补偿机制。要对袁河流域断面水资源生态补偿试点工作进行认真总结和分析，积极推动建立新余市水资源断面生态补偿机制，坚持"谁污染谁付费、谁破坏谁补偿"，严格执行生态补偿机制，实现跨市行政区交接断面水质、水量控制目标，并对生态补偿金额采取动态变化的方式进行。复次，要完善多部门协商、协同、协作机制。建立健全市、乡、村三级联动和水利、发改委、环保等部门协调联动的工作机制，建立健全包括经济社会信息、水利水电工程建设与运行情况、部门和行业信息等资料的适时采集与共享机制，并通过公开有关信息为公众参与和监督水生态文明城市建设工作提供必要条件。最后，要强化监督、追责、公众参与机制。严格执行目标责任制，实行绩效考核；要不定期邀请市人大代表、政协委员有关企业参与执法检查行动，征询各方意见，提高社会各界对水生态文明建设工作的重视；要动员公众参与，建立社会公众与管理部门之间上情下达、下情上传的交流机制。

（二）推进水生态体系健康可持续发展

一是要进一步提高防洪除涝能力。通过修建防洪堤、防洪墙等主要设施，继续实施新余市城市防洪工程，提高城市的防洪保安能力；对主要河道进行综合整治，改造拦河建筑物，新建涵闸，拆除废弃的老桥及抬水陂坝，进一步保障城乡防洪安全；推进城区电排闸站建设，提高城镇公共排水功能。

二是要进一步加强水源涵养与水土保持。要加强对南部、西北部山区水源涵养林的保护和建设，加强森林保护和恢复，提高森林质量、增强森林生态系统水源涵养功能和土壤保持功能；要加大水土保持公益林建设，提高区域森林覆盖率和森林质量；重点加强仙女湖生态功能保护区建设，在保护区内开展水源涵养、生物多样性保护等工作，防止仙女湖周边水土流失；要开展生态廊道建设工作，打造袁河一级支流的"十河绿廊"，重点推进袁河和孔目江城区河道生态廊道建设；强化河流、带状绿地作为生态廊道的功能，形成以河道整治工程为主，沿河进行绿化亮化的生态景观带；鼓励城市道路绿化带建设生态廊道，与河流生态廊道形成网络，覆盖整个新余市区。

三是要进一步加强河湖生态治理、水库生态养殖。继续实施仙女湖、孔目江等重点区域水环境综合整治，清理仙女湖淤泥，对其景点污水进行生态处理，对规模化养猪场和网箱养鱼农业面源及养殖污染进行整治；重新划定仙女湖饮用水源保护区，加强饮用水水源保护区警示牌、界桩等规范化建设，对周边生活污水及垃圾进行处理。进一步落实《水库生态养殖实施方案》，在全市中小型水库推动建立水库生态养殖模式，做好禁养、限养区域划分工作，严控投饵养殖，控制养殖密度，严禁养殖企业污水直排，形成湖库"多点镶嵌"的水生态格局。

（三）建设安全高效的水供用体系

一是实施城乡饮用水安全提升工程。强化市内地表、地下饮用水水源地的保护工作，明确地下水可开采水量及其对市区地下水的影响；划定农村饮用水源保护地，设标立界，加强对饮用水源地的水质监测，并实施严格管理，建设合格的农村饮用水源保护区，完善饮用水水源应急监管体系，提高突发水污染等事件的应急处置能力。对农村重点污染区域实施农村自来水工程建设，延伸城区管网及输配水管网，形成区域性管网体系。

二是科学开发利用非常规水资源。大力推进新余重点企业、工业园区、污水处理厂中水回用，尤其是城市污水处理厂中水回用工程建设。按照"就地处理、就地回用"原则，合理采用再生水处理技术和输配技术，配套再生水回用系统，积极鼓励工业利用再生水；继续推进仙女湖风景名胜区污水处理厂管网配套工程，建设收集污水支管，并完善中水回用系统，推进中水用于城市景观及绿化灌溉；积极推广小区中水利用。建立与城市水系统相协调的城市再生水利用管网系统，构建与单体建筑中水、居民小区中水相结合的再生水利用体系。对新建和改扩建的公共和民用建筑，禁止继续使用国家明令淘汰的用水器具。鼓励雨水资源化利用，科学设计、合理建设城市雨水收集处理系统，在全社会推广建筑屋顶、小区庭院雨水收集贮存系统，用于城市清洁、绿化灌溉等。

三是继续推进节水型社会建设。继续推进渝水区节水型社会建设中关于企业节水的工作，打造工业节水重点示范项目，促进全区工业节水；工业企业全面实施计划用水管理，制订节水减排方案；推广节水型生活器具，减少居民生活耗水量。继续推动袁惠渠灌区、蒙河灌区、龙门口灌区等大中型灌区的农田节水灌溉的续建配套与节水改造工作；针对不同的用水户制定相应的节水技术标准，评价与考核其节水水平；大力推进各类型节水型载体的建设，以节水型灌区、企业、社区、学校等单元为载体，配套出台相关的激励政策。

四是加强工业污染防控和农村面源污染整治。以冶金、化工、光伏、食品加工、纺织等行业为重点，严格执行行业水污染物排放标准。加强污水管网铺设和污水处理厂建设，确保截污后污水得到收集和有效处理。依法淘汰一批"五小"企业和4吨以下燃煤锅炉，积极发展和培育无污染、能耗低、效益高的支柱产业和特色产业；着力抓好重点耗能行业的节能工作，并督促企业制订并落实废水达标处理方案；实施区域重大项目联合审批，严格控制产能过剩排污过大行业的项目建设。将农村面源污染整治纳入新农村建设总体规划，因地制宜建设农村污水处理设施和配套收集管网，多方式推进村庄生活污水治理；大力推广节肥、节药和农田污染最佳综合管理措施等适用技术；推广生态农业生产技术和生产模式，科学规划和建设畜禽养殖场，紧密结合种植业，构建畜牧业生态经济体系，实现畜牧业可持续发展。

（四）建设先进特色的水文化体系

一是加快建设新余特色水文化。通过座谈、采风等各种调查手段，对新余市涉水的人文历史、制度规范、科技成果、文学艺术、民风民俗等开展全面挖掘和收集工作，按类别形成水文化原始资料。以仙女文化、抱石文化等优秀水文化为核心，扩大宣传，强力塑造涉水旅游品牌，提高新余的知名度，并以此为契机，重点发展新余市水文化旅游、水文化创意等产业。

二是实施水文化景观工程。以江河湖库为水文化的主要载体，实施中心城区水文化景观工程。实施孔目江景观提升工程，重点结合自身文化，打造沿江、沿河景观带，并因地制宜在滨岸地带建设一批亲水景观点。

三是加快水利风景区建设。以仙女湖风景名胜区、孔目江国家湿地公园等风景区为重点，加强核心景区的水土保持和生态修复，并突出对各自特色水文化的宣传，将其着口水库、西坑水库的滨水景观提升工程，打造赣西绿色精粹旅游点，进一步拓宽新余水文化产业的发展领域。

四是开展水文化与水生态文明教育宣传活动。重点以仙女湖、孔目江国家湿地公园作为水生态文明教育基地，创建一批水生态文明教育设施。利用

"世界水日""世界环境日""中国水周""全国城市节水宣传周"等契机，通过网络、电视、报纸、广播等新闻媒体，向全社会宣传水生态文明建设的重要意义，提升公众对于水生态文明建设的认知。针对机关、学校、社区，通过举办成果报告会、文艺会演、宣传展等一系列形式多样、生动活泼、参与面广的水生态文明教育活动，广泛宣传水生态文明建设理念，提升公众的环境意识、水生态意识以及对新余市水生态文明建设的认可。

（五）完善水生态文明试点保障措施

一是加强组织领导，推进体制改革。在成立试点工作领导小组的基础上，进一步落实目标责任和任务分工，并建立工作推进机制，切实保障在试点期内完成建设任务。并推动修改和完善水资源管理、水资源保护、水污染防治等方面的法规，建立健全部门联动、监督检查等机制，使水生态文明建设管理工作有制度保障。

二是建立投入机制，落实资金保障。在投入机制上，新余市应立足自身投入，有效整合地方财政资金；同时，广泛开辟资金渠道，积极争取中央及省级资金支持，建立并完善"政府主导、市场运作、产业支撑、多元投入、社会参与"的投入机制。同时，积极拓宽融资渠道，制定相关激励制度，以促进形成多途径市场化融资机制。

三是完善政策体系，建设长效机制。进一步强化依法治水管水，针对水资源管理的重要环节，出台、完善相应的配套制度和管理办法，保障新余水生态文明建设工作规范化、制度化与法制化。同时，进一步建立和完善水生态文明建设科学评估体系，采取定性与定量结合原则，科学、及时地对新余市水生态文明建设的进度、成效与问题进行评估，确保形成建设长效机制。

参考文献

《2014年玉林市水生态文明建设试点实施方案》，http：//www.docin.com/p -

1147751883.html，2016年5月24日。

陈明忠：《关于水生态文明建设的若干思考》，《中国水利》2013年第8期。

胡四一：《深入推进节水型社会建设——在全国节水型社会建设试点经验交流会上的讲话》，《中国水能及电气化》2007年第1期。

黄国勤：《鄱阳湖生态经济区循环农业的几种模式》，《浙江农业科学》2014年第5期。

韩圣明、刘佳佳、涂安国：《南昌市水生态文明城市建设思路研究与探讨》，《科技创新与水利改革——中国水利学会2014学术年会论文集（上册）》，2014年10月28日。

孔兰、蒋任飞、张晓伟、杨戴思：《琼海市水生态文明城市建设试点分析》，《水利发展研究》2015年第2期。

典型调查
Typical Investigations

B.17
小蓝经济技术开发区体制机制优化研究

江西省社会科学院课题组*

摘　要： 小蓝经济技术开发区是国家级经济技术开发区，是江西工业经济发展的重要阵地，对小蓝经济技术开发区体制机制进行研究，对于优化江西省国家级工业园区体制机制有重要意义。因此，本文旨在全面摸清小蓝经济技术开发区的整体情况和存在的主要问题，并提出优化体制机制的对策建议。

关键词： 小蓝经济技术开发区　体制机制　工业经济

---

* 课题组组长：姜玮，江西省社会科学院党组书记，研究员，研究方向为城市经济。成员：王果，江西省社会科学院城市经济研究所所长，副研究员，研究方向为区域经济；李华旭，江西省社会科学院城市经济研究所助理研究员，研究方向为产业经济与工业经济。

建设富裕美丽幸福江西，关键是工业发展，工业兴，则经济强，工业必须担当主力、打头阵、挑重担。国家级工业园区是江西工业经济的主战场，理顺体制机制是国家级工业园区进一步发展需要解决的问题。小蓝经济技术开发区是江西四大千亿元工业园区之一，发展势头良好，以小蓝开发区的体制机制为研究对象，一窥江西省国家级工业园区体制机制全貌，对于探索优化江西省国家级工业园区体制机制有着重要价值。

一 小蓝经济技术开发区体制机制情况

小蓝经济技术开发区成立于2002年3月，2006年3月升级为省级经济技术开发区，2012年7月成功晋升为国家级经济技术开发区。小蓝经济技术开发区是江西省首家由县级政府主导的国家级开发区，也是江西省唯一一个拥有汽车零部件、食品和生物医药三块省级产业基地招牌的制造业基地，核准规划面积18平方千米，建成面积27平方千米。

1. "市县共管、以县为主"管理模式

根据洪发办〔2014〕1号文件要求，小蓝开发区实行"市县共管、以县为主"管理模式，中共南昌小蓝经济技术开发区工作委员、南昌小蓝经济技术开发区管委会，分别为中共南昌市委、南昌市人民政府的派出机构，副厅级建制，对管辖区域内的党务、行政、经济和社会事务实行统一领导、统一管理。

2. 设置"8+3"部门架构

小蓝开发区内设8个职能局（室），均为副处级：办公室、党群工作部（人力资源和社会保障局）、安全生产监督管理局、环保规划建设局、招商局、社会事业发展局、财政局。另设机关党委和纪工委（监察室）。结合工作实际，在"三定"方案基础上，增加了"两中心一公司"，即招商中心、企业服务中心和经济发展投资有限公司，部门架构总体简称"8+3"，共11个部门。

3. 实行扁平化管理模式

小蓝开发区实行"党工委、管委会领导+内设部门正职+主办"三个

管理层级的"扁平化"管理框架。机关岗位设为党工委、管委会领导正职、党工委、管委会领导副职、内设部门正职、一级主办、二级主办、三级主办、四级主办、五级主办、六级主办等9个级别。其中部门正职13个，一级主办19个，二级主办26个，三级至六级主办74个。

4. 实施公平公正公开用人机制

按照人员能进能出、职能能上能下、待遇能高能低的灵活用人机制，内设部门负责人和工作人员全部实行聘任制，所有聘任人员打破身份、年龄限制，依据"双向选择、竞争上岗"的原则进行聘任，打破了干部的编制界限和身份壁垒。同时，实行严格的绩效考核机制，即"6+1"项考核，主要包括各部门工作作风建设；日志管理、周志、工作例会；办公环境"五常"管理；区党工委、管委会领导测评；项目推进；重点工作及协作类工作考核。考核对象包括所有部门及下辖的两个管理处，由区绩办组织实施，每月进行一次（其中项目推进工作两月一次）。薪酬发放、续聘、解聘、奖惩以及岗位晋降将以考核结果作为重要的依据。

二 存在的主要问题

随着小蓝开发区经济的快速发展，特别是升格为国家级开发区后，当前体制机制下存在的一些问题也逐渐暴露出来，主要表现在以下几个方面。

1. 县、区沟通机制不顺畅

开发区实行的是"市县共管、以县为主"的管理模式，具体运行中，沟通机制还有待进一步疏通。有关事项经小蓝开发区管委会研究后，还经过县委、县政府研究，审批时间较长；县、区部门间也尚未形成规范化、制度化的协调机制，管理主体交叉，办事程序繁杂，管理运行机制存在功能性障碍，发展合力并没有得到有效发挥。

2. 干部人事管理体制有待进一步完善

干部上升通道不顺畅，由于身份组织部门尚未确认，并没有根据"三定方案"理顺开发区干部队伍政治待遇，开发区也没有相应的人事工资审批职能，制约了开发区干部的上升通道；人才流动受到极大限制，只有少数高层管理干部可以横向流动，而作为开发区内的一般干部向区外行政机关流动非常困难，对引进高端人才带来极大限制；干部薪资待遇难以平衡，部分已经聘任到小蓝开发区的干部，由于从事工作岗位与编制不一致，编制在县内的开发区人员仍然被认定为人编分离。

3. 经济管理职能有限

小蓝开发区的管理职能与其服务功能不相适应，开发区缺少诸如项目立项、规划报建、土地审批、环境评估、项目资金审批等相关的独立经济管理职能。各种行政审批权并不集中在开发区内，而是分散在政府相关职能部门，造成沟通协调困难，办事烦琐。开发区协调服务和社会事务压力较大，一些项目在审批及资金拨付上主动性不足，致使开发区在招商引资竞争中处于相对弱势。

三 对策建议

1. 构建层级明晰县区融合平台

首先，设立县区联席会议委员会。县区联席会议委员会是县区融合机制唯一权威机构，重点研究县区融合重大难点性问题，决定解决问题的方向和策略，解决"定性"的问题；其次，设立部门联席会议制度为县区融合日常协调机构。部门联席会议制度是解决县区融合日常性、一般性问题，推动工作落地生效、解决"批量"问题的常态性协调机构。建议设立人事联席会议工作平台，贯彻有关干部人事政策和有关干部人事工作的重要指示、决定；设立财政联席会议工作平台，贯彻中央、省、市、县、区各级政府的相关财政、税收、促进企业发展等政策和规定；设立国土联席会议工作平台，研究土地出让、征地拆迁安置、年度用地计划和供地计划、项目用地审批、土地规划、土地开发整理、国土资源执法监察等事项；设立招商联席会议工作平台，协调解决县、区招商引资工作中的重大、难点问题；设立统计联席会议工作平台，研究统计改革发展的重大问题，提升服务开发建设大局的能力和水平。

2. 增强开发区自主经济管理职能

首先，赋予财政收支管理职能。设立一级财政，在开发区设立一级财政和一级金库，赋予开发区以支撑和保障事权运行的财政税收支配权，负责区内的财政预决算、国有资产管理、税收征管、审计监督等；赋予基础设施项目投入职能，根据开发区发展需要建设的基础设施项目，纳入全县政府投资项目年度计划，立项、环评、设计、招投标等前期工作按投资项目管理办法执行；赋予土地房屋征收职能，涉及开发区区域范围内的土地及房屋征收资金，由开发区管委会自行审核，并依据审核结果拨付款项；赋予优惠政策兑现职能，落户开发区的项目，涉及合同或协议约定享受优惠政策的，由开发区自行审核，并依据审核结果支付款项。

其次，赋予规划国土管理职能。赋予规划编制职能，编制开发区城市空间规划、区域控制性详细规划及各类专项规划和区内工业项目的修建性详细规划等；给予国土管理充分授权，开发区的国土管理部门接受开发区的委托或授权，有权对开发区土地的收储、交易、出让等相关工作统一组织实施。

最后，赋予相对独立的行政审批职能。对开发区设立的派出机构所能行使的管理权限要充分授权，在开发区的委托下设立派出机构的行政主管部门，开发区通过对职能部门权限的内部调整，对派出机构的管理权限进行委托和授权，确保派出机构能够充分行使审批权限与管理职权，保障审批事项能够在开发区内顺利办结；对开发区的派出机构实施双重管理制度，尤其在主要领导的调整、任免等相关人事变更事项需提前征求开发区意见，在对派出机构的考核和评估中要充分考虑开发区的相关意见；对开发区的管理权限要给予充分保证，赋予开发区在发展中所涉及的开发建设、城市管理、项目管理、劳动人事管理、安全生产、房产与财政管理等各个方面的经济社会的管理权限，以"能放则放"为原则，在符合法律法规要求的前提下，最大限度地对开发区的经济与社会管理权限授权或委托，保障相关事项能够在开发区顺利办结。

3. 健全人才激励机制

赋予干部任用提名权,明确开发区干部相应政治待遇,明确开发区各部门国家干部身份,明确一级主办正科级、二级主办国家干部身份;建立人才交流机制,加大开发区与党政机关、企事业党委干部的交流力度,实现双向无障碍流动,县属科级及以下干部可以到区任职,区属科级及以下干部也可以到县本级单位、乡镇任职。聘任(用)人员交流时可以比照国有企业管理人员进行。

4. 健全高效的工作推进机制

一是在开发区的建设与发展中要充分发挥各种联席会议制度和各种领导工作小组制度的高位推进和协同促进作用;二是充分发挥部门协调联动在开发区发展中的助推力作用,在开发区的基础设施建设、项目报批、项目建设、社会事务处理等相关工作中,积极发挥联动部门的协同推进作用;三是严格实施项目督察制、工期倒排制、任务分解制、责任追究制等相关制度,让制度在推进基础设施建设、产业项目建设、服务企业发展、企业工程建设等相关事项中形成硬约束,让制度不仅成为管理干部的手段,更是激发工作动力和活力的源头,建立制度推动工作的良好氛围。

5. 健全组织管理机制

一是结合开发区经济发展的现实需求,立足于开发区党工委及管委会的组织框架、管理体制、运行机制和实际的可承接能力,对上级政府提出了经济管理权限要真实合理,避免"贪大求全",以免开发区权责"超载"和工作负荷加重;二是建立清单制度,厘清开发区党工委与相关部门之间的关系。为了规范和明确开发区党工委及管委会权责事项,有效推动权责管理机制发展,应制定开发区党工委及管委会的权力清单和责任清单,根据开发区所在区域现有的国土开发功能、生态与环境保护功能、能源矿产资源可开采可利用与限制开采利用等,开发区党工委及管委会应制定相配套的负面清单。

参考文献

徐星龙：《江西工业园区管理体制创新研究》，南昌大学硕士学位论文，2012。

谢顿：《南宁经济技术开发区绩效考评办法创新研究》，广西大学硕士学位论文，2014。

张进军、王智慧：《贵州经济开发区发展功能、管理体制和运行机制研究》，《贵州大学学报》（社会科学版）2016年第4期。

B.18 农村一二三产业融合的典型调查
——以赣南脐橙产业为例

李志萌 盛方富[**]

摘　要： 农村一二三产业融合发展是发展现代农业、增加农民收入、推进农村美化的重要举措。赣州市依托脐橙的品牌价值,大力推动与脐橙相关的加工销售、特色小镇建设、休闲旅游等融合发展,增加了全产业链收益,带动当地农民增收致富,其经验做法值得借鉴,本文同时对其产业融合发展中存在的障碍因素进行分析,在强化政府部门的联动效应、夯实产业融合的基础条件、引导现代要素向农村流动、做好新型经营主体培育等方面提出思考与建议,以促进全省一二三产业融合良性发展。

关键词： 产业融合　赣南脐橙　典型调查

推进农村一二三产业融合发展,是农业供给侧结构性改革的重要取向,也是现代农业发展的必然方向。《国务院办公厅关于推进农村一二三产业融合发展的指导意见》的发布,为农村一二三产业融合发展指明了方向、提供了遵循。赣州市立足山多地少及人均耕地面积少的现实情况,大力发展特

---

[*] 本文系2017年度江西省社会科学规划项目"江西省美丽宜居乡村建设模式及其长效机制研究"(17JL03)阶段性研究成果。
[**] 李志萌,江西省社会科学院应用对策研究室主任、研究员,研究方向为生态经济与农村经济；盛方富,江西省社会科学院应用对策研究室助理研究员,研究方向为区域经济。

色优势产业——脐橙产业,通过持久打造和经营,脐橙种植面积世界第一,脐橙产量全球前三,品牌价值连续多年高居榜首。品牌价值效应的日益凸显,带动脐橙产业上下游链条的拓宽与延伸,并辐射带动相关的旅游、休闲、特色小镇等发展。赣南脐橙产业的融合发展路径,对江西省特色优势农业产业融合发展具有典型意义。

一 农村一二三产业融合发展的提出背景及主要形态

在经济社会发展转型的新形势下,我国农业发展的结构性矛盾日益凸显,供给与需求,一二三产业之间的脱节现象突出,在此背景下,我国适时推进农村一二三产业融合发展,以提高农业结构的适应性和灵活性,增加农业综合效益。

(一)提出背景

从产业链、供需链、价值链等来看,推动农村一二三产业融合发展具有一定的必然性。

从产业链上看,农产品加工能力不足,农业产业链条普遍短小,是我国农业领域的显著短板,不仅制约农业的科技化、标准化、品牌化发展,也不利于农民增收。同时,由于生产与加工、销售在空间上的脱节,既显著增加了整个农产品成本,也不利于农产品终端价值的实现,进而不利于农产品市场的快速形成。并且,由于产业链条的脱节及信息不对称,往往存在供需不匹配的情况,这就是农产品滞销事件频见报端的重要原因。

从需求链来看,供给侧与需求侧存在脱节的现象。虽然我国粮食、畜禽、水产等农产品产量较大,但与多样化、高标准、高品质农产品需求相比,仍然相距甚远。受制于精深加工不足、品牌散小弱,我国往往仍以初级加工产品为主,生产的大路产品多、低档产品多、原料产品多,难以满足中高端的质量型需求。

从价值链来看，我国不少农业产业仍停留于农业生产这一环节，处于价值链"微笑曲线"的底端，所能够获得的附加值较低，向农资生产、农机制造、良种培育以及农产品深加工、农产品营销、农产品品牌管理等农业产业价值链上下游环节涉入不多，拓展农业功能而发展生态农业、旅游农业、休闲农业等的更少。因此，从稳定农业种植、增加农民收入、惠及消费者的现实需求来看，农村一二三产业融合有助于经济价值、社会价值的整体实现。

（二）主要形态

全国各地的农村产业融合发展的实践，已形成形式多样的融合类型，归纳而言，主要有以下几种。

1. 横向型融合与纵向型融合

从产业之间的关系来看，可分为横向型融合与纵向型融合。横向型融合主要体现在产业链的拓宽和农业功能的拓展，典型的模式有休闲观光农业、创意农业、会展农业、籽种农业和环保农业等，在农业原有功能的基础上，结合现代需求和元素，赋予农业以更多更新功能，以满足社会公众更为多元化的需求。纵向型融合主要指产业链的延伸，即农业与其他产业联系在一起，围绕农产品种植，更加注重农产品的加工与销售，更加突出企业、合作社等农业经营实体的地位和作用，比较典型的模式主要有垂直一体化模式、分工合作模式、空间产业集聚模式以及循环经济模式等。

2. 内源性融合与外源性融合

从融合主体的性质来看，可分为内源性融合和外源性融合。所谓内源性融合，是指专职从事农业生产与经营的主体，出于增加农业比较收益的考虑，自主自发地拓宽农业功能，推动农业融合发展，由于没有外部主体的涉入，故融合的收益归农户主体享有，但融合的力度和强度相对较少。而外源性融合则不同，主要强调有外部实力较强经营主体的加入，这样一来，农业融合的力度和强度均较大，融合发展的速度较快，但其中能否处理好农户与外来主体之间的利益关系是融合能否推行下去的关键。因此，从长远来看，外源性融合与内源性融合逐步实现融合，是一个趋势和方向。

3. 组织内融合和组织间融合

从融合发展的路径来看，是内源性融合与外源性融合的延伸，即推动农业融合发展的组织是属于农业本来领域内的组织还是农业领域外来的组织，分为组织内融合和组织间融合。因此，组织内融合便是指家庭农场、农民专业合作社等农业经营主体自主自发拓展农产品的加工与销售，如农产品产地销模式、农家乐模式、家庭手工艺品产销模式、农超对接模式、农社对接模式等。组织间融合则是指依托外来的经营实体与农业领域从事农业种植的经营实体进行融合，主要侧重于农产品的深加工和市场销售，如"龙头企业+农户""龙头企业+基地+农户""龙头企业+农民合作社+农户"模式等是典型代表。

二 赣南脐橙产业发展的主要历程与基本现状

（一）主要历程

赣南脐橙产业的发展经历了从无到有、从小到大、从弱到强的历程。赣州市从20世纪60年代试种脐橙并开启发展柑橘业的探索，20世纪80年代，赣州成为全国第一个试种脐橙新品种成功地区，并开始大力发展脐橙产业，脐橙种植面积快速增加，1997年赣南果业股份有限公司在深交所上市。2005年底，脐橙总面积为115万亩，产量达到36万吨。2005年以来，赣州市更加注重脐橙质量和品牌，着力延伸脐橙产业链条并打造脐橙产业集群。

（二）基本现状

随着脐橙产业种植规模和产品品牌效益的日益显现，脐橙已经成为赣南人民增收致富的重要途径，脐橙正成为赣南的一张响亮的名片。截至2016年，赣南脐橙种植面积达到一个新的水平，总面积达到155万亩，总产量达到108万吨，无论是种植面积和产量规模均维持在较高水平；赣南脐橙产业集群化、集聚化发展态势基本形成，2016年整个赣南脐橙产业集群实现产值达到110亿元（其中鲜果收入在五成以上，为60.5亿元）；体量规模的做大做强，显著带动当地农户的增收致富，2016年脐橙种植带动全市种植户达到25万户，涉及农户人数有近70万人，每位果农的平均脐橙收入达到8640元，每户种植户的收入则平均在2万元以上；脐橙产业集群的做大做强，相应带动苗木、生产、包装、加工、贮藏、运输、销售、休闲旅游等全产业链的发展壮大，进而解决当地大量的就业，2016年有近100万名农村劳动力从事与脐橙相关的工作。

赣南脐橙的品质和口感赢得市场的广泛认可，其品牌价值也是快速增加。由中国品牌建设促进会、经济日报社、中国国际贸易促进委员会、中国资产评估协会等单位联合举办的中国品牌价值评价结果显示，近两年"赣南脐橙"品牌价值持续荣登价值榜榜首，2016年品牌价值达到668.11亿元，较2015年的657.84亿元增加了10亿元以上，这显示了"赣南脐橙"区域品牌的市场认可度和价值。

依托赣南脐橙的品牌效应，与脐橙产业相关的电子商务、休闲旅游、观光、特色小镇等正加速推进，如"2016赣南脐橙网络博览会首届电商节"的成功举办，表明赣南脐橙产业借助"互联网+"迈上发展新征程；每年举办的"赣南脐橙采摘旅游季"正成为赣州市旅游的重要"引爆点"；"信丰县赣南脐橙小镇"作为江西全省首批44个特色小镇之一予以明确并正着力打造……赣南脐橙产业向其他领域的拓展与延伸，显著增加了综合效益。

三 赣南脐橙产业接二连三的主要做法

随着脐橙经济效益的日益显现，与之而来的加工、仓储、销售、旅游等生态不断建立和健全，围绕赣南脐橙形成的多产业融合发展态势不断深化，其主要做法表现在以下几个方面。

（一）政府扶持扩大种植规模，为三产融合打下坚实基础

具备一定种植规模是脐橙产业接二连三开展的前提基础。赣州市始

终将果业发展列入农业第一大产业进行单列考核，每年安排专项果业发展资金，制定了一系列产业扶持政策，出台了一系列配套措施，强力推进产业发展。正是因为赣州历届市委、市政府的持续重视，脐橙产业的发展才稳健向前。目前，赣州市已成为全国柑橘优势产区的示范和标杆产业，赣南脐橙也已成为全球三大脐橙品牌，赣州脐橙种植面积世界第一。

（二）凝心聚力增强加工能力，为三产融合提供有力支撑

农村一、二、三产业融合发展比较好的地区，普遍精深加工能力比较强，有辐射带动产业链条拓展的强有力市场主体，赣南脐橙产业发展也不例外。赣州市积极对接跟进一批科技含量高、辐射带动能力强的大企业、大项目，引进一批"增链、强链、补链"的脐橙产业链配套企业，构建产销一条龙、贸工农一体化的产业体系。同时，以国家现代农业示范区为平台，统筹建立脐橙产业体验园、休闲旅游观光园、产业综合服务站等，大力推进脐橙产业接二连三建设。目前，赣南脐橙产业已从一个单纯的种植业向集生产、贮藏、加工、运输、销售于一体的产业集群发展。

（三）千方百计唱响品牌，为三产融合增强引领能力

品牌是产业发展壮大的标志，是产业融合发展的有力武器。赣州市依托优良的自然生态环境，在推进脐橙种植和发展的过程中，积极推广生态栽培模式，引导果农种植精品果、绿色果，标准化建园，从生产环节上保护好赣南脐橙品牌；同时，经常性组织科技下乡、技术讲座、技术服务等活动，从技术环节上为脐橙品牌提供支撑；为提高赣南脐橙的市场知名度和影响力，更好地参与国内外市场竞争，赣州采取"统一品牌、商标各异、注明基地、保护产地、政府引导、统一管理"的办法，加大品牌宣传推介和保护力度，严厉查处和打击假冒"赣南脐橙"的行为，维护"赣南脐橙"形象，精心打造"赣南脐橙"品牌。

（四）着力推动"脐橙+"发展，为三产融合拓宽多元渠道

着力推动"脐橙+互联网"发展。为推动脐橙线上线下销售相结合，赣州大力发展赣南脐橙网络博览会等重要电子商务平台，采取赣南脐橙电商销售与网络新媒体宣传的路径与模式，实现线上线下一体化营销，通过系列活动开展，赣南脐橙产业与电子商务、仓储物流等加速融合发展。着力推动"脐橙+特色小镇"发展。依托脐橙种植规模集中的特色优势，以脐橙产业集群式发展为支撑，深入挖掘脐橙自身文化内涵以及赣州发展脐橙产业的文化内涵，创新性地开展相关文化创意活动，赣州市正着力打造脐橙特色小镇，以聚集相关产业的融合互动发展。着力推动"脐橙+休闲旅游"发展。为进一步提高赣州"世界橙乡"旅游品牌知名度与美誉度，赣州市每年依托脐橙集中采摘季，组织开展相关的旅游活动，邀请全国自驾旅游联盟成员、天涯社区网络达人、上海旅行社采风踩线考察团等参加，在脐橙采摘基地外开辟体验式旅游项目，以"以脐橙为媒介"顺势带动赣州旅游发展，将赣州郁孤台、八境台、通天岩风景名胜区、上犹陡水湖景区、大余丫山、安远三百山、瑞金共和国摇篮5A级景区、会昌汉仙岩、石城通天寨等旅游资源向外界推介。

（五）紧密利益联结机制，为三产融合夯实微观基础

三产融合的目的之一便是带动农民增收致富，脐橙产业的融合发展很好地诠释了这一点。在发展脐橙产业的过程中，赣州采取土地或资金入股等形式，探索形成了"公司+基地+农户""公司+合作社+农户""合作社+基地+农户"等模式，通过打造紧密型利益联结机制，将脐橙产业的发展与当地农民的增收致富紧密结合起来。2016年，赣州市有982个果业合作社、800多个产业扶贫示范基地，共带动全市种植户达到25万户（其中7万多户贫困户），涉及的农户人数有近70万人，每位果农的平均脐橙收入达到8640元，每户种植户的收入则平均在2万元以上；有近100万名农村劳动力从事与脐橙相关的工作。

四 赣南脐橙产业接二连三存在的主要问题

在融合发展过程中,既存在脐橙产业融合发展的基础有待夯实的不足,同时也存在其他产业融合发展中的共性问题,在进一步推进的过程中值得高度关注。

(一)产业发展的基础有待夯实

赣南脐橙产业是当地农民脱贫致富的重要支撑,但种植品种单一与农业生物多样性需求的矛盾突出。目前,脐橙品种结构和产品熟期比例严重失衡,每年11~12月成熟的中熟脐橙品种高达99%,由于成熟期集中造成鲜果扎堆销售,时常出现果农低价抛售、市场价格波动较大。随着脐橙种植面积的快速扩张,其生命的脆弱性逐渐显现,因病虫害增加及抵御危险性病虫害的技术能力较差,农药、化肥等增量使用,对环境和生态造成破坏。目前,除了赣州赣南柑柑良种苗木繁育有限公司外,各定点繁育场无充足的采穗圃,没有稳定、安全、可靠的接穗来源,难以从源头保证提供健壮无病的种苗。由于赣南近年来柑橘木虱虫口基数的激剧增多,赣南柑橘产区柑橘黄龙病扩散蔓延明显,病情暴发趋势虽基本得到遏制,但仍给产业发展带来严重的安全隐患。2013年以来,信丰、寻乌多地脐橙黄龙病的规模性暴发,使脐橙大面积绝收减收,农民收入锐减。质量监控和产业自身安全体系不健全,生产投入品的危害日趋增大,科学预警机制不健全,对产业的潜在威胁日趋加重。

(二)产业融合发展层次较低

当前,赣南在着力推动脐橙产业同其他产业的融合发展,但融合的链条仍然较短,附加值有待提升,融合水平整体仍处于初级阶段。脐橙种植、加工、营销等环节之间的紧密型利益联结机制有待加强,合作方式相对比较单一;脐橙的多功能挖掘不够,开发出来的休闲旅游仍以观光和体验式采摘为主,与此相关的发展历程、文化内涵等触及不多。此外,不少地方的脐橙产业融合项目同质性强,雷同严重。

(三)产业融合存在要素瓶颈约束

目前,土地、资金、人才等要素供给不足,成为推进脐橙产业融合面临的突出制约,特别是按照现有土地相关规定,脐橙产业融合发展的相关项目难以实施,制约了融合的进程和深度。同时,鉴于农业项目的特性,脐橙产业经营实体普遍存在融资难的问题,其中无有效抵押物是一个关键瓶颈,资金的短缺严重制约了融合性项目的施工和开建。另外,多数脐橙产业融合发展缺乏专业型人才和复合型人才。

(四)产业融合主体带动能力较弱

目前,脐橙产业融合发展中普遍存在着经营主体带动能力不强的现象,脐橙种植、加工、仓储、销售等龙头企业不多,加工营销企业规模不大,没有形成在国内外市场上真正具有影响力和话语权的龙头企业,辐射带动效应不足;与脐橙相关的专业合作社实力不够,并且自身经营管理上也存在与现代经济发展实体不相适应的方面,如财务制度、管理规章制度等;当前也出现不少家庭农场等新型经营主体,但普遍规模较小、实力不强,参与融合发展的能力较弱;社会服务能力不强,在推进区域标准化、品牌化建设方面服务不足。

五 思考与建议

赣南脐橙产业融合发展中存在的问题,在江西农村一二三产业融合发展中具有一定共性。基于农村一二三产业融合发展的基本内涵,为促进江西农村一二三产业融合发展,提出如下几点思考与建议。

(一)强化政府部门的联动效应

农业项目融合发展过程中涉及多个部门,是一项系统化工程,这就要求

无论是项目的立项还是审批,需要有一个协同配合的机制,形成合力推动农业融合类项目开工建设,以增强融合型项目落地的效率。因此,在实际操作过程中,为满足农村一二三产业融合类项目的相关要求,应强化体制机制创新,着力打破原本分割的行政体制下的项目与资金,依靠组织网联、结盟和合作,实现多层次、多环节和跨空间的组织协同,以推动农村一二三产业融合发展。

(二)夯实产业融合的基础条件

农村一二三产业融合发展对现有的基础设施、财税政策、金融政策等提出现实要求。对广大农村地区而言,随着新农村建设的推进,农村基础设施明显改善,但离产业融合发展的要求仍有较大距离,亟须强化道路、通信、电力、供气、供水、排水、电子信息等基础设施建设,大力发展农村信息服务业和流通服务业,加快农村电子商务发展进程,推动农产品线上线下融合发展,以拓宽农产品销售的覆盖范围。农村一二三产业融合项目往往需要较大的启动资金,一般都需要通过间接融资。因此,建议成立农村一二三产业融合发展专项资金,对融合类项目的贷款等提供担保或贴息等服务,以提升项目运作的成功概率。

(三)引导现代要素向农村流动

农村一二三产业融合发展的过程其实就是一个资源要素重新组合的过程。因此,引导要素合理流动是关键。在用地政策上,建议农村一二三产业融合类项目予以单独考虑,特别是针对项目资金和规模达到一定要求的,应该开辟"绿色通道"予以扶持。在资金融通上,鼓励和引导金融机构创新产品和服务,向农村一二三产业融合类项目提供贷款,同时对贷款项目提供贴息支持。在财税政策方面,充分发挥有限财政资金的撬动功能,鼓励和引导有实力的龙头企业投资农业项目,特别是农产品加工和销售方面的项目。支持和鼓励农村本土的家庭农场、农民专业合作社等自建或联合组建加工、销售类企业,或者休闲旅游类项目,以增加农业的综合效益。人才特别是善经营、懂管理、会技术的综合型人才是农村领域急缺的，一方面加大农村已有具有一定农业技术农民的培训和指导；另一方面加大力度引导更多人才向农村倾斜。

（四）做好新型经营主体培育

农村一二三产业融合发展的主体主要是新型农业经营主体。因此，培育壮大新型农业经营主体是推动农村一二三产业融合发展的关键。一是实施精准培训。合理建立"普惠型"的农业技能培训体系、指导体系和支持体系，依托现有的"阳光工程""雨露计划""一村一名大学生"等农村人才培养工程，加强与农业科研院所和高等院校对接，建立农业职业教育和资质考核认证机制，强化对农业生产技术、模式和经营管理能力等定期、定点、定向的精准培训。二是大力引导和支持一批新农人。用足用好江西省小额创业贷款、农业产业引导资金等政策，建立农业创业孵化园，建立导师帮带机制，引进和支持一大批返乡创业的能人、大学生等青年创办经营农业产业，优先纳入农村实用人才加以培养；与此同时，加强对有文化、懂技术、会经营的农户进行典型示范宣传，并纳入各级人才评价和培养体系，推荐进入村"两委"班子，推荐为人大代表、政协委员等。

（五）培育壮大区域品牌

以品牌化引领农村一二三产业融合发展。据统计，我国一半以上的地理标志已成为区域经济支柱产业，地理标志商标对当地就业、居民增收和经济发展的综合贡献率和影响程度超过30%。江西应培育壮大一批在全国有影响力的农产品区域品牌，使名优地理标志产品成为区域经济支柱产业，加大对江西地理标志文化研究，厚植地理标志文化土壤，推动特定地域地理标志文化成为江西农产品亮点。运用《商标法》的有关规定，不断加大对地理标志和农产品商标的保护力度，运用地理标志和农产品商标开展产业精准扶贫，促进农民增收、农业增效，助力贫困地区绿色发展。

参考文献

张延升：《农业内源性与外源性发展方式的比较分析》，《云南农业大学学报》2012年第6期。

赵海：《论农村一、二、三产业融合发展》，《农村经营管理》2015年第7期。

马健：《产业融合理论研究评述》，《经济学动态》2002年第5期。

陈晓华：《推进龙头企业转型升级，促进农村一、二、三产业融合发展》，《农村经营管理》2015年第12期。

姜长云：《推进农村一、二、三产业融合发展新题应有新解法》，《中国发展观察》2015年第2期。

郑风田、崔海兴、程郁：《产业融合需突破传统方式》，《农民日报》2015年9月12日。

赵海：《论农村一、二、三产业融合发展》，《农村经营管理》2015年第7期。

陈丽娜：《国外支持农村一、二、三产业融合发展的实例》，《农村工作通讯》2015年第18期，第35~36页。

北京市农林科学院农业科技信息研究所：《农村一、二、三产业融合发展的内涵、做法及启示》，北京农业信息网。

国家发展改革委宏观院和农经司课题组：《推进我国农村一、二、三产业融合发展问题研究》，《经济研究参考》2016年第1期。

龚晶：《促进农民持续增收 推动农村一、二、三产业融合发展》，《蔬菜》2016年第3期。

兰国榕：《发展脐橙产业 助推精准脱贫》，《赣南日报》2017年5月30日。

B.19
"景漂"现象的深度分析与思考

邓虹 易外庚 等*

摘　要： 景德镇集聚了3万多名非景德镇地区的、非景德镇户口的从事与陶瓷业有关的人员，人们把这个群体称为"景漂"一族。"景漂"一族是随着20世纪末期国有陶瓷企业改制完成而来，"景漂"一族从各地加入到手工艺术陶瓷的创作队伍中，他们为景德镇陶瓷业注入了新鲜血液，在世界范围内扩大了景德镇陶瓷艺术的影响。本文致力于探讨"景漂"一族的成长过程，力图揭示"景漂"一族与景德镇社会的互动关系，为"景漂"一族更好地融入景德镇鼓与呼。

关键词： 景德镇　"景漂"　陶瓷艺术

"景漂"是特指来自非景德镇地区的、非景德镇户口（即传统上的景德镇人）的、因为陶瓷业而聚集在景德镇生活和工作的人们（包括外国人、外地人）。"景漂"有着这样的特征：在来景德镇初期他们都很少有固定的住所，搬来搬去，给人飘忽不定的感觉，其自身也因诸多原因而不能对景德镇有更多的认同感。

据不完全统计，2017年3月有3万多名"景漂"一族集聚在中国瓷都景

---

* 邓虹，江西省社会科学院社会学研究所所长，研究员，研究方向为社会学；易外庚，江西省社会科学院社会调查事务所所长，副研究员，研究方向为社会稳定评估；杨舸，江西省社会科学院社会调查事务所副研究员，研究方向为社会学；方芳，江西省社会科学院社会调查事务所助理研究员，研究方向为社会学。

德镇，从事与陶瓷业有关的工作，诸如陶瓷雕塑、陶瓷绘画、陶瓷书法、陶瓷饰品、陶瓷创意日用品和艺术品，"景漂"一族为景德镇陶瓷业注入了新鲜血液，在世界范围内扩大了景德镇陶瓷艺术的影响。探讨"景漂"现象对于研究城市移民问题和传统艺术的传承问题无疑具有深远的理论和现实意义。

一 "景漂"的起源与现状

（一）"景漂"的起源

景德镇原名昌南镇，有着1700多年的制瓷历史。公元1004年，酷爱瓷器的宋真宗把年号"景德"赐给昌南镇，景德镇由此得名。

景德镇是一个历史悠久的移民城市，地处鄱阳湖腹地，这个偏远的山区小城因有水路通往外地而不闭塞，景德镇的原住民是浮梁人，制瓷业的发展需要大量劳动力，最早是离景德镇近的都昌人占据了制瓷业的各道工序，挑瓷土、拉坯、利坯、装坯、挛窑、摆窑。随后来的是江西抚州人、安徽人和北方人，这些古代的"景漂"们与浮梁人共同创造了景德镇制瓷业的传奇。直至今天，景德镇还保留着全世界手工制瓷最完整的工序。

从1995年开始，景德镇市政府先后对国有老瓷厂进行三次改革试点。第一轮是将江西省陶瓷工业公司下属的建国瓷厂、人民瓷厂、艺术瓷厂、为民瓷厂等8户困难陶瓷企业进行"两权（所有权和经营权）分离，划小核算单位，实行风险承包"；第二轮是1997年推行的以租赁为主要内容的改革；第三轮是从2000年开始借鉴四川省绵阳市"国退民进"的经验，加快企业产权制度的改革。2000年底，景德镇全市私有陶瓷工商户2400多户，从业人员7.8万多人，工业总产值13.88亿元，占景德镇国民生产总值的14.19％。陶瓷私营企业中85％为独资企业，12％为合资企业，股份制企业仅占3％，私营陶瓷企业八成以上为家族企业。

2004年，景德镇专门辟出一块总面积达8.2平方千米的土地，成立景德镇陶瓷工业园区，将本地的陶瓷企业逐步引入到园区，同时积极对外招商引资，引入大型陶瓷企业，带动陶瓷工业化发展，这就是景德镇陶瓷产业发展的"退城进园"。

现代的"景漂"是随着20世纪末期国有陶瓷企业改制完成而来，景德镇昔日著名的十大瓷厂在改制后，从瓷厂出来的艺人和工人纷纷自立门户，开始了手工艺术陶瓷的创作和发展。这个时候，现代的"景漂"们加入陶瓷艺术的创作队伍中，他们与手工艺术陶瓷相结合，给古老的景德镇陶瓷艺术带来了不同的艺术元素，促进了景德镇陶瓷艺术的发展，对景德镇陶瓷艺术的发展发挥了积极的作用。

（二）"景漂"的人员构成

"景漂"一族的陶瓷艺术家更能代表"漂"的本意，即以陶瓷艺术创作和生产为业的非景德镇籍人士有着挥洒自如、来去自由的生存状态。从人员构成来看，"景漂"一族大致可分为以下几类人群：卓有成就的陶瓷艺术大师、刚刚崭露头角的陶瓷新秀、初出茅庐的陶院（美院）毕业生、热爱陶瓷的陶迷"票友"、其他从事陶瓷制作和辅助工作的人员等。"景漂"的来源地，既有国内的北京、天津、上海、山东、浙江、江苏，也有海外的英国、法国、土耳其、美国、加拿大、澳大利亚、新西兰、日本、韩国、喀麦隆。"景漂"们"漂"在景德镇的时间，既有几年的，也有每年3~6个月的，时间长短不一。

二 "景漂"的组织化与活动

（一）"景漂"的组织团体

"景漂"的组织团体中，规模较大、影响力广泛的是景德镇中外陶瓷艺术协会。该协会经景德镇市委、市政府研究同意，由市政府办公室以景府办抄字〔2014〕48号文批复成立。截至2016年12月底，有正式登记会员700余人，其中女性200余人。协会会员来自国内27个省份以及世界13个国家和地区。拥有国家级艺术家61人，其中，中国工艺美术大师10人，中

国陶瓷艺术大师13人，中国陶瓷设计艺术大师6人，教授25人，国家一级美术师7人，国家一级画师1人；拥有省级艺术家82人，其中，省工艺美术大师16人，省陶瓷艺术大师17人，副教授10人，国家二级美术师1人，省高级工艺美术师36人。

景德镇珠山区于2016年7月成立了"景漂"陶瓷流动党员党支部，现有党员34人，其中，市党代表1人、区人大代表1人；党员年龄在22岁至35岁之间，党员的学历均为大专以上，有硕士研究生12人。

（二）"景漂"的聚集中心

"景漂"的平台既有景德镇陶瓷大学等各类高校和研究所，又有市政府打造的各类陶瓷文化创意基地，还有各类民间团体自发组织的创意集市，陶艺家的创客平台和工作室。

1. 底蕴深厚的高校和研究所

景德镇拥有顶尖的陶瓷研究、开发、检测机构，吸引了国内外众多艺术家和青年学生前来授课、创作和学习。景德镇陶瓷大学近60年来培养了来自各大洲20多个国家的3000余名留学生，与美、英、法、日、韩等国家和地区30多所高校和国际陶艺家协会建立了友好合作关系。景德镇还有中国轻工业陶瓷研究所、江西省陶瓷研究所、景德镇市陶瓷研究所、景德镇市特种陶瓷研究所、景德镇市珠山陶瓷研究所和景德镇工艺美术职业技术学院。

2. 示范基地——陶溪川

该基地是由城市老工业区（原宇宙瓷厂）改造而成的"陶瓷+全业态"、全产业链的城市文创街区，是"江西省第一批现代服务业集聚区""江西省文化产业示范基地""江西省生态文明示范基地""江西省休闲服务业集聚区试点""全省青年（大学生）创业孵化示范基地""景德镇十大陶瓷文化景观""住建部城市双修（即城市修补、生态修复）产业升级与园区整合规划示范样板"。陶溪川建有国际工作室、邑空间、B&C国际设计中心、文化研究交流中心、中央美院陶瓷艺术研究院。其中，国际工作室全部都是国外艺术家驻留景德镇期间创作的作品；邑空间作为大学生的创业孵化器有较为宽松的准入制和形式多样的创业活动。

3. 创意集市——乐天陶社

乐天陶社位于景德镇雕塑瓷厂内，由著名陶艺家郑祎2005年开办。该社率先提出"驻场艺术家"的概念，初期引进来此交流的艺术家小住2~3个月，工作室安排他们到制瓷的每道工序、各个窑口参观，既能全面认识景德镇、感受真正的瓷文化，又能完成自己的作品。乐天陶社除了有洋"景漂"们当驻场艺术家外，还为热爱陶艺的人士提供欣赏、制作、展示陶艺作品的艺术空间。周末的创意集市，为许多学生和陶艺"新鲜人"提供展示和销售作品的机会，吸引了许多国内外大学生寒暑假期间来景德镇学习陶艺课程。该集市从2008年第一届只有17人参加发展到现在每年有500~600人参加的规模。

4. 文创景区——三宝瓷谷、皇窑景区与宁封窑国际陶艺村

景德镇的三宝村在宋代就呈现"村村窑火，户户陶埏"的景象，是最能代表宋代制瓷水准的窑场。现在三宝已成为"景漂"一族的创业乐园，除了有陶艺文化村、文化艺术创意街、文化展示长廊、陶瓷艺术品交易中心，还有景漂艺术家聚集区，是5A级陶瓷文化旅游集散地。皇窑是国家级非物质文化遗产（手工制瓷）生产性保护和研究示范基地、国家文化产业示范基地、国家AAAA级旅游景区；是全景再现、活态传承、真实演绎历代皇家御窑制瓷技艺的陶瓷文化旅游景区。该景区占地210多亩，地处景德镇东市区陶瓷发祥地南河之滨的五代、宋、元窑址群中。景区有宋元明清瓷作、72道制瓷工序、皇窑"瓷宫"、陶瓷迷宫。宁封窑国际陶艺村再现了唐、宋、元、明、清历朝历代景德镇手工制瓷工艺场景，着力打造全世界孔子学院及外来艺术家来景德镇创作的专业服务基地"景漂村"，该村可容纳300个"景漂"艺术家从事创作，是集古代手工制瓷文化、景德镇窑场文化、景德镇民居、民俗文化于一体的特色文化旅游景区。

5. 景漂工作室

景德镇数以千家的民间工作室极大地促进了"景漂"一族的交流。如景德镇市真如堂陶瓷有限公司，是一处以陶瓷为核心的综合性文化聚集地，有生活艺术博物馆、产品研发生产中心、产品展示销售中心、艺术家对外交流

中心等。产品涵盖茶器、花器、香具、文房、餐具以及佛教艺术、雕塑和生活陈设器八大系列。景致空间的景致画廊每年主要举办9~10场各类艺术形态的大型展览，邀请全国乃至世界各地优秀的艺术家就陶瓷文化的创作进行展览，把多元的艺术交流带进景德镇，也将景德镇的陶瓷文化推向更大的舞台。澳籍华裔陶艺家尚子女士获澳大利亚悉尼大学艺术学院（SCA）艺术硕士及皇家墨尔本理工大学（RMIT）艺术博士学位，在中国、澳大利亚、日本、马来西亚、印度尼西亚举办过多次个展及联展，作品被国际酒店、跨国公司、私人藏家收藏。她在雕塑瓷厂创立了尚子艺廊，并引入其他艺术元素到陶瓷艺术中，形成多种艺术形式的碰撞，如在中国传统木雕展台上放置日本古老瓷瓶，中式案板上安置来自英国韦奇伍德公司的经典波特兰陶器等。

（三）"景漂"的活动平台

1. "陶瓷+互联网"

互联网是最大的经济交易平台，景漂艺术家通过陶瓷电商进行产品转化和销售。景德镇作为全国电商百佳城市，网商指数全省第一。2016年，景德镇承办了第二届中国陶瓷电商峰会，发展了绿地陶瓷电商创业园、高新区陶瓷电商平台、景德镇陶瓷交易所"互联网+"平台、陶瓷电商创业基地等。

2. "陶瓷+创意"

"陶瓷"一直是景德镇的特色名片，"景漂"一族亦因陶瓷而来，"景漂"中既有工艺大师，也有敢于创新的初生牛犊。如景德镇陶瓷工业园区名坊园就聚集了20余家大规模手工制瓷企业，包括九段烧的微波窑炉技术、镇上的超大件陶瓷、成窑的青白玉瓷、云知味的胭脂红瓷等都是创意的典型。

3. "陶瓷+活动"

景德镇积极引导、组织陶瓷企业参加广交会、佛山陶博会等著名展销会、博览会，开拓市场。2015年全市规模以上陶瓷工业出口创汇1.05亿美元，增长0.3%。2016年中国景德镇国际陶瓷博览会设有标准展位2000个，参展品类涵盖高端日用陶瓷、艺术陶瓷、高技术陶瓷及陶瓷原辅材料。除开展产品展示贸易，还举行了景德镇与"一带一路"国际学术研讨会、北欧国际艺术节、明清官窑研究国际学术研讨会、"归来·丝路瓷典"——明清外销瓷精品展、景德镇国际陶瓷艺术拍卖会、中国收藏 2016 陶瓷名品评选等活动。此外，陶溪川等文化产业示范基地还不定期举办中韩日陶艺家作品交流展、中央美院大型艺术展、艺术周等活动。这些活动吸引了大批国内外知名艺术家、学者及行业领军人物参加。

三 "景漂"一族的特点

（一）候鸟式驻留与渗入式融合的居住方式

对于国内的工艺大师和国外有一定功力的艺术家而言，在艺术圣殿驻留项目是重要插曲。多数"景漂"们在瞻仰景德镇的陶瓷文化，获得相关技能和更深体验后，选择到世界各地四处开花。尚子博士（澳籍）告诉我们，她每年的 2 月到 5 月住在景德镇，其他时间都在澳大利亚或其他国家；中国美术家协会会员、上海工艺美术大师、中外陶瓷艺术家协会副会长夏明来到景德镇已经有 10 个年头，每年来景德镇讲学访问；此外还有大批醉心陶瓷艺术的票友们不定期到景德镇从事陶瓷艺术。我们在调查中发现，除了部分有经济实力的"景漂"企业家，多数年轻的艺术家和刚毕业的"景漂"还是面临一定的生存压力，其居住方式是属于渗透式、融入式的。他们在城市中的居住状态既不是马赛克般的群体分割，也没有远离主体社会，每年毕业的"景漂"大学生中，较大比例的陶瓷专业毕业生会选择留下并扎根在景德镇。

（二）个性化与多元化的群体创作

随着"景漂"群体的不断壮大，"景漂"一族既有国内先锋，也出现了越来越多的外国面孔。他们的作品根据个人情感，把陶瓷材料重新组合，在创作中求新求变，充分体现了"景漂"艺术家的个性和思想。在制作工艺上，他们打破传统陶瓷艺术中的装饰风格和造型观念，把注意力更多地放在陶瓷的制作材料和造型表现上。比如把一些表现粗糙、残缺、破碎的表象带

到陶瓷艺术中,引入丑、怪、不协调等趣味;把非烧制的其他材料如金属、玉器融合进陶瓷艺术,通过各种切、划痕、刻刮等不和谐的肌理线条进行表现;针对现代城市建设的需要,将陶瓷艺术引入城市的环境和建筑空间中,大大开拓了陶瓷艺术的表现空间和使用范围。

(三)生活的不适与创作的迷茫

每年有数以千计的外国艺术家和数以万计的国内陶瓷艺术爱好者来到景德镇,但是专为"景漂"一族服务的平台却不多。作为官方的中外陶瓷艺术协会只是承担服务的非营利性机构,没有经费保障且缺少稳定的工作队伍。在调研中多位"景漂"反映,景德镇虽拥有最好的制瓷资源和工艺,但是缺乏信息梳理,许多订单不知道应该找谁去做。比如,陶瓷制作过程中的设计出稿、打样成型、原料选定、制作生产、装饰烧成等多个环节,如果不是在景德镇浸淫多年,任何一个工序或工匠都需要设计者去一家家作坊或者通过自己有限的朋友圈询问。景德镇不但人才信息不透明,互相之间缺乏了解;而且还缺乏专门的语言翻译人才,一些国际友人到景德镇后由于语言不通,交流受限;许多大型展览会,如瓷博会收取的展览费用对艺术家而言过高。这些现象都表明景德镇服务业发展严重不足。此外,景德镇上千年形成的"重工艺"传统在一定程度上扼杀了创新设计的艺术理念,不少青年"景漂"坦言,当前制瓷生态太重视传统,而忽视了创新。

四 "景漂"形成的原因

(一)千年瓷都的品牌吸引力

景德镇厚重的制瓷工艺和文化传统,深深吸引了一大群对陶瓷艺术有着浓厚兴趣的人,陶瓷不仅是景德镇的文化符号,也是陶瓷艺术家的文化符号。这里有优良的陶瓷配套服务、完整的手工技艺,被誉为"瓷艺术的天堂"。"景漂"们在感受千年瓷都文化的同时,任何与艺术有关的创作都能在这里完成。

（二）与世界对话的开放亲和力

"工匠八方来，器成天下走"。在千年置镇的历史长河里，开放包容已熔铸为景德镇人精神的鲜明特质。景德镇人与世界各地制瓷人互通有无、求同存异，吸引融汇成源远流长的景德镇陶瓷文化。当前，景德镇市委提出"复兴千年古镇，重塑世界瓷都，保护生态家园，建设旅游名城，打造一座与世界对话的城市"，就是要充分依靠景德镇的历史价值、文化价值、品牌价值，向世界展示景德镇的独特魅力，使景德镇的文化与世界相融、理念与世界接轨、经济与世界对接，成为展示中国文化的名片、讲述中国故事的平台、传递中国声音的窗口。

（三）强劲的市场推动力

1. 较低的创业门槛

对于人数众多的年轻"景漂"们，尤其是学生来说，景德镇的陶瓷创业门槛不高，投资成本较低，配套服务完善。仅需 4~5 个人，10 余万元就能成立工作室。他们的版画、岩画、油画、水墨文化用陶瓷元素都能在这里全部实现。在多元开放的互联网时代，他们的销售可以在任何时间和地点完成。目前，每年约有 4000 名大学生长留或间歇停留在景德镇，有近一半的学生在这里安家落户。

2. 完善的创业服务

景德镇市委、市政府抓《江西省人民政府关于进一步做好促进就业工作的通知》（赣府发〔2009〕5号）、《江西省人民政府关于大力推进大众创业万众创新若干政策措施的实施意见》（赣府发〔2015〕36号）文件的落实，通过搭建创业孵化基地、落实创业补贴政策、破解资金难题等方法，大力促进"景漂"族创新创业。如陶瓷创业孵化基地作为江西省唯一的国家级创业孵化基地，截至2016年年底，入驻创业实体有109户，包含有电商和大师级工作室，带动就业人数2000余人，年产值4500万元，成功孵化50多人。同时对入驻创业孵化基地市场的"景漂"族大学生给予每个集市日20

元/人补贴，截至2016年年底已发放补贴30658人次，发放61.32万元。在破解资金难题方面，景德镇市劳动就业服务管理局为"景漂"创业大学生量身定制"三户联保"小额贷款政策，近两年来已经为大学生累计发放小额贴息贷款3673万元，直接扶持306人次创业。

3. 成熟的陶瓷市场

陶瓷是日用性和艺术性的结合，与一般的美术作品相比，陶瓷材质平整光滑便于创作，可保存时间长久，色彩丰富逼真，兼具美观实用功能，更容易被不同层次的消费者欢迎。如陶瓷油画具有油画和陶瓷艺术双重属性，易于被欣赏和接受；作品虽费工耗时，但具有较好的收藏升值潜力。

（四）内生外来的互动力

"景漂"们被景德镇陶瓷文化所吸引，同时又创造和融入陶瓷文化。传统陶瓷艺术人才、学院派陶瓷艺术大师、才华横溢的"景漂"生力军、专业恣肆的外国艺术家……他们给景德镇艺术创作带来了新的艺术手法、新的制造工艺、新的产品。外来艺术家们对景德镇陶瓷艺术创作甚至艺术氛围产生了极大的冲击，本土陶瓷艺术家们感受到了巨大压力，也在寻找互相融合的新路。互动创新下，景德镇瓷艺的新品种、新材质、新工艺、新画风层出不穷，形成了国画、油画与瓷画的对话，本土与"景漂"的对话，传统技艺与现代工艺的对话。在创作激情不断地碰撞吸收消融中，景德镇陶瓷风格也在不断丰富创新，进一步带动了全国各地的陶瓷爱好者、美院学生和国外陶艺家们来到景德镇，用不同的形式表达对陶艺的理解。

五 "景漂"面临的问题

（一）生活成本高、流动性大

1. 创业成本低与创业成功率低并存

一位"景漂"企业家告诉我们，"陶瓷扩张速度太快，很多学生在我店里，做着做着自己就去开店了，但是至少他们要学会，盲目创新创业给产品结构带来不利影响。产品粗制滥造,这样的创业者至少有20%的比例的样子。真正成功的创业者100个里面没有几个。300个人,只有17人,时间淘汰了很多。"

2. 社会保障、养老、子女教育、户口等难统筹接续

我们在调查中发现,没有针对"景漂"的户籍、子女教育、养老、社会保障等专项政策。针对流动人口的优惠政策主要是瞄准外来的招商引资群体。目前,"景漂"加入景德镇的户籍还是受限制,全市各个中小学只有规定的几个接受外来务工子女,这种状况不符合以大学生等高学历为主体的"景漂"族。有的"景漂"告诉我们,他们吃饭、住宿、设计、烧窑都不在一处,生活成本高。现在景德镇陶瓷的最大价值就是艺术陶瓷,政府要关注陶瓷艺术家的生存状况,要资助到景德镇从事陶瓷艺术的外来陶瓷艺术家。

(二)"景漂"向上流动的机会少

景德镇劳动就业局对"景漂"的扶持,主要针对的是"景漂"中初次创业的大学生群体。对大学生创意集市,每周会发放摊位补贴。截至2017年3月份,共发放3万多人次61.32万元。大学生创业园是2010年建立的创业基地,也是国家级创业基地,2015年成为团中央全国青年创业园区,到2017年3月园区有109户大学生,孵化成功50多户,引进了10个大师工作室。2016年举办了中国创意创业创新大赛,以及全国陶瓷职业技能全国总决赛。2003年开始创业贷款实行两年免息,降低了门槛,针对"景漂"推出了三户联保政策。2017年准备启动的大学生创业政策列入了市政府十年实事,毕业5年内创业一次性提供5000元,但这些措施只针对创业初期的大学生。对于不同的"景漂"群体,他们的需求不同,没有更多、持续性的促进"景漂"向上流动政策,"景漂"就只能维持低水平向上流动。

(三)城市公共服务有待发展

1. 知识产权保护薄弱

一位"景漂"企业家说:"我是2012年开设企业,属于研发型企业,有2项国家专利，几十个其他专利，推动研发方面做了许多工作，很多人做得好的不敢拿出来，有可能第一天拿出来，第二天就有复制品了。2015年以后，创新能力是在递减的，创业能力却是递增的。陶瓷找不到创新点。科技成果和专利保护、知识保护要加强，做了好东西，只有等到专利申请成功后才敢拿出来，但是要一年时间，这时的市场需求肯定发生了变化。保护能力比较弱，复制能力比较强，价格相差很大，品相可能相差不大。专利公示时间太长，要1年时间。比如雕塑，设计出了晴天娃娃，至少给景德镇带来了1个亿的产值，原创的老板却没有在自己的作品晴天娃娃中赚到钱。最后厂子垮掉，走掉了，走得非常凄凉。知识产权保护不力，劣币驱逐良币现象对陶瓷产业发展不利。"

2. 对外服务水平有待提高

一位韩籍"景漂"在调研中告诉我们，景德镇没有汉语课，去年有几百个韩国人来景德镇，但是这里没有翻译。陶瓷大学的课程，除了学生不能学，在外地学汉语再来景德镇成本高。对外国人应该建立工作、交流、展示作品等语言服务平台。2016年，他准备邀请一个韩国与日本的专家，但没法交流，若是能够顺利交流是可以留在景德镇发展的。现在留在景德镇的国际"景漂"，都是会讲汉语的。越来越多的外国人希望留在景德镇发展，但陶瓷大学的国际学院一般是短期培训。因此，应该建立这种服务于国际艺术家的平台，建立面向全球的英、日、韩语学习机构。

（四）陶瓷产业链不完整，行业竞争力弱

有的"景漂"创业者告诉我们，就艺术层面而言，陶瓷家一定是必须更加现代的，要么被同化，要么被驱逐。整体上表现为：景德镇的现代意识太弱，现代的很难被接受，冲破不了束缚。只做景德镇的传统文化瓷器，创新能力减弱，有创新又被同化了。景德镇陶瓷行业的协同能力太弱，订单大了接不了，订单小了又不想接，做大比较难，怎么提高小工作坊的能力是期待解决的一个问题。从表1可以看到，2015年全国各个陶瓷产区的具体情况，景德镇仅仅排在全国第五的位置。国内已有华光陶瓷（000655）、唐山

陶瓷（000586）、国光瓷业（600286）等十多家陶瓷上市公司，而中国"瓷都"景德镇陶瓷企业却无缘资本市场。

表1　2015年全国陶瓷产区情况对比

产区	总产值（亿元）	日用瓷（亿元）	艺术瓷（亿元）	建筑陶瓷（亿元）	卫生洁具（亿元）	电瓷（亿元）	高技术陶瓷（亿元）	出口额（亿美元）
淄博	1200	200	150	450				
佛山	990		约40	约700	约200			
潮州	608	240	130		158			
醴陵	553.5	263.3		约60		180		
景德镇	336.5	95.2	117.2	67.85				
唐山	260	150		10				
高安	224.8			224.8				
法库	210			210				
德化	188	65	123					
宜兴	160	40	30	10				
北流	120	120						
萍乡	120							
夹江	104.5			104.5				

资料来源：景德镇市陶瓷工业局，2017年3月。

这充分说明景德镇在日用瓷等生产上已经没有优势，突出优势，发展艺术瓷才是继续保持景德镇引领陶瓷艺术发展的希望所在。"景漂"现象较好地体现了景德镇陶瓷文化的世界魅力，大力扶助"景漂"是弘扬景德镇陶瓷文化的最好抓手，也是促进景德镇新型城镇化工作的好抓手，展现景德镇陶瓷文化的世界魅力离不开"景漂"群体的参与。"景漂"群体在景德镇需要有更好的创业、创作环境，"景漂"期待着解决他们所遇到的问题。

六　服务好"景漂"，拓展城市文化竞争力

发展景德镇陶瓷产业，需要从文化发展、产业发展和城市发展的良性互动着手，促进产业优势、文化优势与"景漂"群体人力资源的有效结合。

主要思路是：以集约化布局为引领，以市场化运作为导向，实施结构多元、龙头带动、品牌塑造、渠道建设的产业发展战略，构建具有景德镇特色的产业体系，用陶瓷文化的语言，讲述中国故事，复兴"世界瓷都——中国景德镇"。

（一）促进文化、产业、城市的融合发展

1. 合理规划城市产业布局

（1）将陶瓷产业上升为省级产业，与"一带一路"国家倡议接轨

景德镇是中国的"瓷都"，也是世界的"瓷都"。陶瓷是中国文化的代表之一。历史上，中国陶瓷通过丝绸之路和海上丝绸之路走向世界、影响世界。景德镇既是世界陶瓷的圣地，也是中华文明的重要象征。可以说，历史上的中国陶瓷特别是景德镇陶瓷，是"中国制造"最杰出的代表。目前，山东省、福建省均将传统陶瓷产业转型升级上升到省级发展战略。因此，我们建议将景德镇产业上升到省级发展战略层面，将"景德镇陶瓷产业"与"一带一路"国家倡议对接。以景德镇陶瓷金字招牌为引领，整体规划全省陶瓷产业发展布局，统筹全省陶瓷资源，明确景德镇、高安、萍乡、丰城、黎川、井冈山等陶瓷产区的产业发展定位，形成错位竞争、协同发展的产业格局。

（2）坚持"互联网+陶瓷"战略，拓展陶瓷市场渠道

景德镇陶瓷在全国各地第三方交易平台及本地交易平台注册的网店超过1万家，现有大型建筑和日用陶瓷生产企业自建门户网站34家，具有一定规模的陶瓷电商平台13家，陶瓷电商已成为景德镇陶瓷产业发展的有力推手。今后，要继续整合现有的陶瓷电商平台资源，构建诚信体系，在与国内淘宝、天猫、京东等国内外一流互联网平台精准对接的同时，要不断拓展海外陶瓷电商平台，加强与互联网交易平台深度合作，要给足扶持政策，运营好具有国际视野的电子商务平台"景德镇陶瓷商城"，实现"互联网+陶瓷"的完美融合。通过信息互通，资源共享，抱团经营，做大做强景德镇陶瓷电商产业，带动陶瓷产业整体提升和发展。

(3) 大力发展陶瓷文化创意产业，推动"文化+旅游"融合发展

在陶瓷文化创意产业发展中，旅游业扮演着参与者和展示者的重要角色。要深入挖掘千年瓷都的历史、文化，把发展陶瓷文化创意产业与做大旅游产业相结合，形成"陶瓷文化+体验+旅游+个性定制"的融合发展模式。一是要以保护文化遗产为目的，沿千年历史文脉，连点成线成片，构建以御窑厂遗址为核心的古瓷窑址保护体系，整合周边古建筑、古弄里等黄金区域优秀资源，保护利用老窑址、老厂区、老街区，将遗产保护做成一项产业，打造一个百年陶瓷工业文化展示空间和活态博物馆。二是将陶瓷文化融入中小学教育。编写陶瓷历史教材，在中小学校开设手工陶瓷制作课程，培养陶瓷文化参与感、认同感和归宿感。

2. 促进陶瓷文化的传承、融合和创新

(1) 发挥"景漂"的人力资源优势，保持艺术陶瓷的国际领先地位

结合现代艺术理念，让"景漂"产品、创意在景德镇生根、发芽。结合现代科技技术与文化特质，广泛吸收国内外先进陶瓷艺术元素，引导包括"景漂"在内的陶瓷艺术家在材质、造型和装饰手法等生活和空间方面加强创新。加快推动艺术陶瓷的实用化、功能化，生活空间化、产业化，重点支持旅游陶瓷、礼品陶瓷向区域化、多元化、特质化发展。

(2) 保护手工制瓷，弘扬千年"景德镇工匠"精神

大力扶持手工制瓷业的发展，注重对手工制瓷技艺的政策倾斜，通过加大对陶瓷"非遗"示范基地、"非遗"手工制瓷技艺、"非遗"传承人的评估和扶持保护力度，将传统制瓷工艺企业与传承陶瓷文化有机结合，相互促进，创造柔性制度的典范。建立景德镇传统工匠工艺的认定、传承机制。

（二）构建多层次的"景漂"艺术文化交流、服务平台

1. 建立多层次的陶瓷展示平台

（1）以国际会展中心规划为核心打造国际陶瓷时尚展示中心、陶瓷总部基地、陶瓷创意设计信息权威发布中心、陶瓷电子商务中心、多媒体与传统媒体发布中心，国际高端艺术与学习交流中心，给"景漂"的创意产品

提供展示的平台。

(2) 制定景德镇陶瓷产品走出去战略。抓住"一带一路"倡议机遇，借助商务部、贸促会的资源，积极实行"走出去"战略，组织陶瓷品牌企业和艺术家赴国内外知名城市进行景德镇陶瓷产品和艺术品展览展示，宣传推广景德镇陶瓷，打造景德镇的"新出口"。利用外籍"景漂"艺术家资源，在海外建立景德镇陶瓷产业艺术创作基地和产业发展基地。

2. 拓展景德镇陶瓷的国际化交流平台

以陶瓷为媒介，推动景德镇与友好城市的往来互动，扩大景德镇陶瓷在国内外的影响力。对推动景德镇陶瓷产业、艺术做出杰出贡献的外籍"景漂"群体和个人，授予"景德镇荣誉市民"称号，利用好外籍"景漂"对景德镇陶瓷文化的宣传。

3. 建立"景漂"博物馆

"景漂"的历史渊源很长，景德镇素有"工匠八方来，器成天下走"。因此，针对这一独特群体和现象，应该建立以"景漂"群体为主的博物馆，这是这座城市历史上不同的特征，也是这座城市文化包容精神的体现，也是"景漂"群体的精神支柱，更是促进这座城市吸引人才的见证。

（三）完善"景漂"城市融入的政策供给

1. 加强财政扶持的鼓励政策

加大省市财政对陶瓷产业发展的投入力度，围绕产业发展重点，制定可操作的、引导产业发展方向的行业政策，更好地扶持陶瓷产业做大做强做优，吸引更多的陶瓷产业人才来景德镇发展。具体建议见表2。

2. 完善"景漂"群体在景德镇的社会认同和融合政策

(1) 放宽户籍制度。对"景漂"群体采取自愿原则，放低门槛建立户口准入门槛。对不愿意落户景德镇的"景漂"群体，动员他们及时申领居住证，并规定居住证的效力。如规定"景漂"群体在景德镇实现买车、贷款等民事行为时，居住证具有户口的等级效力，扫除"景漂"群体在景德

表2 完善促进陶瓷产业发展的相应财政政策

序号	目的	相应财政政策
1	培育规模以上陶瓷企业	对规模以上陶瓷企业按其缴税额,由受益财政按实际形成可用财力的50%,以创新奖的形式返还企业
2	鼓励企业争创自主品牌	对获得中国驰名商标、江西省著名商标、景德镇知名商标的企业不同金额地奖励
3	提高企业创新能力	对研制和引进先进技术项目的企业,项目完成并通过验收后,给予一次性奖励
4	鼓励企业加大技术投入	采用新工艺、新技术改造传统生产设备流程、节能减排,按项目总投资资金的比例补助或贴息
5	减轻企业参展费用	对不同级别的展位费、参展人员给予不同比例或金额的扶持
6	扩大陶瓷营销网络	在全国大中城市设立统一标志的"景德镇陶瓷"旗舰店,店铺按投资比例给予资金补助
7	鼓励高新技术陶瓷项目产业化	对科研院所、高等院校在园区实现转化的高技术陶瓷项目、新产品计划项目等由受益财政在三年内全额用于支持该项目发展
8	鼓励陶瓷企业向陶瓷产业园区聚集	对陶瓷产业园区在用地指标、税收政策、项目扶持等方面予以倾斜
9	吸引陶瓷产业人才	对上一年度陶瓷发展工作中取得突出贡献的单位和个人(包括"景漂")进行表彰和奖励,树立先进典型

镇生活中的政策障碍。

(2)完善社会保障体系。对"景漂"中的创作、创业人员,鼓励他们参加养老、工伤等社会保险,为景德镇人才集聚形成强有力的社会保障体系。

(3)改善"景漂"子女的受教育政策。对"景漂"子女,根据居住地、就近原则享受义务教育和学前教育。解决"景漂"的后顾之忧,让这些群体能够真正扎根在景德镇,为景德镇的陶瓷产业复兴贡献力量。

(4)建立完备的人才认定体系。对包括"景漂"在内的陶瓷产业人才,制定艺术家、艺术大师评定、认证标准。定期开展人才认定、艺术评价和职称评价工作,掌握陶瓷艺术创业人才认定的话语权。

(四)创新"景漂"艺术创作的知识产权保护体系

1. 构建景德镇陶瓷完备的知识产权保护体系

(1)建立健全"景德镇陶瓷"原产地认证体系,建立"景德镇陶瓷"

品牌准入门槛。采用"质量溯源体系"等先进防伪技术，实行"景德镇陶瓷"的信息权威发布，对"景德镇陶瓷"品牌进行规范管理。对符合景德镇原产地标准的产品可准使用"景德镇"标志，对外来白胎加彩的使用"去伪存真"。

（2）建立快速的景德镇陶瓷专利的申报程序。减少法人、自然人等市场主体申报专利的成本，压缩申报时间。在专利申报过程中注重保护专利发明人的权利，防范恶意侵占专利的不正当竞争行为。

（3）规范景德镇陶瓷商标使用权。鼓励景德镇陶瓷企业等市场主体注重商标的设计、注册和使用。保护商标专用权，促使生产、经营者保证商品和服务质量，维护商标信誉，以保障消费者和生产、经营者的利益。

（4）注重保护"景漂"群体在陶瓷艺术创作中的著作权。提供陶瓷艺术作品的发表、署名、展览、转让、出租的权利行使平台。注重陶瓷艺术作品的著作权保护的机制建设。

2. 在景德镇建立知识产权认定、转让、交易及权利维护平台

建立景德镇陶瓷产品、艺术品的知识产权转化和交易平台。规范知识产权的转让、入股的市场机制和平台。实现陶瓷产业中智力成果的经济价值，让"景漂"产品的艺术创作能尽快地与市场对接。规范知识产权转让的合同，为知识产权转让提供法律服务，特别是建立知识产权的司法保护机制。

3. 尽快在景德镇建立知识产权法院

发挥司法保护知识产权的主导作用，提高区域知识产权保护水平，建立知识产权专门法院是一项重要措施。对景德镇这样的以文化创意为陶瓷产业来说，知识产权的司法保护尤为重要。围绕景德镇陶瓷产业所涉及的知识产权门类众多，既有专利、也有著作，还有原产地保护和商业秘密，等等。景德镇陶瓷知识产权保护的主体既有国内的各类市场主体和"景漂"艺术创作成果，还有国际艺术家、港澳台艺术家，参与的主体层次多样，跨国、跨境特征明显。景德镇陶瓷作为世界名牌，要让"瓷都"复兴，在国际市场上有一席之地，对知识产权的司法保护尤其重要，知识产权的司法保护在一定程度上决定着陶瓷艺术的未来。

"景漂"现象是世界范围内城市移民生活的体现,也是我国改革开放伟大实践在景德镇结下的丰硕成果,关注"景漂"现象,大力扶助"景漂"群体,景德镇作为世界陶瓷之都就会充满着无穷的艺术创造力,景德镇陶瓷艺术之光将继续照亮景德镇的未来。

参考文献

陈雨前、郑乃章、李兴华:《景德镇陶瓷文化概论》,江西高校出版社,2004,第167~168页。

景德镇市劳动就业服务管理局:《景德镇市人才就业相关材料》,2017年2月28日。

景德镇市陶瓷产业发展局:《景德镇陶瓷发展情况》,2017年2月28日。

景德镇市陶文旅集团:《陶溪川项目介绍》,2017年2月28日。

景德镇市中外陶瓷艺术协会:《景德镇中外陶瓷艺术协会材料》,2017年3月3日。

景致空间:《景致空间介绍》,2017年2月27日。

金晓虹、梁邦福:《"景漂"的形成原因与文化意味》,《景德镇学院学报》2016年第4期。

吴齐强、魏本貌:《钟志生:千年瓷都集聚3万"景漂"做瓷器 更做文化》,人民网,2017年3月3日。

真如堂:《真如堂介绍》,2017年2月27日。

B.20
滨湖地区特色产业发展调研

——以都昌珍珠产业为例

甘庆华*

摘　要： 加快江西滨湖地区发展，是省委、省政府的重大决策。鄱阳、余干、万年、都昌作为鄱阳湖地区重要县域，近年来为保护好鄱阳湖"一湖清水"和稳定粮食生产做出了重要贡献，但发展相对滞后是一块短板。本文通过对都昌县珍珠产业的深入剖析，力求探索一条在新的历史条件下，以产业发展为龙头，带动区域经济社会全面发展的滨湖地区特色发展之路，并提出相关对策建议。

关键词： 滨湖地区　特色产业　都昌珍珠

滨湖地区是指湖泊与陆地相连的陆湖板块，该区域经济社会发展及居民生产生活方式往往受特殊地理环境影响。2017年3月10日，江西出台《关于支持鄱余万都滨湖四县小康攻坚的指导意见》提出，鄱阳、余干、万年、都昌为保护好鄱阳湖"一湖清水"和稳定粮食生产做出了重要贡献……但发展相对滞后，是环鄱阳湖发展战略布局的薄弱地区，也是全省决胜全面小康的一块短板。在新的历史条件下，积极探索一条以产业发展为龙头，带动区域经济社会全面发展的滨湖地区特色发展之路，意义重大。本文以都昌县

---

* 甘庆华，江西省社会科学院行政财务处处长，副研究员，主要研究方向为区域经济。

珍珠产业为例，通过分析归纳，提出加快江西滨湖地区特色产业发展的对策建议。

一 都昌县珍珠产业发展现状

都昌县地处鄱阳湖北岸，全县总人口83万人（其中农业人口67万人），辖24个乡镇（21个乡镇约59万人滨湖而居），属典型的滨湖大县、渔业大县。自2005年都昌县被国家农业部命名为"中国淡水珍珠之乡"称号以来，全县珍珠产业进入一个持续稳定发展期。近年来，在中国水产流通与加工协会和省、市渔业主管部门的关心支持下，珠贝产业成为都昌县最具特色、最具竞争力、最有发展潜力和产业链基本完备的"产业集群"和"块状经济"。

（一）主导产业发展格局基本确立

都昌县把珍珠、贝类产业作为县农村经济的主导产业，大力扶持，抓好抓实。当前都昌淡水核珍珠享誉全国，珠核、贝类工艺品、贝类装饰材料全国加工量最多，影响力最大。

1. 从规模上看

一是在养殖方面，在全国市场疲软的大背景下，近年来都昌县珍珠养殖面积一直稳定在4.5万亩左右，养殖产量270吨左右，保持了稳定发展态势，2016年产值达到2.81亿元，较2011年增长48.68%。二是在加工方面，近年来珠核产量每年保持900吨左右，2016年，珠核产值0.61亿元，较2011年增长52.5%；贝类工艺品6300万件、产值1.78亿元，较2011年分别增长26%和78%；贝类装饰材料产量240平方米、产值2.62亿元，较2011年分别增长20%和63.75%；珍珠其他产品产值0.22亿元，较2011年增长了1倍。三是在市场营销方面，鄱湖国际珠贝城试运行，势头看好。2016年，全县珠贝产业实现总产值8.29亿元，较2011年增长65.8%。珍珠养殖面积和产量近年来虽然没有大的增长，但产值增长明显，这主要得益

于都昌大力推进供给侧结构性改革，注重提升珍珠品质，逐年增加超大珍珠养殖比重，得益于适销产品研发能力的提升和产品品牌知名度的提高。

2. 从比重上看

2016年，养殖珍珠产值占渔业产值比例为31%，较2011年增长了4个百分点；加工产值占渔业工业产值比重为16%，较2011年增长了1个百分点，增长速度不快的原因，主要是市场价格持续低迷。

3. 从政策上看

为促进珠贝产业新一轮快速发展，2012年都昌县出台《都昌县促进珠贝产业园发展优惠方法》（以下简称《办法》）。《办法》从用地、税收、收费、奖励、服务等多个方面对入驻都昌县珠贝产业园（包含矶山湖珍珠养殖区、周溪珠贝基础产业加工区、宁波工业园珠贝精深加工区和鄱湖国际珠贝城）的企业和个人进行优惠扶持。《办法》的出台，为进一步推进全县珠贝产业向产业化、优质化、规模化、集约化方向发展提供了政策保障，政府在财政资金极为困难的情况下，每年用于珠贝产业的扶持金额达到200万元以上。

4. 从结构上看

一是珍珠养殖逐渐向能人大户集中。近年来，都昌珍珠养殖克服各种困难，以政策强力扶持、精细化管理等为依托，不断引导开始向大户、能人集中，全县珍珠养殖面积80%集中到能人大户手中。其中，规模最大的养殖大户曹新国，其珍珠养殖面积已经达到1.5万亩，是江西省名副其实的"珍珠大王"。二是珍珠贝类加工企业规模不断扩大。近年来，都昌珍珠产业坚持市场引导，发展迅速，已初步形成"公司+农户"发展模式，多家公司建有自己的宣传网站、研发平台、生产基地和销售网络，部分企业为保证贝类加工原材料的可靠质量和充足供应，成立了自己专属的深海贝类打捞队，前往国内外相关海域从事深海贝类打捞业务。截至2016年年底，全县规上珠贝加工企业（年产值500万元以上）已达25家。三是珍珠贝类产业组织化程度迅速加强。都昌县坚持"政府引导、企业联动、大户牵头、珠农自愿"原则，先后成立专业合作社、珍珠协会、贝壳协会等组织，争取到江西省珍珠协会总部设在都昌,县珍珠养殖大户、全国劳模曹新国任会长。行业协会的组建与引进,使都昌珍珠产业在标准制定、规划发展等方面,有了更多的主动权与话语权。

5. 从资源上看

据都昌县资料,全县水域面积 205 万亩,占国土总面积的 50.1%,包括千亩以上湖泊 18 座、中型水库 3 座、小(一)型水库 34 座、小(二)型水库 221 座、精养池塘 5 万亩。整体来说,水质水体适宜鱼、蚌等生长繁殖,水域辽阔、水质优良和劳动力富裕,成为都昌发展珍珠贝类产业的资源条件。如都昌县多宝乡老爷庙、团子口等鄱阳湖水域所打捞的三角帆蚌、褶纹冠蚌等原种资源就被省内外多家科研及育种单位选定为优质纯正的鄱阳湖区原种。

(二)特色产业发展路径初步形成

都昌县珍珠及贝类系列产品在全国市场知名度、占有率一路领先,超大珍珠、装饰材料,全国首创,特色产业发展路径初步形成。

1. 在养殖方面,实施精品战略

都昌县致力于打造国内最大的规模化超大珍珠养殖基地。如江西鄱湖实业有限公司,超大有核珍珠的养殖面积达到 1 万亩;西源长溪湖水产场,近年来进行了七彩珍珠的生态养殖示范,当前手术蚌长势良好。

2. 在加工方面,注重产品创新

如九江市骏隆贝壳工艺有限公司 2012 年和 2014 年连获两项国家发明专利授权;珍珠村有限责任公司,重点开发珍珠在医药领域的药用功效及营养的研究,开发出的珍珠粉、珍珠高钙胶囊等系列产品很受市场欢迎。

3. 在营销方面,着力打造鄱湖国际珠贝城

鄱湖国际珠贝城是鄱阳湖地区首个中高端国际时尚饰品旅游购物中心,项目位于都昌县城鄱湖大道,总占地面积为 98.58 亩,其中商业部分建筑面积五万平方米。截至 2016 年年底,已有 50 多家珠贝珠宝企业、20 余家陶瓷工艺品商户、10 余家家居饰品和服装品牌商家签约进驻。都昌县致力于在今后几年将鄱湖国际珠贝城打造成全国知名的珠贝珠宝集散地,依托都昌鄱阳湖"中国淡水珍珠之乡"的优越自然条件,成为经营规模大型化、经营品种专业化、经营档次高级化、经营手段现代化、经营空间国际化、经营环境规范化的超大规模专业珠贝、珠宝、玉石交易中心。

4. 在品牌方面,强调高端引领

近年来,申报国家发明专利2项、获"省级龙头企业"称号3家,申报江西省著名商标3个,多家企业获多项奖励和荣誉,部分公司在中国珍珠网有自己的宣传黄页,水产局机关因在发展珍珠和贝类产业方面成效显著而荣获2013年度"全国农业先进集体"荣誉称号。

5. 在市场占有率方面,坚持份额为先

据相关资料表明,近年来全国淡水珍珠年产量在1200~1500吨,而都昌县淡水珍珠在250吨~270吨,市场占有率达18%~21%;珠核产品在全国市场的占有率达80%以上;贝类工艺品及装饰材料发展很快,贝类工艺品全国市场占有率达70%以上,装饰材料市场占有率达90%。较高的市场占有率提升了全县珠贝产业在全国的知名度与定价话语权。

(三)块状经济产业集群初具规模

近年来,都昌县注重推进块状经济发展,打造珍珠产业集群,成效较为明显。

1. 产业集聚度不断提升

都昌县珠贝产业块状经济、产业集群主要分布在周溪、西源、三汊港、土塘、矶山湖及县城区域,具有明显的地域性,地区涉及人口占全县的50%。块状经济、产业集群的形成得益于产业化程度的不断提升:政府引导大力扶持,形成了具有明显地域性的政策优势;融资机制灵活多样,较好破解了在生产、经营过程中投入不足的难题;养殖及加工方式的改变,提升了产业的整体水平;良好的良种、防疫、手术、信息体系完备构建,为产业持续发展奠定了基础。

2. 沿湖渔（农）民增收的重要渠道

都昌县是渔业经济发展大县，靠水吃水，来自渔业及相关产业的收入占相当的比重，而珍珠产业又是渔业经济的主导产业。以 2016 年为例，珍珠系列产品实现总产值 8.29 亿元，其中：珍珠养殖业 2.81 亿元，珠核产品加工 0.61 亿元、贝类工艺品加工 1.78 亿元、装饰材料加工品 2.62 亿元、其他加工产品 0.22 亿元，市场营销收入 0.25 亿元，给全县带来人均增收超过 200 元。

3. 区域经济发展的重要支撑

以都昌县珍珠养殖及加工的集中区——周溪镇为例，2016 年全镇工农业总产值 8.72 亿元。其中，珍珠产业（珍珠、珠核、贝类工艺品及装饰材料）产值达 3.46 亿元。珠贝产业的强力支撑，快速推进了社会主义新农村建设，带动了全镇经济快速发展，促进了农村文化、科技、教育、卫生等事业的全面提升，农（渔）民的素质得到普遍提高。

（四）产业支撑体系正在有力构建

近年来，都昌县紧抓珍珠产业"基地规范化、加工标准化、管理现代化、市场网络化、设计国际化、服务一体化"基本体系建设，正在走出一条特色产业健康发展之路。

1. 基地规范化

一是借实施现代渔业项目的契机，对珍珠养殖的主产区——周溪水产场、西源水产场、矶山湖水产场等进行了池塘标准化改造，改造面积超过 1 万亩，投入资金总额 2000 万元以上；二是基地生产过程的规范化，从蚌苗、幼蚌培育、人工育珠、手术、水质调节、取珠等环节，通过制定地方规程和标准并贯彻执行。

2. 加工标准化

通过行业协会制定地方标准，如制定《珠核、贝类工艺品、装饰材料加工工艺技术操作规程》，从贝壳选择、切胚、归方、打磨、抛光等环节进行了规范，其工艺流程主要反映在六个方面：一是采用了先进的模糊感应选材设备，订立高标准的选材标准，从原材料入手监控品质；二是采用进口全钢切割刀片工艺，产品切割边少、边直、质高；三是采用国际领先的振筒振光设备以及流筒化学抛光，保证了产品上乘的光泽度和质感；四是采用精密的定型修正设备，保证了产品规格的合格率，密拼实现无缝拼接；五是经六道粗细打磨工序，保证成品平直、圆润的边角；六是采用先进的抛光设备，使密拼类大板材产品整体感强，光泽度高，质感温润，保留了珠宝的天然光泽。

3. 管理现代化

一是管理制度的现代化，按现代企业制度建立治理结构；二是管理手段的现代化，对重点养殖区定期进行水质监测及分析；三是管理方式现代化，通信、网络的广泛运用。

4. 设计国际化

各骨干企业已培育一支产品设计团队，利用不断创新的设计理念，从原料的搭配，工艺改良，注入产品的文化、民族、宗教内涵，将产品研发和创新引领时尚潮流，如"贝景产品研发中心"已签约多名一流的品牌设计师。

5. 市场网络化

一是在大中城市及重点交易地设点；二是几家主要的企业都建立了自己的网站及黄页；三是打响自主品牌，"卡诺莎、贝景、珍珠村、鄱湖珍珠、圣兰、周溪珍珠、鄱湖明珠"等产品通过创评活动提升产品的知名度；四是参加社会公益性的活动，提高企业的影响力。

6. 服务一体化

一是渔业主管部门的全过程技术培训，并深入养殖区进行技术咨询；二是苗种的检验检疫；三是进行国际的技术合作及交流；四是同科研院校进行科技对接，为新产品的研发提供支撑；五是组织企业参加各类展示、展销会，提升企业的知名度；六是适时举办歌咏会、诗词会、笔会、文艺晚会，倡导具有都昌滨湖特色的"珠贝文化"；七是积极组织珍珠及贝类工艺品研讨会，进行学术交流。

二 都昌县珍珠产业发展存在的主要问题

近年来,尽管都昌县珍珠产业发展较快,但由于属劳动密集、低附加值的传统产业,特别是过分依赖低生产成本,抗风险能力较差,需要破解一系列发展难题。

(一)品牌知名度不高

品牌是产业的生命力,是持续发展的根本所在。对于都昌珍珠产业来说,尽管拥有"中国淡水珍珠之乡"的品牌优势,但整体产业中知名品牌少、全国十大珍珠品牌榜上无名的问题较为突出。

1. 缺乏叫得响的产品

据调查,当前都昌珍珠系列产品中已有多个注册商标,涉及项链、戒指等100多个产品品种,如"珍珠村""鄱湖明珠""周溪珍珠"等,在国内外有一定影响。但是,仅"珍珠村"系列产品,通过了江西知名产品认证,其余商标的品牌还仅仅在创建之中。

2. 缺乏大而强的企业

尽管都昌珍珠产业有20余家规模以上企业,但生产模式仍然是以各家各户自主生产经营为主,龙头企业与农户紧密联系的产业化发展格局没有完全形成,导致都昌县珍珠产业虽有人、有业,但由于组织形式松散,抵御市场风险能力较差。

(二)科技创新力不足

当前,产业的竞争集中体现为科技竞争、创新能力竞争。对于都昌县珍珠产业来说,科技含量不高、高档原珠少、产品研发能力低、新工艺、新技术应用滞后等问题较为突出,导致珠核、贝类工艺品、装饰材料加工多受制于人工费用,盈利空间较小。

1. 低端路线锁定

近年来,都昌珍珠产业沿着粗加工路径生存和发展,主要表现形式是小型作坊较多,缺乏规模化集团的运作,这导致了高级技术和设备难有用武之地,如以珠贝为原料的保健、美容、养生等相关产品的研发才刚刚起步,适应新形势、新发展要求的产品较为缺乏。

2. 创新人才匮乏

都昌属贫困地区,地理区位较偏,薪资待遇普遍较低,这导致了产业发展过程中的瓶颈较多,创新性人才难以引进,即使引进了也难以留住。这集中表现在从事产业研发的人才缺乏,从事产业技术指导与营销的人才缺乏,这成为制约都昌珍珠产业加快发展的重要因素。

3. 技术指导缺乏

据了解,都昌珍珠产业基本以农村留守人员为主,素质偏低在所难免。淡水珍珠养殖是一项技术活,从业人员缺乏技术培训和指导,导致一些问题时有发生。如蚌瘟问题近年来一直制约着养殖户的发展。

(三)营销大平台不强

近年来,都昌县注重营销平台建设,全力推进"都昌县鄱湖国际珠贝城"项目,初步形成了珍珠工艺品、化妆品、药品及营养品等产业与产品营销体系。但是,随着网络化、信息化时代的到来,都昌县珍珠产业营销大平台建设仍需要进一步拓展。

1. 缺乏优质产品的营销

都昌珍珠产业主要客户对象是精加工企业或养殖企业,也就是说供应的是半成品,正如都昌各个媒介所宣称的,占据了国内市场80%的市场份额。可见,营销能力并不薄弱,而且业已发展到几乎处于垄断地位。但是,这只是一个量的概念,没有质的提升,尤其是针对终端消费者的产品较少、销量不大,没有针对消费品市场的龙头品牌,导致对外影响力较弱。

2. 缺乏省内外营销平台

据了解,都昌珍珠系列产品的营销模式,仍然是依靠商贩代理和上门收购，组织形式较为落后。尤其是缺乏有影响力的专业市场和营销渠道，产业低端锁定，产业发展空间受到限制。

（四）发展持续性不够

产业的培育与发展，是一个长期过程。都昌珍珠产业尽管经过十几年甚至几十年努力。但迄今为止，由于产业聚焦力度与广度不够，导致产业发展时常受制于政策与各方面影响。

1. 产业园区建设滞后

据了解，都昌珍珠产业"家庭小作坊"形式较为普遍。如都昌最大的珍珠产业乡镇周溪，产业结构松散，有产量、缺质量，有企业、缺规模的问题较为突出。尤其是缺乏集中的产业加工园区，导致出现了一些对村民粉尘、噪声等污染不易控制的环境问题，制约着产业做大做强。

2. 基础设施建设滞后

近年来，尽管在省市的关心下，都昌基础设施建设力度不断加大，但仍存在一些亟待改善的地方，一方面，交通不便，导致多数外地客商不愿来都昌，道路等级不高，导致大车进不了池埂，而靠短途人力车运输；另一方面，通信、电力、水利等基础设施不足，导致产业发展受阻，如一些池子仍用柴油机发电来照明和从事生产活动。

三 加快滨湖地区特色产业发展的思考与建议

都昌珍珠产业发展存在着上述"四不"的问题，既是个案，又是江西滨湖地区产业发展的共性问题。在加快江西滨湖地区特色产业发展过程中，我们既要学习借鉴都昌珍珠产业发展的有益经验，又要大力弥补存在的困难和问题，以特色产业发展，兴一县工业、富一方百姓、强一区实力。为此，从解决都昌珍珠产业发展的视角，建议从以下方面着力，形成支撑江西滨湖地区发展的产业格局，走出一条独具滨湖特色的产业发展之路。

（一）注重品牌，高标准建设生态特色产业基地

特色产业基地是滨湖地区发展之基。对于江西滨湖地区来说，需按照"扩大规模、标准生产、提高单产、提升品质"要求，利用优惠政策拉动作用，引导品牌建设，尤其是具有品牌效应的生态特色产业基地建设。

1. 规划引导，打造产业品牌

对于江西滨湖地区来说，需要加快制订一个独具特色的产业发展规划，规划主要任务是：根据江西滨湖地区经济社会发展的形势需要，站在更高角度，重新审视江西滨湖特色产业地位和作用，明确特色产业的发展定位，提出支持产业发展的根本目标、重大项目和政策措施，形成若干个支撑滨湖地区产业发展的品牌。

2. 政策扶持，推动产业发展

在资金方面，建议省财政每年安排一定规模的资金专门用于支持滨湖特色产业发展。在政策方面，建议在政府补贴、投融资、税收等方面，出台具体举措，为特色产业养殖户和企业提供更多扶持，从而推动滨湖特色产业不断做大做强做优。

3. 示范先行，打造生态品牌

建议以鄱阳、余干、万年、都昌等滨湖东岸县市为重点，依托滨湖地区粮食主产区、水产资源富集和生态优势，以建设全国绿色有机农产品示范基地试点省为契机，大力推进高标准农田建设，深入实施藏粮于地、藏粮于技战略，率先试点绿色生态农田建设，推进品牌化、标准化、规模化、生态化养殖，打造全国绿色高效生态种养示范区。

（二）强化支撑，高规格建设特色产业加工园区

加工园区是滨湖地区发展之要。都昌县珍珠产业按照"生产加工集中、企业大小分类、产品种类紧密、配套服务齐全、设施功能完善、绿色生态环保"的要求，建设了若干个珍珠贝类的集中加工园区，集中了优势"兵

力",实现了产业发展的新突破。这充分启示我们,加快滨湖地区特色产业发展,重要的是要建设好特色产业集中加工园区。

1. 着力打造产业发展平台

按照省政府文件要求,积极探索适合滨湖地区产业发展平台建设之路,重点支持已有的工业园区"退二进三"转型发展。对于交通区位好的地区,要积极打造产业承接平台和合作园区,对于民间资本活跃的地区,要积极发挥"PPP"模式在园区开发建设的作用。通过多措并举,建设一批适合滨湖特色的绿色循环园区、智慧园区和智能工厂。

2. 全力做优特色产业基地

以鄱阳县鱼钩渔具、都昌县贝类珍珠、余干县芡实等生产规模大的特色产业为重点,因地施策,推进鱼钩渔具、贝类珍珠、芡实加工等特色产业生产规模化,延长产业链,提高产业附加值,培育引进壮大龙头企业,打造具有地方特色的世界鱼钩渔具、贝类珍珠、芡实加工等特色产业基地。

(三)提升水平,高质量培育特色产业龙头企业

龙头企业是滨湖地区发展之首。"穿袄提领子,牵牛抓鼻子",龙头企业的发展,是构建特色产业的"牛鼻子"。都昌县通过技改扩改、嫁接改造、股份合作、资本运作等方式培育壮大龙头企业,使加工总量得到扩张、产业得到升级、档次得到提高。这一生动实践,给我们加快滨湖地区特色产业发展提供了有益的借鉴。

1. 做大做强粮食水产龙头企业

以鄱阳、余干、万年、都昌等粮食、水产重点县市为重点,积极引进大型粮食加工企业,培育壮大本土粮食加工企业,大力发展粮食精深加工;延长产业链条,培育壮大以青、草、鲢、鳙、鲤、鲫、鳊等大宗淡水鱼养殖、加工和产业开发为重点的5个产业集群。

2. 以特色品牌引领龙头企业

以万年县"皇阳贡米"、进贤县"军山湖"大闸蟹等品牌为重点,以鱼

钩渔具、贝类珍珠等市场份额较大的产业为重点，培育壮大一系列特色拳头品牌，加大"好米来自鄱阳湖""好鱼（蟹）来自鄱阳湖"品牌宣传推介力度，唱响"鄱阳湖"特色品牌，形成品牌龙头企业集群。

（四）创新发展，高起点建设特色产业产品大市场

产业产品大市场是滨湖地区发展之特。有产业、有产品，需要有大市场作为支撑，才能实现产业链的延伸、产品走出省门国门。都昌县用国际化视野和市场化运作方式，在县城区高起点建设好集珍珠贝类博物馆、产品交易中心、物流配送中心等为一体的现代化珍珠贝类专业大市场，既是对大市场的生动诠释，更是对产业产品发展规律的精准把握。在加快推进滨湖地区特色产业发展的过程中，需要我们充分学习好这一经验。

1. 规范市场，维护滨湖特色产业品牌

全省尤其是滨湖地区政府及有关部门必须提高认识，采取有力举措，整治和规范滨湖特色产业市场。建议由省政府牵头，相关部门及行业协会参与，制定并出台鄱阳湖地区特色产业产品质量标准体系、价格规范体系。同时，进一步完善质量检测中心职能，加强对上市产品的监督检查，维护产品的质量与品牌。

2. 交通先行，构建基础设施体系

不断完善鄱阳湖西岸基础设施建设，依托长江黄金水道、长江经济带、长江中游城市群、赣江新区等国家战略机遇，重点推进长江九江段一级航道、南昌至湖口二级航道等建设；支持九江港、南昌港两个国家级超亿吨内河港口建设；加快建设武九客专、昌吉赣客专，开工建设合安九客专、赣深客专。加快鄱阳湖东岸基础设施建设，重点推进信江高等级航道工程，统筹推进万年、鄱阳等区域性港口建设；全力推进九景衢铁路建设，积极争取昌景黄在滨湖东岸地区设站，加快推进环鄱阳湖城际铁路和环鄱阳湖旅游公路建设，加快鄱余高速公路建设。

参考文献

《关于支持鄱余万都滨湖四县小康攻坚的指导意见》（赣府发〔2017〕12号）。

2015年、2016年、2017年《都昌县政府工作报告》。

2015年、2016年《都昌县国民经济和社会发展统计公报》。

《都昌县国民经济和社会发展第十三个五年规划纲要》。

刘修礼、魏琳、查大元：《江西珍珠产业可持续发展的思路与对策——基于鄱阳湖生态经济区发展战略之视角》，《江西财经大学学报》2011年第11期。

B.21
吉安市移民搬迁扶贫的经验与启示

姜玮 方芳*

摘 要： 吉安市根据吉安革命老区扶贫对象处于偏远山区的特点，持续推进移民搬迁扶贫工作。在规划设计中，将移民搬迁、生态建设、小城镇建设融为一体；在具体操作中，严格识别对象指标，进行梯度安置，规范程序管理；针对移民搬迁出现的困难，构建起了政府、社会、市场、群众多元主体共同参与的扶贫工作格局，并创新"多规融合"，统筹资金和用地资源。移民搬迁脱贫后，更加重视迁后发展，大力发展产业扶贫、旅游扶贫、务工就业，提高移民持续"造血"能力。

关键词： 移民搬迁 扶贫 安置

坚决打赢脱贫攻坚战是党中央下达的"军令状"，吉安市委把这项任务当成一个政治任务来对待，提出全面建成小康社会，绝不让一个老区人民掉队。该市根据吉安革命老区扶贫对象处于偏远山区的特点，把移民搬迁扶贫这一工作难点作为扶贫工作的重点来抓，攻坚克难，全面贯彻中央和省市决策部署，精心组织、科学规划，落实责任，并且从人、财、物等力量上给予重点保障，取得了显著成效，产生了遂川县移民搬迁扶贫试验区、井冈山市特困移民户"爱心公寓"等搬迁扶贫的经验，收到了良好的社会反响。

---

* 姜玮，江西省社会科学院党组书记，研究员，主要研究方向为区域经济与执政党建设；方芳，江西省社会科学院社会调查事务所助理研究员，研究方向为农村社会学。

一　吉安移民搬迁的主要做法

（一）立愚公志，注重引领设计

吉安市按照脱贫进度服从脱贫质量的要求，科学调整"十三五"脱贫规划和今年的脱贫计划，力争今年 200 个贫困村退出，5 万人脱贫，实现保障措施、实际收入、长效机制"三个到位"，确保脱贫成效经得起历史和实践的检验。坚持问题导向，对国家、省、市三级督察巡查、检查评估、巡视审计等工作中发现的问题，举一反三，全面查摆，立行立改，市、县同步制定整改方案，采取强有力的措施，确保问题全面整改到位。强化责任落实，建立问题台账，实行销号管理，不走过场，不留死角。积极探索率先脱贫做示范新路径，井冈山市、吉安县进一步巩固脱贫成果。在扶贫搬迁工作启动上，井冈山市创新目标，提出扶贫搬迁工作走在全省前列，制定出台了《井冈山加快推进移民搬迁扶贫实施意见》等系列政策文件，明确了扶贫搬迁工作的基本原则、目标任务、搬迁对象、补助标准、安置方式，建立了领导机制、资金投入、土地保障、税费减免、后期扶持等政策措施，为扶贫搬迁工作提供了系统的政策保障。在安置点选择上，突出规划引领，实现创新、协调、绿色、开放、共享的发展理念，将移民搬迁、生态建设、小城镇建设融为一体，与区域经济发展、旅游产业、城镇化、农业产业化深度融合，以自然村为单元整体迁出为主，优先搬迁最偏远、最贫困的村落和农户。加强对移民实物指标调查、安置规划大纲和安置规划编制的指导，严格审查审核移民前期设计成果。

（二）巧妇心力，严把搬迁关口

1. 强化考核督察严

对各县（市、区）民生工程考核中专门增加了扶贫攻坚指标，层层签订脱贫攻坚责任书、立下军令状，做到年初有计划，年中有督察，年底有考

评，确保各项扶贫目标任务不悬空。遂川县落实中央和省里对贫困县考核、约束、退出三大机制的要求，对扶贫攻坚实行目标管理，加大考核权重，将扶贫工作纳入县乡党委、政府年度综合考评和领导班子成员个人年度考核的重要内容，严格奖惩。工作不力、考核不达标的乡镇、帮扶单位一年内不得提拔干部，村支书、主任取消参加县内公务员或事业单位招考资格，问题严重的进行组织调整。

2. 识别对象指标严

遂川县以精准识别为基点，采取四种办法摸清特困户搬迁移民扶贫工作底数：一是反向评价，排查复核。在集中核查阶段，针对基层反映的意见和建议，制定了12项反向指标（住房、就业、外出务工时间等），通过拍摄贫困户住房照片等进行拉网式摸底排查和精确复核，确保了建档立卡贫困户及其信息的公信力。二是"三卡管理"，分类规划。在精准识别贫困户的基础上，根据贫困户的贫困程度和劳动能力，精确区分为红、黄、蓝卡，实行"三卡管理"，根据贫困户的实际情况，县、乡、村分别编制精准扶贫三年规划。三是挂图作业，到户到人。制定"精准扶贫作战图"，悬挂"帮扶责任牌"，将脱贫对象落实到户、责任到人。四是录入系统、动态监测。定期采集每个贫困村、贫困户的信息和资料，进行建档立卡，并及时录入全国扶贫开发建档立卡信息采集系统中，做到脱贫一户销号一户。全市实现了"户有卡、村有册、乡有簿、县有电子档案"。井冈山市下七乡创新"12345"精准识别模式：一访，走访农户；二榜，在各村一榜公示，在圩镇二榜集中公示；三会，召开村民代表大会、村"两委"会、党政班子会；四议，通过村民小组提议，村民评议，村两委审议，乡班子会决议四个程序；五核，各村民小组开展核对，村"两委"审核，驻村工作组核实，乡仲裁小组核查，最后党政班子会核定。

3. 梯度安置立项严

吉安市采取群众自愿、梯度安置的办法，对有劳动能力和安置意愿的贫困户移民到县城园区，通过务工和就业增加收入；对其他希望就近安置的移民，则选择周边乡镇或者中心村，通过新型城镇化、工业化的联动，实现扶贫开发和经济社会发展。遂川县推进易地搬迁脱贫与"三位一体"结合，坚持把土坯房和危旧房改造、移民搬迁与城乡统筹、城乡同治和小城镇建设相结合。该县移民搬迁扶贫试验区占地1000亩，位于遂川工业园区东区，可安置移民群众20000人，并配套建设九年制学校、医院、幼儿园、商贸市场。遂川县草林镇新苑社区整合交通、水利、供电、教育、文化、新村办、卫生计生等部门力量，倾斜支持搬迁移民集中安置点基础建设，搬迁移民户除享受移民安置各项扶持政策，迁出地的土地、山林、水面等承包经营权不变，还可作为股权加入合作社分红。井冈山市下七乡创新"引农出山、移民建镇、特困上楼"三管齐下的移民搬迁扶贫模式，在乡最中心地段选址，启动特困户移民搬迁"爱心公寓"统建楼建设项目。

4. 程序规范管理严

（1）严把安置点建设质量关。在施工过程中，严格实行项目法人责任制、工程监理制、合同管理制、招投标制，严格工程质量、安全、资金和进度监管，确保集中安置点建设规范、有序、安全和质量。（2）坚持阳光操作。按照国家《财政专项扶贫资金管理办法》，健全完善扶贫资金管理制度，对扶贫对象的筛选、扶贫资金的流向、扶贫项目的进展进行公告和公示，保证财政专项扶贫资金在阳光下受到监督。（3）严守土地规划。各级土地管理部门严格对安置点规划指导，并对选址进行督察，防止出现和建设不一致的现象。

（三）众志成城，统筹人力和资源

1. 多元主体，凝聚攻坚合力

除了明确各级党委、政府扶贫的"第一责任"，构建起了"县负总责、乡镇落实、部门帮扶、群众参与"的扶贫工作格局，抓好移民搬迁政策宣传，积极推进投融资平台建设。特别是讲明新旧政策的界限和根本要求，做好新旧搬迁安置政策的衔接工作，主动对接财政、银行等单位，加快推进投融资平台建设。并切实加快移民进园工程建设，督促承建商加快进度，加强工程监理，确保移民建房质量和工程安全。同时，广泛动员社会各界积极参与扶贫济困，认真落实"四个一"组合扶贫。以遂川县为例，除了对接省、市领导挂点扶贫，省直部门和企事业单位、市直单位驻村帮扶，还争取社会团体和慈善组织开展社会扶贫工作。下七乡利用"三联"活动平台，积极对外融资引资，表彰社会捐献。积极发挥群众主体作用，增强群众主动脱贫思想共识。实行扶贫工作人员上门到户、移民政策宣传到户、群众疑虑解答到户，耐心细致地做好群众思想引导工作，并充分利用广播、电视、报刊、网络等新闻媒体，宽角度、全方位宣传特困户移民搬迁政策，引导广大群众增强搬迁主动性。在搬迁过程中，坚持群众参与，使得整个特困户移民搬迁工作顺利进行。

2. 统筹资源，创新"多规融合"

依托原苏区振兴发展、罗霄山片区区域发展与扶贫攻坚规划，优化整合扶贫资源。（1）注重用地协调。土地红线必须严格保证，扶贫搬迁的安居项目通过土地流转、兑换、转让等方式，采取与国土部门土地整治项目结合的办法，并且优先得到土地开发整理、河道整理等项目的新增土地保障，解决了搬迁用地难题。（2）充分利用贫困农村实施的新农村建设、农村公路建设、生态移民、以工代赈异地扶贫搬迁、加快城镇化建设等支农惠农政策。（3）整合扶贫移民集中安置点基础项目资金、保障性住房补助资金、农村危旧土坯房改造基础设施建设配套资金、交通、水利等专项资金用于项目建设。遂川县将搬迁扶贫与安居工程政策和资金支持相结合，对搬迁移民中的建档立卡贫困户每人增加1000元建房补助，特困户每人增加2000元建房补助，已全面开工建设农村安居工程改造过万户。为帮助农户实现移民进园，出台了《遂川县移民搬迁扶贫试验区优惠政策》和《补充意见》共40条，从土地和山林流转、社会保障、就业扶持和金融服务等八大方面进行帮扶。县扶贫和移民办与县农商行协商，专门向省行申请研发了移民住房按揭贷款信贷产品，试验区移民户可申请10万元以内个人住房按揭贷款。下七乡通过政策整合、社会捐赠、市场弥补三个途径，解决"爱心公寓"项目建设资金短缺问题。该项目总投资330万元，其中整合扶贫移民集中安置点基础项目资金，保障性住房补助资金，农村危旧土坯房改造基础设施建设配套资金，交通、水利等专项资金110万元，乡政府垫资20万元；获得社会捐赠100万元；临街一层的商铺出让金50万元；36户特困户集资50万元。2~3人的特困户缴纳1.5万元，4人及以上的特困户缴纳2万元，多管齐下保证了项目顺利推进。

（四）坚持不懈，推进产业扶贫落地生根

1. 发展"四个一"产业

吉安市鼓励、支持、引导迁后贫困户加入到井冈蜜柚、横江葡萄、高产油茶、绿色蔬菜、竹木花卉、珍贵楠木、茶叶烟叶、养鸡养猪等特色富民产业中来，贫困户以产业发展基金和撂荒土地入股农业综合养殖示范基地，确保每年收益达到股本金的15%以上，且连续收益不低于5年。其中吉安县从资源禀赋和产业基础出发，创造了"四个一"产业扶贫模式，即一户一亩葡萄、一户一亩井冈蜜柚、一户一个鸡棚、一户一人进园务工，贫困户只要实现了其中1个"一"，基本可以保证迁后稳定增收。（1）一户一亩井冈蜜柚。采取免费送苗、每亩奖补400元、免费提供所需技术服务等办法，全力帮扶有土地、有劳动力、有意愿的建档立卡贫困户种植井冈蜜柚。通过股份合作、反租倒包、合作经营、独立经营等多种经营模式，实现了基地带农户、大户带小户，增加了贫困户的现金收入。（2）一户一亩横江葡萄。以横江葡萄专业合作社为依托，通过"合作社＋贫困户"的方式，实行"统一供应种苗、统一技术培训、统一生产标准、统一物资供应、统一市场营销"的"五个统一"服务，破解了葡萄种植和面向市场的难题，促进了横江葡萄的规模发展和品牌效应。（3）一户一个鸡棚。引进和依托江西吉安温氏、正邦集团、江西小牧童生态有限公司等龙头或知名企业，采取"公司＋贫困户""公司＋合作社＋贫困户"的模式，推行提供鸡苗、饲料、疫苗、技术，并回收全部合格肉鸡的"四提供一回收"模式，帮助贫困农户加入资金投入少、市场风险小、效益回报好的养鸡致富产业，最大限度地降低农户参与扶贫产业的门槛。（4）一户一人进园务工。把移民搬迁扶贫、智力扶贫、劳务扶贫、就业培训有机结合起来，把就业创业培训班直接办到园区、乡镇，开展园区定向、电子商务、特色农业、岗前技能等免费培训，让有一定劳动能力的贫困户从"体能型"向"技能型"转变。遂川县移民扶贫试验区内有百余家企业，不少移民户就近就业成了"上班一族"。此外，对年龄较大但有一定劳动能力的扶贫对象，多渠道开发保安、环卫、园林绿化、交通协管等特色公益性岗位，并建立贫困户富余劳动力台账，免费提供职业介绍、职业指导、就业信息等就业服务。

随着农产品电商风生水起，吉安市积极推进精准扶贫与电商深度融合，因时制宜搭载农产品特色销售模式，派出由乡村干部、第一书记、大学生村干部组成的帮扶队伍负责网上营销，在线下，专业合作社或精准扶贫工作站（如邮乐购）进行挑拣、分选、装箱、打包和运输，井冈蜜柚、横江葡萄、油茶等一大批特色农产品网上销售如火如荼，井冈山市更被评为"国家电子商务进农村综合示范县"。

2. 鼓励自主创业

吉安市响应"大众创业、万众创新"号召，吉安人社部门搭乘"大众创业、万众创新"的时代浪潮，扶持创业、带动就业。针对有创业愿望、苦于资金缺乏的贫困对象个人，最高可提供不超过10万元的创业担保贷款并予全额贴息扶持。针对新增岗位吸纳贫困劳动力达一定比例的企业，给予创业担保贷款贴息扶持。2016年带动2500余名贫困劳动力在扶持企业就业；在人口聚集度高、产业优势明显的地方建设创业孵化基地，对符合条件的创业实体，可提供房租费、水电费、物管费等运行费用补贴。遂川县草林镇新苑移民社区建立了移民互助基金会，发放贷款156笔，帮助移民户兴办了拖把厂、电子厂、鞋厂、家具厂、针织厂等10多家企业，吸纳了500多名移民在家门口就业。井冈山市下七乡实施"小微企业进乡村"战略，引进的小微企业解决了600余人就业。

3. 做好旅游文章

吉安市把扶贫工作与生态、文化旅游增收结合，依托老区绿色资源丰富、红色资源依存、古建筑保存完好、客家文化底蕴浓厚及无污染的最大流量水资源的现状，高品位打造特色民俗乡村游。同时策应热水洲开发和国际自行车等赛事，发展农家乐，创办家庭农场，大力发展生态观光旅游特色农业，不断增强老区和老区扶贫对象自我发展和可持续发展能力。

二 吉安移民搬迁的经验启示

（一）移民搬迁要注重科学规划

立愚公志、自我加压是革命老区适应新常态、抢抓新机遇、实现新突破的"宣言书"和"动员令"，表明了老区人民主动作为、确保扶贫实效、实现更高质量脱贫攻坚的决心。目标就是导向，谋划就要提供坚实保障。移民搬迁，意味着贫困人口的大迁移、生产力布局的大调整，意味着区域经济社会发展目标模式的大转换，意味着贫困人口生存生活方式的大转变。因此科学规划意义尤其重大，必须要经得起时间、空间和未来发展的检验。

（二）移民搬迁要突出优化管理

狠抓目标考核，坚持"令出督随"，是推动移民搬迁扶贫工作纵深推进的强力保证。打赢脱贫攻坚战的基本方略就是精准扶贫，贫穷只有找到"贫根"，扶到点上，对症下药才能药到病除。移民安置既要充分尊重贫困群众意愿，又要充分考虑安置地点的土地规划状况和生态承受能力，还要充分考虑当地的经济发展前景和就业吸纳能力，最终实现贫困人口的"共享"发展。移民工程是一项迁安避险的民生工程，安居才能乐业，只有严格质量管理，严格资金管理，规范项目实施，落实移民项目各项制度，才能充分发挥资金和资源效益。

（三）移民搬迁要多元主体协同

一是扶贫工作是块难啃的"硬骨头"，对于这块"硬骨头"，吉安市扶贫干部把扶贫攻坚行动作为巩固党的群众路线教育实践活动成果和践行"三严三实"要求的主阵地，坚持人往基层走，情往移民注，劲往基层使，

钱往移民花,产生了全省扶贫(移民)工作先进县、全国扶贫开发先进个人。二是团结一心其利断金,搬迁移民扶贫构建了政府与社会、企业与市场协同推进的扶贫大格局,形成了跨地区、跨部门、跨行业、全社会多元主体共同参与的扶贫体系。三是这种"由政府统一筹集资金、统一规划建房、统一配套设施、统一监督管理"的特困户搬迁模式,"省市补一点、财政投一点、项目捆一点、规费免一点、社会融一点、群众筹一点"的筹资办法,适合贫困地区推广借鉴。

(四)移民搬迁要迁后持续发展

移民搬迁并非一搬了之,更非一劳永逸。搬迁是"换血"式扶贫之路,但只有提高移民持续"造血"能力,才能真正实现筋强骨健,阻断返贫。一是选择产业要适合当地气候、土壤和老百姓的种植习惯,选定产业后要持续解决贫困户的生产技术和销售问题,增加贫困户抗风险能力,打通贫困户与市场联系的通道,确保贫困户有可持续的产业收益。二是易地搬迁应将搬迁工作与园区发展、产业升级结合,将迁入地产业发展规划、搬迁户就业规划与搬迁总体规划同步推进,统筹解决好集中安置点的产业配套和搬迁群众就业创业问题。三是互联网时代下,基础设施互联互通,以及"互联网+脱贫"的新技术、新产品、新业态、新思路层出不穷,为扶贫发展提供了新的空间,也赋予"互联网+"更多的可能。搬迁安置要制定相应的后续扶持政策,搬穷家更要拔穷根,新机遇更要新发展。四是要把扶贫开发与培育特色旅游结合起来,大力促进转移就业,实现既绿水青山又金山银山的美丽乡村、美丽中国。

古有"移山填海",今有"移民扶贫"。面对同样恶劣的自然条件,吉安市通过移民搬迁扶贫让老区人民共享改革发展成果,更让"胸怀理想、坚定信念"的井冈山精神放射出新的时代光芒!

B.22
晶科能源外贸出口为什么能够一枝独秀

江西省社会科学院课题组*

摘　要： 随着内陆双向开放高地的深入打造，江西外贸在全省经济社会发展中的地位日益增强。在国际金融危机持续发酵及欧美国家贸易保护主义的多重影响下，江西晶科能源有限公司异军突起，外贸出口连年增长，一跃成为全省出口第一大户，总结其主要做法，对全省外贸企业具有借鉴意义。

关键词： 晶科能源　外贸出口　江西

近年来，受全球金融危机持续发酵及欧美国家贸易保护主义影响，全国及江西省外贸出口呈现持续低速甚至负增长态势，对全省经济增长产生了重要影响，尤其是出口导向型的光伏产业在国外的"双反"冲出下，更是遭到重创，曾经的明星企业赛维甚至破产被收购。然而，在省内外外贸出口一片萧条中，江西晶科能源有限公司（以下简称"晶科能源"）却异军突起，外贸出口连年增长，一跃成为全省出口第一大户。晶科能源逆袭成功的奥妙在哪里？它的经验是否可以为江西省其他外贸出口企业提供借鉴？带着这一问题，近期，江西省社科院成立课题组，赴江西晶科能源有限公司进行调研，现将调研情况报告如下。

---

* 课题组组长：姜玮，江西省社会科学院党组书记，研究员，研究方向为区域经济与执政党建设。副组长：麻智辉，江西省社会科学院经济研究所所长，研究员，研究方向为区域经济与工业经济。成员：高玫，江西省社会科学院经济研究所副所长，研究员，研究方向为区域经济；盛方富，江西省社会科学院应用对策研究室助理研究员，研究方向为区域经济。

一 晶科能源外贸出口取得的成效

晶科能源是2006年12月落户上饶经济技术开发区的一家集太阳能硅片、太阳能电池片及电池组件研发、生产、销售和应用为一体的光伏制造商、供应商及太阳能电站建造商,也是一家在美国纽约证券交易所上市的国家级高新技术企业、国家星火计划重点高新技术企业,从投资初期的几十人发展至今已拥有在职员工15000多人,市场地位和全球影响力日益巩固和提升。

(一)外贸出口连年增长

自2010年5月在美国纽交所上市后,晶科能源近5年主营业务收入年均增长33.2%,外贸出口额总体呈快速扩张态势,虽受光伏产业整体阶段性不景气的冲击,出口额有所回落,但晶科能源反弹的势头迅猛,2015年出口额达到12.35亿美元,是2012年的近4倍(见图1);2013~2015年的年均增速达到60%左右,较同期江西全省(年均增速不到10%)高出近50个百分点(见图2)。

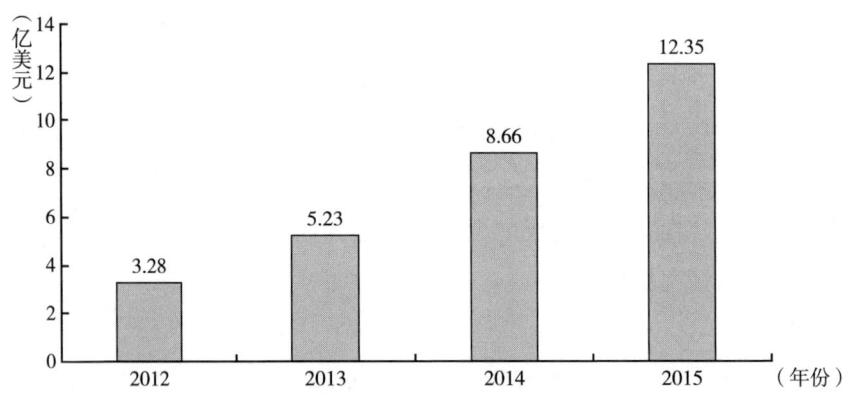

图1 2012~2015年晶科能源出口额

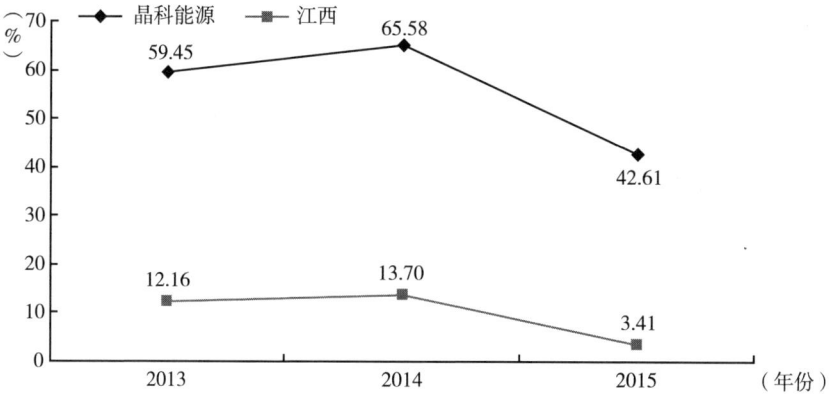

图 2 2013~2015 年晶科能源与江西省出口增速比较

资料来源：江西省商务厅。

（二）出口份额占全省比例不断扩大

晶科能源外贸出口额占全省 120 家重点出口企业出口总值的比重呈现显著提升态势，由 2012 年的 4.34% 稳步提升至 2015 年的 14.73%，增加了 10 个百分点，为支撑江西外贸在全国的地位发挥了重要作用，也为晶科能源巩固全球领先地位起到了积极作用。

表 1 2011~2015 年晶科能源外贸出口占全省份额

年份	全省外贸出口（亿美元）	晶科能源外贸出口（亿美元）	晶科能源占全省 120 家重点企业出口总值比重(%)	在全省出口企业中的排位(位)
2011	314.69	9.26	11.17	1
2012	334.14	3.28	4.34	3
2013	367.47	5.23	7.18	1
2014	427.31	8.66	10.51	1
2015	424.00	12.35	14.73	1

资料来源：江西省商务厅。

（三）多元化销售初见成效

2015 年，晶科能源外贸出口 12.35 亿美元，其中 92% 是太阳能组件出口，8%是太阳能组件的原材料出口，主要销往智利、美国、日本、马来西亚等国家和地区。在全球销售的同时，晶科能源还着眼于全球制造与投资，累计投资1.6亿美元，在南非、葡萄牙、马来西亚建设三座太阳能电池和组件工厂；在乌兹别克斯坦、哈萨克斯坦、约旦、泰国等地进行了海外电站开发，清洁能源项目覆盖了中东、非洲、东南亚及欧洲等地；此外，还成立了晶科电力有限公司，专业从事光伏全球新能源的电力资产开发、建设、运维等主要业务，服务链条的拓展延伸，为提升客户黏性提供了重要保障。

（四）行业地位快速提升

近年来，晶科能源通过外贸出口，实现企业规模急剧扩张，从一家成立之初"名不见经传"的公司一跃成为全球光伏龙头企业。2016年晶科太阳能光伏组件出货量6656MW，同比增长47.5%，排名全球第一，稳坐全球光伏组件制造商"头把交椅"，并且其营业收入、毛利率和净利润等指标排名行业第一。在业绩增长的同时，利润也在快速增加，早在2013年第二季度，晶科能源便成为全行业第一家扭亏为盈的光伏企业，并连续14个季度保持最高毛利率。正是由于快速的发展势头，晶科能源以2015年160.8亿元人民币的营业收入，跃升至2016《财富》中国500强第330名，名次较2014年飙升107名。

表2　晶科能源近年来主要产品销售量及市场占有率

产品名称	2011年	2012年	2013年	2014年	2015年	2016年
太阳能电池组件(MW)	843.15	917.25	1886	3000	2768	6656
全球市场占有率(%)	3.12	3.04	5.39	7.0	5.5	10
全球装机容量(GW)	27	30	35	43	50	70
行业排名	全球第七	全球第七	全球第五	全球第三	全球第三	全球第一

资料来源：江西省晶科能源有限公司提供。

二　晶科能源的做法与经验

总结晶科能源的做法与经验，主要有以下几点。

（一）审时度势，选择正确的发展战略和方向

光伏产业链很长，包括硅料—多晶硅—硅片—电池组件—光伏发电等，我国光伏产业起步阶段，硅料的价格昂贵，毛利率最高。在"拥硅为王"的时代，许多光伏企业一哄而上，纷纷上马硅料生产线，曾经的光伏明星企业赛维 LDK 更是斥资建设 2.5 万吨级硅料的生产线。然而，项目尚未建成，突发国际金融危机，国际市场萎缩，硅料供需局面逆转，多晶硅价格一落千丈，赛维 LDK 的硅料项目还未建成就倒在了巨额负债上。晶科能源也曾一度计划在新疆建硅料厂，但最终在"适当比速度重要"的战略抉择中选择放弃建厂。在发展过程中，不片面追求做大体量而是强调做精做强，突出品质、主抓服务、培育品牌，始终寻求平衡、合适的发展，这使其资产负债率在国内光伏企业中保持较低的水平。另外，晶科能源在国际市场萎缩之际，抓住国内加大光伏发电补贴力度，培育国内光伏市场的有利时机，其产业链向下游光伏发电环节延伸，在国际市场低迷的情况下，拓展国内市场，使企业成功抵御了国际金融危机的冲击，在逆境中崛起。

（二）注重技术创新，提升核心竞争力

晶科能源自诞生开始，就坚持以技术创新研发为支撑点和着力点，不断加大科研投入和技术开发力度，成立了晶体硅光伏工程技术研究中心，全球研发团队拥有超过 250 名光伏专家和研究人员，依托"全国博士后科研工作站""江西省光伏发电及系统工程技术研究中心""江西省企业技术中心"等众多创新平台，始终致力于高效太阳能电池和组件的研发，以降低太阳能发电成本，并屡次成功突破现有的技术瓶颈，从组件研发最高功率达到 334.5W，到效率高达 20.13% 的量产多晶电池线（Golden Line），晶科能源一直在刷新着光伏发电效率的世界纪录。公司研发实力也因此得到国家层面的高度认可，作为国内唯一入选的大型光伏制造企业成功获评 2015 年度"国家企业技术中心"，并在 2016 中国能源发展与创新论坛上收获"2015 年度技术突破奖"。

（三）实施海外战略，以投资带动出口

晶科能源注重国际国内双向开放，不仅在内销上持续发力，在拓展国外市场上也是不断创新。为规避欧美等国家或地区的"双反"政策，晶科能源除在国内有上饶、海宁两个生产基地，还实施以投资带动出口的策略，先后在南非、葡萄牙、马来西亚三个海外国家建立了生产基地，在23个国家设有子公司或者销售办事处，在中东、非洲、东欧及东南亚都有在建电站，逐步实现从全球销售到全球制造，最终随着国际化进程的加剧，达到全球投资的目标。

（四）加强管理，严控综合成本

光伏产业回归到传统制造业的盈利水平后，严控综合成本成为提高出口竞争力的关键。晶科能源是业内公认的成本控制得好的光伏企业，其按照"高起点、高目标、高质量、高效益"的要求，落实工业化与信息化两化融合建设，实现简单化、扁平化、协同化、规范化的管理，提高公司对现有资源的规划与管理能力，提高公司的管理水平和经济效益；并且，通过引进世界最大的企业信息管理解决方案提供商SAP公司提供的方案，建立了完备的企业管理系统、物流与制造环节的"监控—反馈—追溯"系统，实现了全面管理及生产绩效分析。为提升生产效率、降低用工成本，公司投入1.5亿元对现有九个电池组件制造车间进行了自动化、智能化改造，在减少劳动力的前提下实现了增产增效。

三 几点启示

启示之一：因势利导是外贸企业发展壮大的前提条件

国际市场风险变幻，稍有不慎便可能遭受灭顶之灾，做好风险防控至关重要，出口导向型的企业更是如此。光伏行业高度依赖国际市场（早期出口率在95%以上），因此，当国际金融危机袭来，国际市场萎缩时，我

国光伏行业便进入寒冬，一些资金实力较差的光伏企业纷纷倒下，像赛维LDK、无锡尚德、天威保变这样的行业龙头都没熬过去。因此，高度关注国际市场的变化，因势利导调整企业的发展战略，是外贸企业生存和发展的关键。晶科能源在危机来临之时，便是通过适当放缓发展速度、做好债务风险防范，同时抓住国家培育国内光伏发电市场的政策机遇，适时开辟国内市场，渡过了难关，并且迅速发展壮大起来。江西其他企业学习晶科能源的成功经验，首先要学习的便是晶科能源在危机来临之际适时调整企业发展战略，兼顾国内国外两个市场，防范债务风险，化危为机，逆势成长的宝贵经验。

启示之二：科技创新是企业提高出口竞争力的制胜法宝

科技引领发展，创新改变世界。特别是在新一轮科技革命和产业革命蓄势待发的今天，不掌握世界领先的核心技术、注重技术创新，就会在大浪淘沙的市场竞争中惨遭淘汰，只有不懈地进行技术创新的企业才能胜出。晶科能源之所以能够在激烈的市场竞争中脱颖而出，正是缘于其始终投入大量的资金，充分利用各种创新平台、各地的科技人才，致力于专业技术的研发，不断突破技术瓶颈，获得一系列专利技术。我们学习晶科能源的成功经验，就要以技术创新作为企业发展的强大驱动力，始终瞄准世界前沿的专业技术，借助各种研发平台，通过引进创新、模拟创新、自主创新，迅速地在专业技术领域形成自己的核心技术，以技术创新赢得竞争的胜利。

启示之三：产业链延伸是企业抵御国际市场风险的重要手段

产业链垂直一体化可以加强企业对各生产节点的沟通与管理，有利于实现技术协同创新及产业链核心竞争力，维持企业持久竞争优势。晶科能源从硅片、电池片、组件到建设光伏电站，打造一体化完整的产业链，在全球光伏行业普遍不景气的情况下，实现外贸出口逆势上扬的经验启示我们，通过延长产业链条，为自身的组件销售提供稳定的渠道和"出海口"，不仅可以有效降低交易成本，增强抗风险的能力，扩大产品的海外市场占有率，而且注重产品的开发应用，向靠近终端市场的产业链下游延伸，适应国内外市场需求的变化，是企业在市场竞争中立于不败之地的重要法宝。

启示之四："走出去"参与国际产能合作是企业拓展海外市场的重要途径

晶科能源建立海外生产、销售基地,拓展海外市场,获得快速发展的经验告诉我们,江西企业要扩大外贸出口,就必须"走出去",积极融合国家"一带一路"倡议,全面参与国际产能合作。众所周知,虽然我国拥有13亿的人口,内需市场巨大,但与"中国制造"的巨大产能相比,国内市场容量终究有限。目前,我国的钢铁、有色金属、水泥等行业的产能已经远远超出了国内市场的需求,而且经过近年来的快速发展,光伏、风能等新兴产业的国内市场也趋于饱和,产能开始出现过剩的情况。而"一带一路"沿线国家和地区经济依存度较高,对境外资金、技术和产品的需求缺口较大,已经成为我国重要的贸易伙伴、出口市场和海外投资地。在此背景下,到"一带一路"沿线国家投资设厂,参与国际产能合作,就成为江西企业扩大贸易出口的重要历史机遇。晶科能源正是抓住了这一有利机遇,通过对外投资拓展了海外市场,快速扩大了贸易出口额。江西有条件"走出去"的其他企业,也要重视到海外建立生产基地,以对外投资推动出口增长。在当前国际市场复苏疲弱,贸易保护主义有所抬头的大背景下,"走出去"参与国际产能合作,对于绕开国外的贸易壁垒,以对外投资带动中国制造业"走出去"具有特别重大的现实意义。

启示之五:严控综合成本是提高出口竞争力的关键之举

目前,受要素成本大幅上升的影响,我国制造业的综合成本呈现持续上升的态势,极大地降低了我国产品的出口竞争力。晶科能源通过工业化与信息化深度融合,实现简单化、扁平化、协同化、规范化的管理,将成本控制到行业最低水平,从而赢得了价格优势。这一经验启示我们,国际市场竞争中,价格竞争仍然是重要的竞争手段。在我国要素成本大幅上升,导致我国制造业出口竞争力下降之际,通过两化融合,提高企业的信息化水平,同时,通过严格的综合管理,将企业成本控制在最低范围内,是出口企业赢得竞争优势的关键所在。

参考文献

甘卫华、张蕊、詹跃跃：《江西省光伏产业发展的实证研究》，《科技管理研究》2012年第7期。

《晶科能源拉美市场一枝独秀》，《中国工业报》2016年8月15日。

《晶科能源领跑全球光伏产业》，《江西日报》2017年3月1日。

《晶科能源双倍增计划项目签约仪式举行》，《上饶日报》2017年2月14日。

《当晶科遇上江西》，《江西日报》2017年3月20日。

《晶科巩固全球光伏龙头地位》，《江西日报》2017年6月12日。

B.23
抚州生物医药产业发展研究

王果 李华旭*

摘 要: 抚州是江西省生物医药产业发展的重要版块,是全省大健康产业布局的重要阵地。为了全面摸清抚州生物医药产业发展现状与潜力,深入分析抚州生物医药产业的总体情况和发展特点,科学评估抚州生物医药产业发展存在的主要问题,并为进一步推进抚州生物医药产业的健康发展提出对策建议。

关键词: 抚州 生物医药 转型升级

"十三五"时期,江西将着力布局大健康产业,生物医药产业是江西大健康产业发展的重点领域之一,抚州是全省生物医药产业重要发展版块,有着悠久的中药业历史,是中国四大传统中药炮制流派——建昌帮的发祥地,资源条件优越,发展基础良好,发展潜力巨大。基于此,以抚州生物医药产业为研究对象,对抚州典型企业进行深入调研,充分了解生物医药产业的发展情况,详细分析其存在的主要问题,为推进抚州生物医药产业发展、促进产业结构转型升级提出建议。

一 抚州市生物医药产业总体情况

生物医药产业是抚州重点培育的高新技术产业之一,也是抚州独具发展

---

* 王果,江西省社会科学院城市经济研究所所长,副研究员,研究方向为区域经济;李华旭,江西省社会科学院城市经济研究所助理研究员,研究方向为产业经济与工业经济。

特色和发展潜力的产业之一，已具备良好的发展基础，初步形成了以血液制品、滴眼液和大输液为特色，包括生物制药、现代中药、化学制药、医药流通、药品包装等产品品种的多门类的产业集群，汇聚了以珍视明滴眼液、博雅生物、施美药业、科伦药业、回音必药业等为代表的生物医药生产企业一百多家，其中抚州高新区达到50余家，抚州高新区是"省级生物医药高新技术产业化基地"和"生物医药省级战略性新型产业基地"。

生物制药。依托博雅生物，在血液制品领域特色突出。博雅生物是江西唯一一家经国家认证的血液制品生产单位，唯一入选福布斯评选的2013年中国最具潜力上市企业100强的企业。目前，博雅生物已经形成人血白蛋白、人免疫球蛋白、静注人免疫球蛋白等三大类7个品种21个规格的系列产品，成为我国血液制品行业品种最多、规格最全的厂家。未来随着人凝血酶原复合物和凝血因子Ⅷ的开发和产业化，将成为全国名列前茅的血液制品企业。

现代中药。依托丰富的中药材资源，抚州形成了以珍视明药业、荣裕药业、苍源药业等企业为核心，涵盖中药材种植、加工、研发、中药制剂生产和销售等产业链环节的发展格局。中药产业在抚州经济发展中的贡献度逐步提高。抚州中药材2016年种植面积达到24万亩，林下种植中药材年产值大约达到2.04亿元，中药材的主栽品种在抚州已经达到了17余种，其中黄栀子、金银花、白花蛇舌草、泽泻、芳樟、松香、松节油、杉木油等的种植面积超过了1万亩；中医药企业不断发展壮大，2016年抚州中成药生产企业和中药饮片生产企业分别达到16家和4家，1个中药种植基地已经通过了国家GAP认证，拥有近300个中药批准文号，其中有7个为国内独家中药品种数、34个为基药中药品规。2015年中医药产业实现主营业务收入35.6亿元，占全市医药产值（63亿元）的47.6%，占全省中药总产值（500亿元）的6%。

化学制药。抚州化学制药以回音必制药为龙头，成功开发了国家二类新药2个、国家四类新药2个、医药中间体3个，获得国家发明专利3项，已研究出癌症用药枸橼酸托烷司琼原料及注射剂、亮菌甲素原料药、左旋卡尼汀注射注等5个品种。回音必独家生产的国家二类新药盐酸司他斯汀为国家二类新药，被评为省优秀新产品一等奖、国家重点新产品，并获得了科技部中小型企业创新基金的立项支持。

医药流通。抚州医药流通处于起步发展阶段，同盛实业、汇仁集团医药科研营销项目建成后，以医药批发、大型连锁药店、第三方医药物流的形式发展，将进一步完善医药销售和物流平台，形成较强的医药流通辐射能力。

二 抚州市生物医药产业发展特点

抚州生物医药产业已具特色产业集群雏形，是江西省唯一的生物医药高新技术产业特色基地，呈现以下特点。

（一）产业呈迅速发展的态势，产业聚集明显

抚州生物医药产业形成了以珍视明药业、博雅生物制药、回音必制药等为产业龙头，108家生物医药企业为支撑的产业集群，产业类别涉及生物制药、化学制药、现代中药、医药流通等四个领域。尤其是生物医药方面已形成中成药制造、化学药品制造、生物药制药、兽药制造、保健品制造、药品包装材料制造及药品销售配送等较为完整的产业链，产业配套性较强。2015年，抚州生物医药产业完成主营业务收入66亿元，占抚州规模以上工业增加值的18%，产业集聚态势基本形成。

（二）优势企业和产品正在形成

抚州生物医药企业拥有1个中国驰名商标——"珍视明"，4个江西省著名商标——"博欣""博雅""松鼠""珍德"，建成了2个省级企业技术中心和3家省高新技术企业，在血液制品生产、滴眼液药物等研究开发方面居于国内领先地位，医药产品已形成系列化、多元化的合理结构。有近10个在全国具有一定知名度和市场占有率的中药保护品种：如珍视明滴眼液、活血止痛胶囊、六味安消胶囊、六味木香胶囊、舒胸颗粒等，珍视明滴眼液

在中药类滴眼剂中全国销量第一,博雅血液制品是全国为数不多、江西唯一的血液制剂,回音必拥有2个全国首创的国家二类新药:盐酸斯他司汀原料药和盐酸斯他司汀片。

(三)拥有源远流长中医药文化品牌

抚州特有的中医药文化品牌资源,给抚州的中医药发展带来机遇。"盱江医学""建昌帮"源远流长且影响深远,在江西古代的十大名医中有七家出自抚州区划,据考证,从宋至民国的千年历史中有多达250余医家、100余种医学著作。起源于东晋的"建昌帮"中药业在宋、元时期得到广泛发展,并在明、清时期达到鼎盛,"建昌帮"具有一套在国内外行业影响深远的独特的传统炮制技术,素有"药不过樟树不全,药不过建昌不灵"的美誉。

(四)拥有丰富中草药资源

1200余种药材中抚州有40多种,不仅产量高,且质量好。其中黄栀子、泽泻、陈皮、四花青皮是闻名全国的道地药材。黄栀子种植基地金溪、临川,其种植面积超过10万亩。南丰蜜橘的副产品陈皮、四花青皮,质量和数量都居全国之首。广昌的泽泻已经通过GAP认证,已经成为江西汇仁集团生产中成药的定点原药材基地。临川河埠种植的几千亩延胡,已通过国家GAP认证现场检查。适合抚州大面积种植(养殖)并在全国市场上认可的药材还有:白术、蔓荆子、金银花、茯苓、玉竹、黄精、山药、牛膝、穿心莲、故芷子、祁蛇、白花蛇等。

三 存在的问题

(一)缺乏专业人才,产品研发能力不强

抚州生物医药产业还未形成一条"产学研"的创新链。尽管抚州生物医药产业在科技研发领域具备了一定基础,但高技术产业化人才(如科研

人员、高级技师和高级管理人员等）的匮乏是制约抚州生物医药产业跨越式发展和可持续发展的重大瓶颈。此外，抚州生物医药产业对外来资本和先进技术的引进和吸收能力不强，无论是参与国内还是国际的资源化配置水平都有待进一步提高，尤其是与发达地区相比，抚州在引进资本、人才和技术等领域仍然处于劣势。高素质的行业技术和管理人才匮乏、技术研发投入不足、产业科技创新能力薄弱是当前抚州生物医药产业存在的共性问题。

（二）资金压力大，融资体系不完善

生物医药产业是高投入、高风险的产业，需要大量的资金投入和周转。目前进入抚州的生物医药企业大部分存在资金问题。在投融资体制机制方面，尚未建立起能够真正服务于产业发展的投融资体制机制，诸如产业投资基金、风险投资基金和中小生物医药企业的场外交易市场都未建立起来。虽然有江西省信用担保公司、抚州市国资担保中心及抚州汉辰担保公司等6家担保公司入驻为企业提供良好的投融资服务，但这种主要以银行为融资渠道的体制对抚州生物医药的发展并不利，无法形成多层次的资本市场，缺少不同阶段的风险投资机构和多元化的投融资渠道，使抚州生物企业的发展受到很大的限制。

（三）产业链体系不完善、成果转化率不高

从整体上来看，抚州生物医药产业链条不完整，产业发展关键性技术和核心技术匮乏；从产业链上来看，抚州生物医药产业的中游和下游存在断档现象，而抚州的资本市场不健全、市场环境不完善更是制约了产业发展。

（四）公共平台建设不到位，制约产业发展

抚州公共平台建设不到位，制约生物医药产业发展，尚未建立齐全的生物技术公共实验室、中试基地以及融资平台、人才培训平台等产业化能力建设，这些因素均制约特色产业集群的进一步发展。

四 对策建议

(一)重点突出,推进生物医药产业整体发展

立足抚州生物医药产业发展现有基础,开发一批具有自主知识产权的创新产品,重点发展以现代中药、化学制药、生物医学工程、生物工业产品为主的生物医药领域。中药材规范化种植领域,要积极承担科技部国家中小企业技术创新基金项目、江西省科技厅重点攻关项目等相关支持项目,在规范化生产技术标准操作规程(SOP)的制定、GAP药材质量标准的制定、品种选育、施肥技术、病虫害综合防治技术、采收加工技术、种植基地选择研究、品种与种质资源研究、控制药材产品污染技术等方面做好研究和规划;中药材提取与加工领域,要积极引进中药制剂提取企业,引进2~3家中药饮片企业,在中药饮片企业、基地内中药制剂企业的提取和承担的委托加工业务继续推进的同时,开始作为第三方中药提取基地向国内外企业销售提取产品;中成药制剂工业领域,大力引进国家级新药品种和国家中药保护品种,重点引进科技含量高的中药注射剂和中药现代新剂型等关键项目,着重关注新型抗癌和心脑血管药物、治疗肿瘤和糖尿病药物在治疗领域与临床方面的研发、生产与应用;化学制剂领域,从非专利化学制剂的生产制造入手,发展基地化学制剂工业,坚持高起点建设化学药物制剂车间,积极承接国际制药企业的委托加工项目,鼓励以CMO方式接受制剂外包业务;医疗器械领域,要引入技术含量相对较低的普通医疗器械产业化项目与设备,如诊断测试用试纸、仪器设备、物理治疗及康复设备、保健用器材、医疗急救及康复工程技术装置、家庭保健用具以及口腔科材料、口腔科设备及器具等。

(二)大力扶持龙头企业

一是实施大企业大集团战略。加大对珍视明药业、博雅生物、回音必制药等龙头企业的扶持力度,培育主业优势突出、综合实力强、对行业有明显

引领和带动作用的生物医药集团。二是提高招商引资强度。以打造省级生物产业基地为契机，发挥政策、资源、市场等优势，努力吸引国内外大企业、大集团到抚州投资建厂，以形成新的增长点，进一步做大生物产业经济总量。吸引各类生物企业汇聚，重点引进原料药及医药中间体、中成药、医疗器械、生物农业及生物技术产品生产企业，构建完整的生物产业链。积极支持现有企业与知名企业、知名院校和国际企业开展深度合作，实现抚州生物医药企业裂变发展。三是着重推进重点项目建设。加快珍视明药业的无菌生产技术改造及眼部清洁液生产线、博雅生物开发的乙肝人免疫球蛋白、狂犬人免疫球蛋白和人凝血因子Ⅷ项目、富中药业的"建昌帮"中药饮片技术研发和精品生产项目等项目建设，促进项目早日建成投产。

（三）拓展融资渠道

一是支持企业上市。生物企业上市，采取"一企一策"，制定扶持政策。拓展企业的投融资渠道，引导抚州生物医药企业通过上市、并购、设立风险投资基金等多元化方式，解决企业资金瓶颈。对行业内具备一定基础和条件的企业做上市辅导，加快推进企业上市进程，以推动企业上市、鼓励上市公司配股、增股为渠道，高效破解生物医药产业发展资金不足的难题。二是做大融资平台，完善担保体系。进一步加强工业经济发展的投融资体系建设，大力实施"银企互动"工程，引导银行资金投向大项目、高科技项目，保证重点企业、重点项目的资金需求。积极尝试构建以外来资本、民间资本为资本结构的担保机构，鼓励现有担保机构提高担保融资规模，引导行业内企业开展互保、联保等多种担保活动，构建政、银、企、保等"一站式"合作平台，有效破解抚州生物医药企业"融资难"问题。

（四）加强研发平台建设

采取市场化运作方式整合生物研发力量，组建抚州生物研发创新中心。围绕生物产业发展，集合企业研发中心、科研院校的研究力量，密切关注生物医药产业的新技术和新成果，整合和利用国内外生物医药产业的研发资源，构建覆盖"基础研究—应用研究—工程技术研究—产业化"全产业链、全过程的生物医药技术创新体系，为生物医药产业发展提供持久技术动力；提升抚州生物医药行业整体研发水平，引导行业内龙头企业或者大型企业建立自主的研发机构，争取建成国家级技术研发基地或研发中心，调度行业内的各个企业与相关部门共同打造一批省级开发式的研发中心和重点实验室，将其作为行业内开发、引进和消化吸收先进技术的重要阵地，鼓励有条件、有实力的企业在国内外技术的前沿地区或前沿基地设立研发平台，不断推动企业与高等院校、科研院所合作，增强科技创新、孵化创业的功能。鼓励抚州生物医药企业以联合技术攻关、双向人才交流、远程合作等多元化的方式与国内外生物技术研究机构开展深度合作。

（五）实施人才战略

建设高素质的生物专业人才队伍。加快启动抚州生物医药人才引智工程，制定人才引智专项优惠和鼓励政策，吸引国内外优秀的生物医药领域的研发团队、技术攻坚人才和企业管理高级人才。搭建行业培训、学习、交流专业平台，加强对现有行业内人员的专业培训，加快行业内人员知识更新速度，提高从业人员的整体素质。与省内外生物科研机构建立人才流动与委托培养机制，为抚州生物医药产业培养高端研发s与技术的专业和复合型人才；与省内外大专院校和职业技术学校建立联合培养机制，为抚州生物医药产业培养后备人才。建设抚州生物智囊咨询组织，在抚州生物产业建设中聘请国内外生物领域的知名专家和国家生物决策层的管理人员进行决策和咨询，提高行业驾驭国内外市场的能力，提升企业的决策水平，提高抚州生物医药产业的可持续发展能力。

参考文献

《抚州市中医药发展规划（2016～2025年）》，《抚州日报》2017年7月5日。
黎有才：《江西桑海经济技术开发区产业发展规划研究》，南昌大学硕士学位论文，2010。
《抚州市人民政府关于进一步加快中医药发展的意见》（抚府发〔2016〕32号）。

社会科学文献出版社　　皮书系列

❖ 皮书起源 ❖

"皮书"起源于十七、十八世纪的英国，主要指官方或社会组织正式发表的重要文件或报告，多以"白皮书"命名。在中国，"皮书"这一概念被社会广泛接受，并被成功运作、发展成为一种全新的出版形态，则源于中国社会科学院社会科学文献出版社。

❖ 皮书定义 ❖

皮书是对中国与世界发展状况和热点问题进行年度监测，以专业的角度、专家的视野和实证研究方法，针对某一领域或区域现状与发展态势展开分析和预测，具备原创性、实证性、专业性、连续性、前沿性、时效性等特点的公开出版物，由一系列权威研究报告组成。

❖ 皮书作者 ❖

皮书系列的作者以中国社会科学院、著名高校、地方社会科学院的研究人员为主，多为国内一流研究机构的权威专家学者，他们的看法和观点代表了学界对中国与世界的现实和未来最高水平的解读与分析。

❖ 皮书荣誉 ❖

皮书系列已成为社会科学文献出版社的著名图书品牌和中国社会科学院的知名学术品牌。2016年，皮书系列正式列入"十三五"国家重点出版规划项目；2012~2016年，重点皮书列入中国社会科学院承担的国家哲学社会科学创新工程项目；2017年，55种院外皮书使用"中国社会科学院创新工程学术出版项目"标识。

中国皮书网

发布皮书研创资讯，传播皮书精彩内容
引领皮书出版潮流，打造皮书服务平台

栏目设置

关于皮书：何谓皮书、皮书分类、皮书大事记、皮书荣誉、
皮书出版第一人、皮书编辑部

最新资讯：通知公告、新闻动态、媒体聚焦、网站专题、视频直播、下载专区

皮书研创：皮书规范、皮书选题、皮书出版、皮书研究、研创团队

皮书评奖评价：指标体系、皮书评价、皮书评奖

互动专区：皮书说、皮书智库、皮书微博、数据库微博

所获荣誉

2008年、2011年，中国皮书网均在全国新闻出版业网站荣誉评选中获得"最具商业价值网站"称号；

2012年，获得"出版业网站百强"称号。

网库合一

2014年，中国皮书网与皮书数据库端口合一，实现资源共享。更多详情请登录www.pishu.cn。

权威报告·热点资讯·特色资源

皮书数据库
ANNUAL REPORT(YEARBOOK) DATABASE

当代中国与世界发展高端智库平台

所获荣誉

- 2016年，入选"国家'十三五'电子出版物出版规划骨干工程"
- 2015年，荣获"搜索中国正能量 点赞2015""创新中国科技创新奖"
- 2013年，荣获"中国出版政府奖·网络出版物奖"提名奖
- 连续多年荣获中国数字出版博览会"数字出版·优秀品牌"奖

成为会员

通过网址www.pishu.com.cn或使用手机扫描二维码进入皮书数据库网站，进行手机号码验证或邮箱验证即可成为皮书数据库会员（建议通过手机号码快速验证注册）。

会员福利

- 使用手机号码首次注册会员可直接获得100元体验金，不需充值即可购买和查看数据库内容（仅限使用手机号码快速注册）。
- 已注册用户购书后可免费获赠100元皮书数据库充值卡。刮开充值卡涂层获取充值密码，登录并进入"会员中心"—"在线充值"—"充值卡充值"，充值成功后即可购买和查看数据库内容。

卡号：892171381441
密码：

数据库服务热线：400-008-6695
数据库服务QQ：2475522410
数据库服务邮箱：database@ssap.cn
图书销售热线：010-59367070/7028
图书服务QQ：1265056568
图书服务邮箱：duzhe@ssap.cn

子库介绍
Sub-Database Introduction

中国经济发展数据库

涵盖宏观经济、农业经济、工业经济、产业经济、财政金融、交通旅游、商业贸易、劳动经济、企业经济、房地产经济、城市经济、区域经济等领域，为用户实时了解经济运行态势、把握经济发展规律、洞察经济形势、做出经济决策提供参考和依据。

中国社会发展数据库

全面整合国内外有关中国社会发展的统计数据、深度分析报告、专家解读和热点资讯构建而成的专业学术数据库。涉及宗教、社会、人口、政治、外交、法律、文化、教育、体育、文学艺术、医药卫生、资源环境等多个领域。

中国行业发展数据库

以中国国民经济行业分类为依据，跟踪分析国民经济各行业市场运行状况和政策导向，提供行业发展最前沿的资讯，为用户投资、从业及各种经济决策提供理论基础和实践指导。内容涵盖农业，能源与矿产业，交通运输业，制造业，金融业，房地产业，租赁和商务服务业，科学研究，环境和公共设施管理，居民服务业，教育，卫生和社会保障，文化、体育和娱乐业等100余个行业。

中国区域发展数据库

对特定区域内的经济、社会、文化、法治、资源环境等领域的现状与发展情况进行分析和预测。涵盖中部、西部、东北、西北等地区，长三角、珠三角、黄三角、京津冀、环渤海、合肥经济圈、长株潭城市群、关中—天水经济区、海峡经济区等区域经济体和城市圈，北京、上海、浙江、河南、陕西等34个省份及中国台湾地区。

中国文化传媒数据库

包括文化事业、文化产业、宗教、群众文化、图书馆事业、博物馆事业、档案事业、语言文字、文学、历史地理、新闻传播、广播电视、出版事业、艺术、电影、娱乐等多个子库。

世界经济与国际关系数据库

以皮书系列中涉及世界经济与国际关系的研究成果为基础，全面整合国内外有关世界经济与国际关系的统计数据、深度分析报告、专家解读和热点资讯构建而成的专业学术数据库。包括世界经济、国际政治、世界文化与科技、全球性问题、国际组织与国际法、区域研究等多个子库。

法律声明

"皮书系列"（含蓝皮书、绿皮书、黄皮书）之品牌由社会科学文献出版社最早使用并持续至今，现已被中国图书市场所熟知。"皮书系列"的LOGO（ ）与"经济蓝皮书""社会蓝皮书"均已在中华人民共和国国家工商行政管理总局商标局登记注册。"皮书系列"图书的注册商标专用权及封面设计、版式设计的著作权均为社会科学文献出版社所有。未经社会科学文献出版社书面授权许可，任何使用与"皮书系列"图书注册商标、封面设计、版式设计相同或者近似的文字、图形或其组合的行为均系侵权行为。

经作者授权，本书的专有出版权及信息网络传播权为社会科学文献出版社享有。未经社会科学文献出版社书面授权许可，任何就本书内容的复制、发行或以数字形式进行网络传播的行为均系侵权行为。

社会科学文献出版社将通过法律途径追究上述侵权行为的法律责任，维护自身合法权益。

欢迎社会各界人士对侵犯社会科学文献出版社上述权利的侵权行为进行举报。电话：010-59367121，电子邮箱：fawubu@ssap.cn。

社会科学文献出版社